工业互联网技术丛书

工业互联网
关键技术与安全

胡玉鹏　主　编

方璐　李宁　陈浩文　何思源　伍麟珺　副主编

清华大学出版社
北京

内 容 简 介

工业互联网作为实体经济数字化转型的关键驱动力,面临着产业链和供应链的安全问题。本书聚焦工业互联网的关键技术和安全面临的挑战,由浅入深地介绍了工业互联网的网络体系、平台体系和安全体系三大体系的相关知识,系统介绍了工业互联网标识解析体系、平台与工业大数据、工业智能 App、安全体系等工业互联网基础知识和典型应用案例,紧密贴合产业应用,使读者易于理解工业互联网概念,深刻把握工业互联网发展趋势,掌握其内在机理和核心技术。本书将理论知识与实践相结合,语言通俗易懂,可读性强,旨在协同发挥教育、产业等资源优势,为不同专业背景的学生提供兼具可读性和专业性的普及读物,使各专业的学生都能全面系统地了解工业互联网。本书的出版对贯彻落实党中央、国务院关于工业互联网发展的决策部署,推动制造业向数字化、网络化、智能化转型升级具有重要意义。

本书可作为高等院校工业互联网课程的通识教材,也可作为工业互联网、工业控制系统和网络安全等领域的科研人员和安全技术人员的参考书。

版权所有,侵权必究。举报:010-62782989,beiqinquan@tup.tsinghua.edu.cn。

图书在版编目(CIP)数据

工业互联网关键技术与安全 / 胡玉鹏主编. -- 北京 :
清华大学出版社,2024. 10. --(工业互联网技术丛书).
ISBN 978-7-302-67442-9

Ⅰ. F403-39;TP393.08

中国国家版本馆 CIP 数据核字第 2024TQ5075 号

责任编辑:贾　斌
封面设计:刘　键
责任校对:刘惠林
责任印制:丛怀宇

出版发行:清华大学出版社
  网　　　址:https://www.tup.com.cn,https://www.wqxuetang.com
  地　　　址:北京清华大学学研大厦 A 座　　　邮　　编:100084
  社 总 机:010-83470000　　　　　　　邮　　购:010-62786544
  投稿与读者服务:010-62776969,c-service@tup.tsinghua.edu.cn
  质量反馈:010-62772015,zhiliang@tup.tsinghua.edu.cn
  课件下载:https://www.tup.com.cn,010-83470236
印 装 者:北京鑫海金澳胶印有限公司
经　　销:全国新华书店
开　　本:185mm×260mm　　　印　张:14.5　　　字　数:353 千字
版　　次:2024 年 10 月第 1 版　　　印　次:2024 年 10 月第 1 次印刷
印　　数:1~1500
定　　价:49.80 元

产品编号:100546-01

序 一

当前，全球范围内新一轮科技革命和产业变革蓬勃兴起。工业互联网作为新一代信息技术与制造业深度融合的产物，日益成为新工业革命的关键支撑和推动工业转型升级、提升核心竞争力、实现工业高质量发展的重要驱动力。2017年11月《国务院关于深化"互联网＋先进制造业"发展工业互联网的指导意见》印发，工业互联网上升为国家战略，是制造强国和网络强国建设的重要支撑，是赋能经济高质量发展的重要抓手。

智能制造以工业互联网为基础支撑，应用于设计、生产、制造、管理、服务等诸多环节，具有高效精准决策、实时动态优化、敏捷灵活响应等特征。工业互联网依托"人、机、物"的互联互通，打通产业要素、产业链和价值链，推动建立工业生产制造与服务新体系，奠定了全新工业生态和新型应用模式的关键基础。

如何实现面向智能制造的自主可控工业互联网关键技术，其中有两个关键点亟待解决：

一是关键技术方面的自主可控。工业互联网技术体系是支撑功能架构实现、实施架构落地的整体技术结构，是融合工业技术与信息技术的系统工程。随着近几年的快速发展，传统产业数字化转型与新兴数字化产业培育双轮驱动，工业互联网关键技术发生产业裂变及整合，已逐步形成由智能制造技术（如感知技术、控制技术、智能装备技术等）、信息技术（如通信技术、计算技术等）以及两大技术交织形成的融合性技术（工业数据处理分析技术、工业软件技术等）组成的复杂技术体系。习近平总书记反复强调"核心技术受制于人是我们最大的隐患"。亟待通过自主研发，打破国外技术垄断推动关键技术在工业互联网中的应用和创新。只有掌握了关键核心技术，才能突破"卡脖子"，实现自主可控。

二是信息安全方面的自主可控。信息安全是国家安全的重要范畴。习近平总书记指出"没有网络安全，就没有国家安全"。进入新世纪以来，全球发生多起攻击国家关键信息基础设施的安全事件，造成国家重大损失。工业互联网安全是制造强国和网络强国建设的基石，关系到国家经济高质量发展。随着工业互联网的快速推进，工业控制系统进一步复杂化、IT化、互通化，制造要素全面互联、数据海量增长，接入开放的工业互联网，易被外部组织恶意攻击和非法利用。保障工业互联网安全是实现智能制造、建设工业现代化强国的基础。

本书与致力于工业互联网发展的各界人士分享工业互联网发展方向、系统架构、关键技术、典型案例的凝练、理解、应用和体会。一方面，本书面向国家工业互联网发展战略以及网络安全战略，梳理工业互联网的现状和趋势，从数据标识、网络与连接、边缘计算、平台与数据、工业App等范畴，阐述工业互联网关键技术，并以此为切入点，分析典型关键技术中所面临的安全风险及防护技术，突出工业互联网与信息安全的交叉融合。同时，本书结合工业互联网框架和关键技术理论，从五大应用行业（智能装备制造、数字电网、智慧城轨、石油化工、智慧矿山）的典型场景，进一步阐述其各项关键技术在行业内的典型综合应用实践、安全风险及防护方案,为相关领域的研究者、师生、从业者及爱好者提供理论与实践相结合的参考指南。

习近平总书记指出,新时代、新征程,以中国式现代化全面推进强国建设、民族复兴伟业,实现新型工业化是关键任务。作为推进新型工业化的战略性基础设施的工业互联网,其时代大幕刚刚开启,更多关键技术正快速孕育、蓄势待发,产业应用发展空间巨大。因此,对工业互联网开展持续的深入研究十分必要。相信这本书将对高等院校、科研机构、企业界和相关领域的有识之士积极参与推动自主可控工业互联网关键技术研究与应用,以及对工业互联网安全领域的知识传播、人才培养、学科发展起到很好的推动作用!

中国工程院院士

2024 年 7 月

序 二

工业互联网作为全球制造业转型升级的核心动力,正深刻地改变着传统工业的生产模式与效率。它不仅创造了巨大的经济效益,还催生了新兴产业模式和生态系统。智能制造、数字孪生、工业大数据等技术的广泛应用,使得企业生产效率得以大幅提升,产业链各环节的协同能力显著增强。然而,互联网和工业系统深度融合后,传统工业的安全边界被打破,互联网的安全威胁渗透到了工业领域,网络攻击可以直达生产一线,传统的安全防护策略已难以有效抵御快速迭代的外部攻击,多数相对封闭、系统难以更新迭代的传统工业系统如同"裸奔"。工业互联网包含种类繁多的平台、网络和数据。例如,湖南省的主要工业互联网平台累计研发工业 App 超过 30 000 个,采集的数据参数种类超过 38 000 种,连接的工业设备超过 700 万台(套),针对各类设备和数据的网络攻击层出不穷,不仅可能导致数据泄露或篡改,还可能直接威胁到工业控制系统的安全,造成生产停滞、设备损坏,甚至引发严重的安全事故。当前国际政治经济形势的复杂性更是给工业互联网带来了前所未有的安全挑战,立体化的工业互联网安全防护体系亟待健全。

在经济全球化的今天,工业互联网的安全问题已不再是单一国家或地区可以独自解决的问题。它需要全球范围内的合作与共识,需要各国在技术创新、安全防护、标准制定等方面展开广泛的合作。湖南省也积极参与到全球工业互联网的安全合作中,通过引进先进技术、加强国际合作,不断提升自身在工业互联网安全领域的竞争力和影响力。湖南省作为中国制造业的重要基地之一,工业基础雄厚,涵盖机械制造、电子信息、化工等多个领域,近年来积极贯彻国家的决策部署,探索智能制造和信息化转型,加速推进工业互联网的发展步伐。然而,工业网络的安全自主可控能力尚不完全成熟,当前湖南省在网络安全领域的核心技术和设备主要依赖进口,缺乏自主研发的关键技术,安全防护体系也相对薄弱。这一现状不仅影响了湖南省工业互联网的稳健发展,也给全省的产业升级带来了新的挑战。因此,湖南省高度重视工业互联网的安全问题,率先启动了"筑网"等工业互联网安全深度行活动,致力于构建安全、可靠、高效的工业互联网生态体系,为全面推进数字湖南建设,打造国家重要先进制造业高地提供有力支撑。

在此背景下,本书的出版无疑为广大读者提供了一本兼具理论与实践指导价值的参考资料。本书全面梳理了工业互联网的发展现状,深入研究了关键技术与安全防护措施,并对工业互联网的架构、通信协议、数据处理和分析技术等方面进行了详尽的论述。通过对各种安全威胁的深入剖析,本书还介绍了相应的解决方案和防护措施,为读者构建了一个全面的技术框架。值得一提的是,本书提及的部分关键技术与安全方案正是作者在湖南省工业互联网的建设实践中总结而来,例如在智能制造和数字电网等行业的安全方案,这也为湖南省统筹推进"三个高地建设"奠定了坚实的基础。本书所介绍的技术与策略,不仅在理论上具有前沿性,同时也具有较强操作性和指导意义,这为工业互联网建设过程中解决安全问题提供了切实可行的参考。本书的出版,正是基于这一现实需求,为广大读者提供了一个深入理解和应对工业互联网安全挑战的新视角。

　　总之,工业互联网的安全问题是一个复杂而严峻的挑战,但也是推动工业转型升级的一个重要契机。相信这本书一定能够成为广大读者了解和掌握工业互联网关键技术与安全体系的"良师益友",为我国工业互联网的健康发展起到良好的推动作用!

湖南省政协原副主席、湖南大学教授

2024 年 7 月

序 三

　　工业互联网是"新基建"七大领域重点建设内容之一，广泛应用于能源、电子制造、石化加工、钢铁生产、汽车制造、航空航天、船舶制造等关系国计民生的重要行业和领域，已成为国家关键信息基础设施的重要组成部分，是繁荣数字经济的新基石和实现数字化转型的重要途径。

　　工业互联网在赋能企业生产流程和资源配置优化、打破传统工业企业壁垒的同时，也使大量设备、网络、标识解析、平台、数据等的安全问题暴露出来，扩散了安全风险面。云计算、边缘计算、工业大数据、5G、人工智能等新技术与工业互联网技术的融合为工业互联网安全带来新的挑战，使得传统工业控制系统和自我防护能力差的设备连接到互联网，打破了传统工业系统相对封闭可信的制造环境，使得大规模工业控制系统和生产系统成为网络攻击的重点目标。一方面，设备和数据暴露面持续增大，攻击路径增多，安全场景更加复杂；另一方面，工业互联网中一直存在的网络攻击、漏洞隐患等共性问题依旧突出，病毒、木马、高级持续性攻击等安全风险对工业互联网产生的安全威胁日益严峻。因此，工业互联网安全建设任重而道远，需要更多的安全技术人员加入工业互联网安全防护工作。安全是工业互联网发展过程中的一项关键问题，由于涉及国家关键基础设施，因此其安全防护工作尤为重要。我国"十四五"规划中提出"加强国家安全体系和能力建设"这一目标，这给工业互联网安全的发展带来了前所未有的战略机遇。

　　解决安全性问题成为推进工业互联网快速健康发展的基础，其首要任务是大幅度地提高工业互联网体系的安全性，全方位地保障工业系统的安全可靠生产及工业互联网的网络和平台安全，从而实现我国工业系统安全高效发展的目标。这是一个大安全时代，工业互联网安全正从概念诞生之初的"零散建设"走向落地生根的"全局建设"。

　　本书正是从工业互联网的基础定义与参考架构出发，通过分析其新特性来引出安全的新视角与新趋势，通过系统性地梳理和介绍工业互联网安全的基本概念、体系架构、关键技术及应用场景，帮助读者全面地认识和理解工业互联网安全技术，指导工业互联网安全方面的研究与开发和工程实践，协助从事工业互联网相关技术的研究人员构建安全可靠的工业互联网架构，推动工业领域及其他领域可持续地高质量发展。本书的内容选取与规划严谨，且具有新思路，是一本适合工业互联网相关技术人员参考和学习的好书！

左文建

奇安信集团副总裁、合伙人

2024 年 7 月

前　言

工业互联网已日益成为新工业革命的关键支撑和深化"互联网＋先进制造业"的重要基石,对未来工业发展产生了全方位、深层次、革命性影响。

工业互联网不是互联网在工业领域的简单应用,它具有更丰富的内涵和外延。它以网络为基础、以平台为中枢、以数据为要素、以安全为保障,既是工业数字化、网络化、智能化转型的基础设施,也是互联网、大数据、人工智能与实体经济深度融合的应用模式,更是一种新产业、新业态、新生态。当前,工业互联网融合应用向国民经济重点行业广泛拓展,形成平台化设计、智能化制造、网络化协同、个性化定制、服务化延伸、数字化管理六大新模式,赋能、赋值、赋智作用不断显现,有力促进了实体经济提质、降本、增效及绿色、高效、安全发展,但同时也面临一系列新的安全问题。

湖南省实施"三高四新"战略,打造国家重要先进制造业高地,亟须对国内外的工业互联网关键技术及安全现状进行系统性梳理。本书就是在上述背景下诞生的产物,在成书过程中得到了湖南省杰出青年基金项目(2022JJ10018)、湖南省科技创新计划决策咨询项目(2023ZL3020)及九三学社湖南省委报送省委书记"直通车"重点调研课题的支持,我们对工业互联网体系及典型安全问题与解决方案进行了凝练总结,较为系统地呈现了各行业的工业互联网体系对应的关键技术与安全问题。本书的目标读者包括信息安全、网络空间安全、计算机、自动化及相关专业的本科生和研究生,以及安全从业者和相关研究人员。

本书由胡玉鹏主编,全书分为8章:第1、2章介绍行业背景,主要由何思源编写;第3～7章介绍关键技术与安全,其中第3、4章对应2.1节的详细描述,主要由方璐、李宁和楚鹏编写;第5～7章对应2.2节和2.3节的详细描述,主要由伍麟珺、陈浩文、唐文谦、潘红锐编写;第8章为综合应用,介绍典型行业应用与安全方案,主要由方璐、李宁、陈浩文编写。若按章划分:第1章介绍工业互联网产生的背景及其在国内外的发展情况;第2章介绍工业互联网的定义及体系架构相关知识;第3章介绍工业互联网的网络连接及相关通信技术;第4章介绍工业互联网标识解析概念与相关典型应用及安全防护;第5章介绍工业互联网边缘计算概念及其应用系统的安全措施;第6章介绍工业互联网的平台功能架构及工业大数据与数据安全;第7章介绍工业智能 App 应用及其安全知识;第8章介绍工业互联网典型行业应用模式及其安全方案。

在编写过程中,作者参阅了大量国内外文献和资料,调研了多家工业互联网龙头企业,也得到了许多业内专家和同行的支持与帮助,在此一并表示衷心的感谢。

由于作者水平有限,书中难免有疏漏和不足之处,恳请广大读者不吝指正。

胡玉鹏

2024 年 1 月

目 录

第1章

工业互联网概述

新时代全球经济社会发展面临全新的挑战和机遇。以互联网、人工智能、大数据为代表的新一代信息技术高速发展，并逐步向实体经济渗透。在信息技术与制造技术深度交互，工业生产需要快速向数字化、自动化、互联化、智能化转型的背景下，以泛在连接、全面感知、智能优化、安全保障为特征的工业互联网应运而生。作为一种新型的产业生态、基础设施和应用模式，工业互联网建立了全要素、全产业链、全价值链的全面连接，将人、机、物连接起来，它正在不断改变着全球传统制造业、生产组织方式和产业形态，推动传统产业加速转型和现代化转变，使新兴产业加速发展壮大。

在此背景下，中国政府也高度重视工业互联网的发展，并采取了一系列措施。2015 年 8 月，《国务院关于积极推进"互联网＋"行动的指导意见》出台，要求加快互联网与制造业融合，积极发展智能制造，推进大规模定制化生产，提高网络化协同生产水平，促进服务型制造转型。2016 年 6 月发布的《国务院关于深化制造业与互联网融合发展的指导意见》明确提出，建立企业与互联网"双创"平台，帮助互联网企业建立"双创"服务体系，支持互联网企业与制造业企业跨界融合，培育互联网与制造业融合新业态，强化融合发展的基层支撑，提升融合发展的系统解决能力。2017 年 12 月，《国务院关于深化"互联网＋先进制造业"发展工业互联网的指导意见》发布，提出要夯实网络基础，增强工业互联网产业供给能力，不断提升工业互联网发展水平，努力建设国际领先的工业互联网强国，并提出了一系列具体任务。2020 年 8 月，经中央全面深化改革委员会审议，印发了《关于深化新一代信息技术与制造业融合发展的指导意见》，提出要完善基础支撑和相关法律法规，提升制造业数字化、网络化、智能化发展水平。为进一步发展工业互联网，工业和信息化部发布了工业互联网应用、工业互联网平台、工业互联网安全等多个文件，并支持试点项目。工业互联网已经成为我国重要的基础设施，可以说，工业互联网的发展水平直接反映了我国制造业转型升级的程度和国际竞争力的水平。党的二十大报告明确强调，要把发展经济的着力点放在实体经济上，推进新型工业化，加快制造业和网络能力建设。这也是指导中国工业互联网发展的重要行动指南。可以预见，未来工业互联网的发展步伐将进一步放开，充满活力，前景广阔。

工业互联网是实体经济数字化转型的重要基础。工业互联网与工业、交通、能源、农业等实体经济领域相融合，为实体经济提供计算平台、存储平台、网络连接等新型共性基础设施支撑，促进产业链上各类资源要素的优化协同，支持实体经济自主开展创新、研发和生产优化活动。

工业互联网是实现新工业革命的重要里程碑。工业互联网为第四次工业革命提供了收集、传输、分析、整理各种数据并产生智能反馈的便利抓手和具体手段,有助于形成先进的生产和技术体系,优化资源要素配置效率,充分挖掘生产设备、工艺和材料的潜力,最大限度地提高企业生产效率,创造差异化产品。

工业互联网对中国社会经济发展也非常重要。首先,它解决了整体成本增长和产业转移的风险。利用工业互联网可以帮助企业减少工作量,促进生产资源的合理配置,提高效率,降低企业运营各环节的成本,提高企业竞争力;其次,要推动产业向中高端发展,加快工业互联网的应用和推广,可以促进生产系统和生产服务的智能化改造。最终目标是推动创新创业,快速发展工业互联网,打造新型网络产业,大规模定制化、服务化拓展,促进先进制造业与现代服务业高度融合,推动大中小企业开放发展,在提升中国制造业生态能力的同时,打造新的增长点,这也是中国共产党引导人民实现这一目标的途径,是中国共产党引导人民以中国式的现代化建设实现中华民族伟大复兴的重要途径,让科学社会主义在新世纪的中国生根发芽。

1.1　工业互联网发展背景与内涵

在现代科技革命和产业变革的快速发展中,互联网的应用逐步从消费领域拓展到生产领域,新产业经济从数字经济转向网络经济,智能化管理的深度拓展、互联网的快速发展和新产业的变革发生了历史性交集,产生了工业互联网。

加快发展互联网产业,推动新时代互联网技术与生产技术深度融合,是应对产业和技术变革的重要趋势,是加快建设生产强国和网络强国的关键环节,是加强供给侧结构性改革、促进实体经济转型升级的有力支撑,是实现可持续发展的客观要求。

借助物联网系统,工业互联网可以在系统可持续性方面实现对生产之外的人力、物力资源的充分提取和利用,保持最佳能效,并有助于设备可用性和其他性能的不断提升。在设备本身的生产制造过程中,以人机界面(Human Machine Interface,HMI)和数据采集与监控系统(Supervisory Control And Data Acquisition,SCADA)为代表的工业互联网最为常见。HMI为制造业带来了透明度,而数字化则促进了IT(Information Technology,信息技术)、OT(Operational Technology,操作技术)、CT(Communication Technology,通信技术)的无缝连接和融合,从而使传统制造业找到了一条高效可靠的精益生产之路,并最终走向智能制造的未来。

从直接数字控制、监控、DCS(Distributed Control System,分布式控制系统)和现场总线控制系统的发展,到计算机集成制造系统的逐步推进和应用,都预示着制造业和流程工业的数字化和智能化程度越来越高,而5G和人工智能等技术的快速发展,则不断提供面向未来的一体化智能物联网解决方案。从历史上看,英国在第一次工业革命中建立了称霸全球的殖民体系,德国在第二次工业革命中崛起,美国在第三次工业革命中成为全球领导者。每一次新的工业革命所带来的生产力的巨大变化都是无限的,因此世界各国都建立了自己专门针对生产力变化的战略发展体系,如"中国制造2025""德国工业4.0"等。结合中国具体国情实施数字化、智能化技术,就是这一趋势的典型应用,"中国制造2025"的精髓在于打造创新驱动的智能制造模式,实现制造技术、数字技术和智能技术的深度融合。

通过软、硬件结合打造完整的监控、运行和维护平台,实现实时生产过程控制和生产跟踪,即通过配置自动化系统控制器的输入和输出状态位,形成三维视图界面,让技术人员在监控控制器运行状态和操作的同时,对整个生产进行持续的可视化控制。

组态监控是生产控制中的一种实时透明的管理方式,用来进行这一过程的工具被称为组态软件,而它还有一个更专业的名字叫数据采集与监控系统,组态软件最传统的实现方式是人机界面,所以也常被称为 SCADA 软件,它通常解决的是数字控制的问题。组态软件是利用功能卓越的计算机软件为自动控制系统服务的,适用于各种类型的分散控制和集成系统的集中控制。其最初的应用场景是集中控制系统。随着 PLC(Programmable Logic Controller,可编程逻辑控制器)的普及和提高生产质量的迫切需要,实施集成控制和管理系统已成为大多数企业的选择。随着信息技术的进一步发展,PLC 和人机界面已成为人们关注的焦点和自动控制系统的标准。随着 5G、大数据、人工智能和虚拟现实等技术的进一步发展和完善,SCADA 技术无疑将越来越多地应用于人们生活的方方面面。

从第一代通信技术发展到今天,手机的功能已经从最初的基本通话发展到今天的多功能智能平台。手机已成为物联网的主要支柱之一,在工业互联网和智能家居领域的应用十分广泛。移动运维监控可以全面实现现场维护管理与设备控制、异地人力物力资源交换与调用、实时诊断与故障排除等一系列实时功能,可作为计算机组态显示系统运维的便捷移动工具。随着数字化技术和生产一体化的不断发展,通过手机进行运维监控成为工业物联网的重点。许多公司已经开始开发这一领域,并涌现出许多优秀的产品。然而,目前通过手机进行配置监控往往是通过网关直接进行开发和数据采集,其成本非常高昂,并且交互技术和整体模式存在巨大的技术优化和修改空间。

从工业经济发展的角度来看,工业互联网为基础建设提供了重要支撑能力。它推动了传统工业的转型和现代化,通过设备、区域、系统、地域的全面互联,使各种生产资源和服务在更大范围、更高效率、更高精度优化配置,从而提高产品质量、降低生产成本、增加企业效益、保障产业发展,推动制造业向高科技、智能化、环保型演进,大大提高工业经济效益。同时,工业互联网也加快了新兴产业的发展,工业互联网推动设计、生产、服务、管理等自上而下各环节融合发展,加快创新成果、组织形态、生产方式、商业模式的深刻变革,催生平台化设计、智能化生产、数字化管理、网络化协同、服务化拓展等诸多新模式、新产业、新业态。

从网络发展的角度来看,工业互联网是促进网络强大的重要因素。工业互联网加速了网络的发展和现代化,拓展了公共互联网和物联网,将人、机、物、系统等在全球范围内连接起来,大大增强了网络机构提供支撑服务的能力,从而拓展了数字经济空间。工业互联网因其高渗透性,可深度融入交通、能源、物流、农业、医药等实体经济,形成上下游产业的全球联动,推动网络应用从虚拟到实体、从生活到生产的重大跨越,极大拓展了网络经济发展的空间。

1.1.1　工业革命概述

目前新工业革命在一些国家引起了激烈的争论与关注,但由于背景和视角不同,对于历史上究竟发生过多少次工业革命仍然众说纷纭。不过,人们普遍认为,第一次工业革命开始于 18 世纪蒸汽机技术的出现,并认为新工业革命目前正在进行或已经发生。图 1.1 展示了历史上工业革命和生产模式的演变。

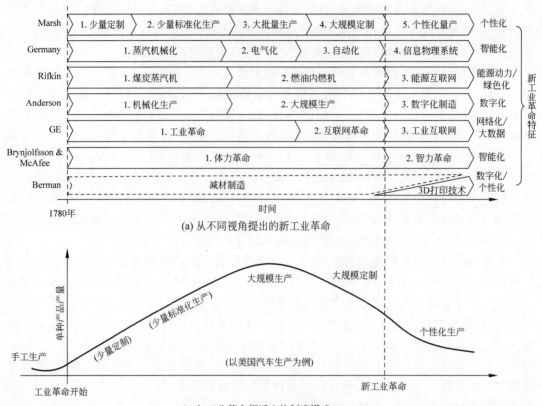

(a) 从不同视角提出的新工业革命

(b) 与工业革命相适应的制造模式

图 1.1 工业革命和生产模式的演变

根据图 1.1 提及的次数总结了一些典型的工业革命名称：最多五次，最少两次。有一种观点认为，3D 打印技术即将引发一场新的工业革命，取代以往工业革命所依赖的传统生产方式；当前的工业革命是第二次机械革命，是一场以提高人类思维能力为特征的智力革命，强调的是智慧，而上一次革命强调的是体力。大多数学者认为，新工业革命是第三次工业革命的一部分，其中美国认为新工业革命是"工业革命＋互联网革命"，其重点是网络、大数据和智能制造；法国学者认为新材料和 3D 打印技术启动了新一轮工业革命；英国学者认为新工业革命是一场新的产业革命，前两次工业革命分别由印刷机与蒸汽机的结合和电信与内燃机的结合引发。

在德国，新工业革命被称为"工业 4.0"，即以第四次工业革命的 CPS（Cyber Physical Systems，赛博物理系统）为基础，以工业智能化、生产和流通数字化技术为重点，实现个性化产品的快速高效生产。法国研究人员认为，历史上曾发生过四次工业革命：小规模个性化定制、小规模标准化生产、大规模标准化生产和大规模标准化定制。当前，工业正处于定制化阶段，而 3D 打印技术是定制化的关键技术，它带来了生产方式的颠覆性变革，大大缩短了产品研发周期和生产成本，并积极推动了材料科学革命，具有巨大的应用潜力。鉴于应用潜力的广泛性，从某种意义上可以说，3D 打印代表了"按需付费"方式的复苏，极大地扩展了手工艺生产。但与传统手工作坊不同的是，3D 打印是一种新的制造模式，可以实现定制化生产,并与社交互联网技术相结合,形成所谓的"社会制造",强调消费者参与产品开发。韩国则借鉴了美国汽车行业的发展,发现制造模式已经发生了三大变化:小规模生产代替手工生产,大规模生产正在取代小规模生产,定制生产正在取代大规模生产。

这些研究从不同角度表明,一场新的工业革命正在酝酿之中,同时也指明了制造业未来的发展方向。总的来说,这些新工业革命主要涉及数字化、自动化、网络化、智能化、个性化、个体化、低碳化和社会化等方面,将其称为若干新工业革命只是为了突出其部分特征。实际上,新工业革命也是多种技术协同创新、共同发展的结果,如新能源、新材料、先进制造、工业互联网、新一代 3D 打印等。仅有技术革新还不足以引发新一轮工业革命,评估工业革命是否诞生的最重要依据仍然取决于新技术集群效应的涌现及其引发人类生产和生活方式重大变革的能力。评估工业革命的诞生必须以新技术的涌入及其引发人类生产和生活方式重大变革的能力为主要依据。

作为新工业革命的一部分,智能机器人将取代人类完成绝大多数体力和脑力劳动,让人们有更多时间进行创造,同时减少资源消耗和浪费,使生产迅速走向可持续发展。"工业 4.0"概念由德国政府提出,在全球范围内受到广泛关注和认可。因此,"工业 4.0"被认为是一场以智能制造为主要生产模式的新工业革命。

历史上第一次工业革命前,中国的 GDP(Gross Domestic Product,国民生产总值)占世界的 1/3。18 世纪末,随着蒸汽机的出现,第一次工业革命在英国诞生,人类从农业社会进入工业社会,生产方式逐渐从手工生产转向大规模生产,欧洲的 GDP 一度占世界的 40%。20 世纪初,第二次工业革命发源于美国,主要原因是福特发明了流水线技术,汽车生产迅速发展,其 GDP 约占当时世界 GDP 的 35%。虽然以计算机和互联网为核心技术的第三次工业革命也发源于美国,但这一时期美国在世界 GDP 中的比重有所下降,部分原因是丰田发明了日本精益生产标准,使美国摆脱了传统的大规模标准化生产方式。随着敏捷制造、3D 打印等新型先进生产方式的快速发展,美国重新夺回了制造业的领导地位。随着经济全球化的扩大和制造业逐步向发展中国家转移,我国制造业 GDP 自 2010 年以来首次超过美国,但 GDP 总量与发达国家相比仍有较大差距,我国在国际制造业分工中仍处于"微笑曲线"的底部,即所谓的"世界工厂",而设计和创新中心仍在大多数发达国家。

定制化大规模生产是未来制造业发展的必然趋势,因此,"工业 4.0"也将更加强调定制化产品的智能生产。然而,定制化并不是从大规模生产到定制化大规模生产的简单过渡,因为定制化还包含许多共性和相似的模块。由于各国生产力和生活水平发展不平衡,人们对商品的需求也同样有高有低,定制化产品的批量生产工艺类型应由不同国家企业的技术水平和市场的需求来决定,例如,19 世纪 50 年代美国的汽车工业达到了批量生产的顶峰,而中国的汽车工业则处于生产的起步阶段。

既然新工业革命是上一次工业革命的延续和发展,那么产品生产模式也应如此。因此,在可以预见的未来,大规模生产、大规模定制和个性化大规模生产将并存,三种类型将形成优势互补的"长尾制造"现象,如图 1.2 所示。大规模生产主要处理大批量标准化批量生产订单的"头部",而大规模定制和个性化批量生产主要形成所谓的"长尾",并将伴随新工业革命的深入发展,集中处理小批量或个性化特殊产品订单的"尾部"成为消费需求逐步多样化的一部分。随着新工业革命的进一步发展和消费需求的逐步多样化,其市场份额将不断扩大,大规模定制是连接大规模生产和定制生产的纽带,从本质上讲,它是一种新型的推拉式生产模式,将大规模生产的前进与定制生产的后退结合在一起。

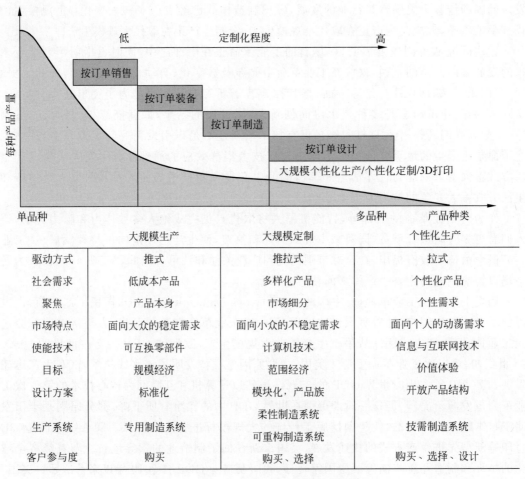

图 1.2 新工业革命中的"长尾制造"现象

现代化是 18 世纪英国工业革命带来的全球趋势,代表着现代人类文明进步的一场深刻的社会变革。人们不断追求现代化,随着社会的发展和时代的进步,现代化一词也有了新的含义。在现代化道路的探索中,中国共产党团结带领中国人民在理论和实践上不断深化现代化规律,成功开辟了一条富有中国特色、中国风格的中国式现代化新道路,这是中国人类发展史上的一次伟大变革。坚持走自己的现代化道路,是中国共产党不断追求和践行的目标。

当前,以"工业 4.0"为代表的新工业革命为中国制造业的发展提供了全新的机遇。迄今为止,中国已经错失了引领前三次工业革命的机遇,能否抓住新工业革命的机遇,对于中国制造业未来的发展乃至全球发展都至关重要。然而,与当前工业化国家直接从"工业 3.0"迈向"工业 4.0"不同,我国还是一个发展中国家。我国既要追赶"工业 4.0",又要平衡"工业 3.0",即考虑大规模生产、大规模定制生产和个性化生产,以满足人们的多种需求。因此,深入研究"长尾制造"对中国制造业的发展意义重大。

1.1.2　工业互联网概述

工业互联网是下一代信息和通信技术与工业经济深度融合的新型基础设施、应用模式和工业生态。通过在全球范围内连接人、机、物、系统,创造横跨全产业链、全价值链的新型生产和服务体系,为实现工业乃至产业的数字化、自动化、互联化、智能化提供途径,并将成为新工业经济的重要基石。

工业互联网并非“工业＋互联网”的简单组合,而是具有更广泛的含义和范围。工业互联网由四大系统组成:网络、平台、数据和安全。它是工业数字化、自动化、网络化和智能化重大变革的基础设施,是实现互联网、大数据、人工智能和实体经济深度融合的重要途径,代表着新型产业和商业模式。

网络体系是基础。工业互联网网络系统由三部分组成:网络互联、数据互联和标识解析。网络互联主要在企业网络的外部和内部元素之间进行数据传输,典型应用包括传统现场总线、工业以太网,以及最新的时间关键网络、确定性网络、5G 和其他相关技术。企业外网是为满足高性能、高可靠性、高灵活性和高安全性的工业要求而构建的,用于连接跨企业的各种组织、上下游业务以及用户和产品。企业内网用于企业内部人、机器、系统、环境和材料之间的通信,主要包含 IT 和 OT 网络。现阶段企业内网技术的发展有三大特点:IT与 OT 的深度逐步融合、工业现场总线向工业以太网演进、工业相关无线技术加速发展。数据互联是指通过标准化描述和统一数据模型,在不同要素之间实现信息的无缝传输,数据互联包括不同层次的数据传输和语义语法。典型的数据传输技术包括车载统一过程控制架构、消息队列遥测传输、数据分发服务等。数据的语义语法主要指信息模型,典型技术包括语义字典、仪器标记语言、自动化标记语言等。标识解析负责元素的标识、控制和定位,由标识代码、标识解析系统和标识数据服务三部分组成。通过为材料、机器、产品等物理资源和流程、模型、软件、数据等虚拟资源分配标识码,实现物理对象和虚拟对象的逻辑定位和信息检索,支持企业间、区域间、行业间的数据交换。在中国,标识解析系统由国际根节点、国家主节点、二级节点、企业节点和递归节点组成。国际根节点是各类国际解析系统跨境解析的关键节点,国家主节点是中国工业互联网身份解析系统的重要节点,二级节点是作为公共服务为特定行业提供身份解析的节点,企业节点是企业内部的标识解析服务节点,能够面向特定企业提供标识编码注册和标识解析服务,递归节点是通过缓存等技术手段不断加快解析速度的公共服务节点。根据载体类型的不同,标识解析应用可分为静态标识应用和动态标识应用。静态标识应用以一维码、二维码、NFC(Near Field Communication,近场通信)标识、RFID(Radio Frequency Identification,射频识别)码等为媒介,利用扫描枪、手机应用等读写终端启动标识解析过程。动态标识解析可以利用芯片、通信模块和终端中嵌入的标识,通过网络主动向授权节点发送授权请求。

平台系统是中枢。工业互联网的平台体系由设备层、边缘层、企业层和产业层四层组成,相当于工业互联网的“操作系统”,其主要目标如下:一是数据汇聚,网络系统采集的海量数据通过设备传输到工业互联网平台,为深入分析和应用提供依据;二是建模分析,应用大数据、人工智能等算法模型,以及物理、化学等相关的各类建模工具,结合数字孪生、智能工业生产等技术,对海量数据进行提取和分析,实现产业链的科学决策和智能应用;三是应用创新,面向设备管理、研发设计、企业运营、资源调度等场景,提供各类相关工业 App 帮助企业提升质量、增加效益。

数据系统是要素。工业互联网数据有三大特点：一是重要性，数据是数字化、网络化、智能化的基础，没有数据的采集、汇聚、流通、计算和分析，各类新模式就是空中楼阁，数字化转型就成了无源之水；二是专业性，工业互联网数据的价值在于分析和使用，怎么做要基于行业知识和行业经验，制造业有成百上千个行业，每个行业都千差万别，每个模型、每种算法都需要长时间的积累，要想让数据的价值真正体现出来，就需要专业化的团队；三是复杂性，是"研产供销服"各个环节，"人机物法料"各要素、ERP（Enterprise Resource Planning，企业资源计划）、MES（Manufacturing Execution System，制造执行系统）、PLC 等系统连接的结果，其规模和复杂程度远超传统互联网，需要应对采集困难、格式各异、分析复杂等问题。

安全体系是保障。工业互联网安全体系涵盖了设备、数据、网络、管理、平台 App 和工业应用等领域的网络安全。其主要功能是通过监测预警、审计评估、功能测试、应急响应等措施，确保工业互联网安全和正确地发展。工业互联网的安全特点主要体现在三方面：一是工业互联网由于覆盖面广，打破了传统工业相对封闭和安全的环境，对网络的攻击会直接影响到生产环节；二是工业互联网涵盖了制造业、能源等现实世界关键行业，并且随着网络设备的爆炸式增长和工业互联网平台数量的激增，网络攻击的范围不断扩大，一旦网络受到攻击和破坏，其安全后果十分严重；三是企业防御基础设施薄弱，目前大多数工业企业的安全防御意识仍然十分淡薄，整体安全保障能力有待进一步提升。

与传统互联网相比，工业互联网有一些重要区别：首先，连接的对象不同，传统互联网主要是人与人之间的连接，场景相对简单，工业互联网连接人、机、物、系统以及整个产业链、整个价值链，连接的数量比传统互联网要大得多，场景也更加复杂；其次，技术要求不同，工业互联网因为直接参与工业生产，所以数据网络必须更可靠、更安全；最后，传统互联网迎合的是大众用户，虽然整体用户需求高，但专业化程度相对较低，而工业互联网面向不同行业，必须与不同行业和领域的知识、技术、技能和挑战密切相关。这些特点凸显了工业互联网的多样性、专业性和复杂性，使其发展成为一个长期的过程。

为推动我国工业互联网产业整体向前发展，促进工业与信息通信业等各行各业的互联互通与深度融合，中国信息通信研究院主动召集产学研用各领域相关单位，联合成立了工业互联网产业联盟。工业互联网产业联盟以融合、开放、创新、共赢为理念，围绕需求、技术标准、网络、平台、安全、设计、测试、产业发展、政策法规、投资融资、国际合作、人才培养等多方面，成立了 14 个工作组、15 个专项工作组、16 个行业垂直领域和 6 个子联盟，凝聚行业共识，推动联盟全面发展。工业互联网产业联盟还举办工业互联网大会等大型活动，不断宣传工业互联网领域的最新发展，增强其在国内外的影响力。

1.1.3　工业互联网与智能制造

当前，全球产业转型正逐步到来，制造业产值持续增长，但也存在亟须降低生产经营成本，提升产品质量和价值。高附加值制造业的发展离不开智能化变革，随着数字经济的快速发展，工业生产和制造业与信息技术的融合不断深化，新型网络连接基础逐步加强，云计算创新应用不断加快，人工智能推动生态系统建设，这一切都标志着传统制造业在技术创新的不断推进中发生着重大变革。

主要工业化国家提出了新型制造业智能化现代化发展战略：以工业互联网和智能制造为核心引领新一轮工业革命的综合相关战略体系。美国注重信息技术的创新和引领，提出了先进制造伙伴计划、先进制造战略计划、美国先进制造引领战略等计划；德国则更加重视创新和信息系统的应用，发布了《新高科技战略3.0》《德国工业战略2030》《信息物理系统驱动的交通、卫生、能源和制造业创新》等计划，并率先提出了"工业4.0"战略。中国也将信息技术与工业生产制造融合作为发展的主线，出台了《"十四五"智能制造发展规划》《关于深化"互联网＋先进制造业"发展工业互联网的指导意见》等文件，将智能制造作为我国先进制造业的决定性突破口，以工业互联网为连接基点推动工业制造向数字化、信息化、智能化转型升级。

智能制造以工业互联网为基础，应用于生产、制造、设计、管理、服务等诸多领域，具有高效精准决策、实时动态优化、灵活快速响应等特点。基于"人、机、物、系统"的交互和连接，工业互联网打通了产业要素、产业链和价值链，促进了工业生产和新型服务体系，为新产业形态和新应用奠定了必要基础。工业互联网和智能制造的本质是数据驱动智能、两者融合的发展，未来可以形成以网络连接为基础、以工业互联网平台为核心的信息处理系统，打造制造业新生态，这必然会对我国制造业的发展产生深远影响。工业互联网和智能制造的发展，将加速传统产业关键领域、基础软件、芯片、机构和算法模型等基础应用的新兴分离和升级，逐步将工业互联网和智能制造转化为相互融合的产业体系。为提升这一产业的发展水平，我国应进一步将"互联网＋"融入实体经济，推动两者相互促进、同步升级。工业互联网平台的出现可以说是一个新的发展机遇，更是推动制造业体系模式大转变的重大机遇。

工业互联网作为工业云平台，旨在推动制造业的数字化、信息化、网络化和智能化，采用包括海量数据采集和分析在内的服务体系，支持生产资源的充分互联和高效配置，营造相关工业大数据处理的发展环境，将相关抽象知识和经验数字化、模型化和标准化，优化资源配置。这样，就可以在设计、生产、管理等环节优化工业生产资源配置，营造合作共赢的新型绿色生产环境。发达国家的许多行业和相关企业都选择了工业互联网作为主要战略方向，并开发了适合自身特点的平台设计，如通用电气将企业IT数据与物联网数据打通，西门子针对工业设备和系统的需求开发物联网操作系统等。

在工业领域，互联网、人工智能、大数据、云计算等新技术与传统的工业管理系统相结合，形成了工业互联网，实现了更大范围的智能感知和管理，形成了物理信息传输系统，通过IT与OT的有效融合和深度协同，保证了智能生产、智能运行、客户价格需求与生产的精准匹配。2017年8月，工业互联网标准体系发布，工业和信息化部推广了一大批工业互联网相关平台，各类新型工业App已达成商业化实施，智能化生产、网络化、定制化等模式逐步发展，智能制造示范试点和具体智能制造项目不断推进，制造业系统重要企业"双创"平台普及率接近70％，国家工业信息安全发展研究中心成功组建，工业信息安全能力不断增强。

中国制造业的发展面临着激烈的国际竞争，但技术革命也为中国的发展带来了巨大的战略机遇。信息网络与新一代制造技术的相互融合发展，可以通过动态定价、智能生产、价值分配等方式，实现信息、资源和人员的优化配置，在这种形势下，信息网络与生产技术的融合发展为中国制造企业的转型升级指明了方向，也为跨界合作、自主创新创造了机遇。

因此，大力利用全球新一轮科技革命和产业变革的重大机遇，大力发展高技术制造业和战略性新兴产业，提高产品质量和中低端价值链核心竞争力，将为中国制造业发展实现质的飞跃，成为制造强国奠定重要基础。

党的二十大报告指出："从现在起，中国共产党的中心任务就是团结带领全国各族人民全面建成社会主义现代化强国、实现第二个百年奋斗目标，以中国式现代化全面推进中华民族伟大复兴。"为了更好地应对发达国家和发展中国家制造业的挑战，积极顺应新时期全球产业技术革命的发展趋势，中国提出了"中国制造2025"战略，其框架如图1.3所示。只有不断科研创新，掌握关键技术和核心技术，赶上高新技术领域的发展，才能摆脱国际竞争的影响，赶上国际竞争的步伐；只有不断科研创新，掌握关键技术和基础技术，跟上高科技领域的发展，才能在国际竞争中不受制于人。"中国制造2025"规划是中国政府在新一轮产业革命浪潮中，在"新常态"和"供给侧结构性改革"背景下的积极举措，强调制造业在中国经济中的重要基础性作用，精心谋划如何从投资型转向创新型，如何从制造大国转向制造强国。因此，中国式现代化有力地推动了中华民族的伟大复兴，创造了人类文明的新形态，用中国方案、中国智慧、中国力量帮助人类走上了现代化之路。

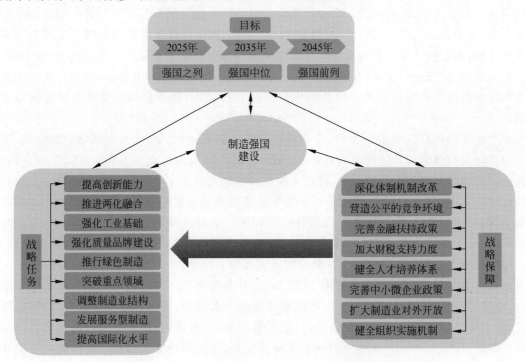

图1.3 "中国制造2025"战略框架

1.1.4 工业互联网安全概述

工业互联网的安全是构建强大网络的基石，与一个国家的整体经济发展息息相关。随着工业互联网的快速发展，生产要素集成互联，并接入开放的工业互联网，在带来可扩展性和效率优势的同时，也带来了潜在的安全问题：最初处于封闭状态的生产和技术资源向完全开放的网络迁移，暴露在更加复杂的互联网环境中，外部组织接入并发起恶意攻击的可能性增大。由于制造要素的计算资源本身有限,且最初处于封闭状态,底层防御能力往往较弱,更容易被黑客非法使用。由于工业生产系统往往在精度、可靠性、低延迟等方面有着非常苛刻的要求,因此必须确保系统能够满足这些要求。

从技术角度来看,传统的互联网安全措施能够应对许多已知的安全威胁。然而,随着工业互联网范围的扩大,接入设备的数量和类型不断增加,再加上不同类型的攻击"推陈出新",使当今的工业互联网遭受的攻击在数量、类型和范围上都与日俱增。现有的传统安全工具和技术难以应对这些新型攻击,因此迫切需要通过新手段实施更快、更有效和更智能的防御。

数据是重要的国家战略资源,也是数字经济的基石,对生产、流通、分配和消费有着深远的影响。面对日益严重的数据安全威胁,世界各国都在进一步加强数据安全法律法规建设。据不完全统计,全球已有120多个国家和地区制定了专门的数据安全和隐私保护法律法规以及工业互联网行为标准。国际电信联盟在国际标准化机构和欧美多国数据安全领域工作的基础上,制定了《大数据服务安全指南》《移动互联网服务中大数据分析的要求和安全框架》《大数据基础设施和平台安全指南》《电信大数据生命周期管理安全指南》等多项标准,这些标准是大数据服务安全的基础。《大数据服务安全指南》明确了大数据平台必须具备的安全能力;《云服务客户数据安全指南》明确了云服务提供商在整个数据生命周期各个阶段必须具备的安全能力;《电信大数据生命周期管理安全指南》明确了电信大数据生命周期安全风险,并制定了相应的电信大数据生命周期安全风险。国际信息安全标准化分技术委员会数据安全研究组制定了《信息技术大数据参考架构第4部分:安全与隐私保护》《大数据安全实施指南》等。美国国家标准与技术研究院的大数据公共工作组发布了《受控非保密信息的安全要求评估》《个人可识别信息机密保护指南》《联邦信息系统和组织的安全和隐私控制措施》等评估措施。欧盟也通过了所谓的《通用数据保护条例》,德国在其《联邦数据保护法》中也提到了该条例。

虽然中国初期发展较慢,但近年来已开展了卓有成效的工作。2018年2月,中国工业和信息化部发布了《工业管理系统网络安全行动计划》,制定了工业互联网安全的时间表和路线图,继续明确各部门、各有关地方和企业应该做什么、怎么做。随着"中国制造2025"计划在全球范围内的推进,以及工业数字化、网络化、信息化、智能化的加速发展,新形势下工业管理安全的重要性和紧迫性更加明显。加强工业信息安全建设,必须着力提升工业互联网安全保障能力,加快建设国家在线监测网络应急资源库和仿真测试与信息共享平台,大力推进安全保障能力建设,为建设网络强国提供可靠保障。重视"工业互联网+安全生产"原则是从根本上解决安全隐患的有效途径,以安全生产为抓手,将大力推动工业互联网在重点领域特别是行业应用领域的全面应用和发展,实现企业数字化转型和智能化发展的关键路径。2020年5月,中共中央、国务院印发《关于构建更加完善的要素市场化配置体制机制的意见》,正式宣布数据是与劳动力、土地、资本等同层级的生产要素。安全是发展的前提,《中华人民共和国网络安全法》《促进大数据发展行动纲要》《关于加强国家网络安全标准化工作的若干意见》《关于深化"互联网+先进制造业"发展工业互联网的指导意见》《加强工业互联网安全工作的指导意见》等法律法规和政策文件层出不穷。多部法律法规和政策文件明确了加强数据安全的要求,2020年11月,《数据安全法》正式发布,将数据安全纳入国家安全范畴,进一步体现了数据安全的发展趋势。数据是工业互联网的"血液",加强工业互联网数据安全是工业互联网健康可持续发展的必要条件。

在我国制定的数据安全标准方面,主要有《信息安全技术之大数据安全管理指南》《信息安全技术之健康医疗数据安全指南》《信息安全技术之大数据服务安全能力要求》《信息安全技术之数据安全能力成熟度模型》等专项指南。《信息安全技术之大数据安全管理指南》为大数据安全管理提供指导,介绍了大数据安全管理的基本原则、概念和大数据安全风险管理流程,明确了大数据安全管理的角色和职责。《信息安全技术之数据安全能力成熟度模型》提供了组织数据安全能力成熟度的分层评估和相关方法,用于衡量组织的数据安全能力,并促进组织之间的理解,以提高其数据安全水平。《信息安全技术之健康医疗数据安全指南》为卫生部门的信息安全提供了一个具体的框架,并提出了卫生部门数据控制者可以采取的技术和管理措施,以保护卫生部门的信息。《信息安全技术之大数据服务安全能力要求》与《信息安全技术之数据交易服务安全要求》分别对大数据服务和数据交易场景提出了详细的安全要求。2020 年 12 月,国家工业信息安全发展研究中心发布的《工业互联网数据安全防护指南》被列入国家标准化与信息安全技术委员会标准范围的重要研究项目清单。

1.2　工业互联网关键技术与安全的发展现状、趋势与挑战

伴随着新一轮科技和产业革命的深入发展,以互联网为载体的信息技术将不断创新,加速向各行业、各领域渗透,不断催生新的产业和商业模式。工业互联网是制造业数字化、信息化、智能化改造和现代化的重要载体,是推动全球人机互联、实现智能生产的新型网络基础设施,是新时代信息通信技术与工业技术紧密结合的创新产业生态和应用新模式。工业互联网的本质是原材料、机器、信息系统、控制系统、产品和人的互联,对工业数据的深度洞察、快速计算和处理、实时传输和交换、先进建模和分析,将改变运营优化、智能控制和生产组织方式。

世界上许多国家都在对工业互联网的发展进行战略规划,从第一阶段的自发市场调研转向政府与市场双管齐下。在国际上,美国、德国、日本等工业强国大力发展工业互联网,通过信息技术加强工业关系,发挥工业的竞争优势,保持工业的高竞争力。各国政府从最高层面强化了工业互联网概念,并发布了国家发展战略,各国政府通过研究补助、投资项目和税收优化等方式,支持创新中心和研究机构,刺激工业互联网的发展,使其从概念研究走向实际生产。国际工业组织也从自我推进转向合作,绿色创新发展的跨界融合平台和企业对企业模式日趋成熟,产业内的工业互联网合作项目成倍增加,各种产业联盟将各参与方的优势资源整合起来,促进产学研和协同创新,更好地实现参与方之间的成果转化和对接。德国"工业 4.0"平台由德国机械设备制造商协会、电气和电子工业协会以及其他组织共同发起,协会负责推广理念,研究机构负责研究和技术开发、标准制定和人员培训,大众、西门子等大型制造企业提供技术支持和解决方案,中小企业共同参与创新研发并分享创新成果。美国工业互联网联盟由 AT&T、思科、通用电气、IBM 和英特尔 5 家公司共同发起,目前已有 210 家成员,为工业互联网开发边缘网关和设计新测试平台的成员已达 26 家。

国内方面,工业互联网也得到了政府的高度关注和重视。"十三五"规划、"中国制造 2025"、"互联网+"创新等重要政策都明确表达了工业互联网发展的重要性。2018—2019 年,我国发布了《工业互联网发展行动计划》《工业互联网网络建设及推广指南》等一系列政策文件,

大力支持工业互联网发展。2019 年底,工业和信息化部发布了《"5G＋工业互联网"512 工程推进方案》,提出支持"5G＋工业互联网"相关的五大类 12 个重大工程建设,加快工业互联网与 5G 技术融合,加强工业互联网、5G 技术、人工智能等新技术相关基础设施建设。2016 年 2 月,中国还发起成立了工业互联网产业联盟,汇聚了来自工业、信息通信技术、互联网等多个领域的 100 多家企业。目前,联盟成员已超过 2000 家,并推出了"15＋15＋X"的组织架构。联盟以工作组和专项小组为基础,在工业互联网高层项目、技术研发、标准制定、测试平台建设、行业实践、国际合作等多个领域开展活动,并发布了一系列成果。联盟发布了工业互联网白皮书、工业互联网平台、测试平台、优秀应用案例等一系列成果,积极参与国内外大型工业互联网相关活动,为政府决策和产业发展提供智力支持,联盟已成为有影响力的国际工业互联网环境推动者。

企业始终站在工业互联网发展的最前沿,自动化企业、制造企业和 IT 企业都积极参与工业互联网的创建和推广。例如,在数字化大转型的推动下,通用电气和西门子率先发展工业互联网,施耐德和 ABB 紧随其后,微软、谷歌等在软件服务、平台创建等方面具有快速扩展优势的 IT 企业也纷纷占有一席之地。与此同时,一批在大数据、物联网、人工智能等新一代信息技术方面具有优势的新型工业互联网企业不断涌现,通过战略合作、投资并购、联盟建设等方式增强自身竞争力,推动工业互联网多维度发展。随着经济全球化的发展,国内也涌现出一大批与工业互联网相关的企业,包括树根互联等新兴科技公司和电信、移动、联通、华为、中兴等传统通信服务提供商,他们都在大力研发,提供各自的工业互联网解决方案。国内工业企业也在国际政策的引导下,积极开展工业互联网领域的国际合作,推动工业互联网新技术的应用。

湖南省工业互联网也在稳步积极发展,围绕湖南省特色产业集群,为相关企业提供数字化能力,打造领先的工业互联网平台,推动湖南省产业数字化、信息化、智能化升级。通过将平台与湖南省特色产业相结合,以各产业集群为载体,引入创新的跨领域合作机制和模式,促进重点产业领域的联合与全面发展。目前正在开发的项目通过智能化设备对生产过程管理、生产设备管理、生产工艺优化和产品维护进行全面优化。该项目依托湖南省工业云资源池、设备管理平台和 5G 等核心资源,运用大数据、物联网、人工智能、边缘计算等技术,以及工业生产的融合,支撑企业数字化和价值链重构。为深入实施工业互联网创新发展战略,湖南省已建成工业互联网重点平台 150 多个,年均增长 15.4％,为打造全国先进制造业高地提供了重要基础。目前,湖南省主要建立了一大批工业互联网外网园区,此外,2024 年湖南省还将积极开展"智赋万企"行动,深入实施工业互联网创新发展战略,拓展全省工业互联网平台体系,推动工业互联网支撑各行业数字化、信息化、智能化转型。

经过几年的理论推动和实践研究,工业互联网已进入实际应用的新阶段,从概念普及开始,业界对工业互联网的发展方向已达成高度共识。在这一过程中,国内外开展了大量的研究和实践工作,其变革影响到工业生产的各个领域乃至实体经济的各个领域,为进一步创造新的生产力和可持续发展创造了坚实的基础。

1.2.1　工业互联网关键技术发展现状

如今,工业互联网技术的重要性已在全球范围内上升为国家战略。传统制造业已经意识到自身优势,着力发展工业生态系统和工业平台,提升生产数字化、自动化和智能化水平。工业互联网已成为全球制造业的重要竞争要素,而工业互联网的大规模应用也是助力我国跨越曲折道路、迈向制造强国的重要手段。

近年来,随着国家各方面的大力投入,我国工业互联网取得了快速发展,工业与互联网的互融发展是国内制造业与互联网行业共同发展的方向,我国工业互联网产业链围绕工业互联网平台不断发展,现阶段在相同或相近领域、行业之间、产业之间的合作明显增多,不同行业间的关联度也大幅度增加。

随着全球第四次工业革命的兴起,制造业改革创新已成为全球战略重点。世界上许多国家都从国家战略层面表明了发展先进制造业的决心,同时,作为制造业进行数字化、信息化、智能化转型升级的支撑,工业互联网的核心能力不可或缺,这已是全球共识。于是,制造业竞争变成了工业互联网竞争,美国成立了多个工业互联网联盟,欧盟成立了大量物联网创新联盟,中国也成立了工业互联网联盟,旨在发展工业互联网领域的相关技术和模式变革。工业互联网未来发展的技术需求主要包括两类:关键支撑技术和前瞻性场景应用技术。

工业互联网的本质是通过更广泛、更深入的连接获得工业系统的整体视图,并通过对海量工业数据的建模和分析做出智能决策。工业互联网核心技术体系的主要目标是支持功能架构的实现和整体技术架构的实施,超越单一学科和技术的范畴。同时,5G、大数据、人工智能等新兴技术向工业互联网渗透,不断拓展工业互联网的潜在趋势和应用边界。如图 1.4 所示,工业互联网的关键技术体系由信息技术、制造技术以及这两种技术相互作用产生的融合技术构成。信息技术与制造技术的创新支撑着工业互联网的发展,信息技术与制造技术的融合则通过创造工业大数据、工业软件、工业人工智能等融合技术,实现机器和产品的实时建模与仿真、新产品和新技术的研发等创新应用,强化了工业互联网的作用。

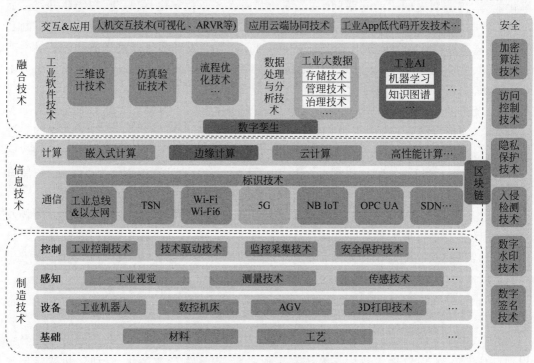

图 1.4　工业互联网技术系统

信息技术构成了工业互联网的数字空间。新的信息和通信技术一部分直接在工业领域运行,构成工业互联网的信息技术、通信和安全基础设施,另一部分则根据工业需求进行二次改造,成为融合技术发展的基石。在通信技术领域,以 5G 和 Wi-Fi 为代表的网络技术提供了更快速、灵活、可靠的数据传输;身份解析技术为工业生产设备提供了识别地址或相应算法,保证了网络运行和工业数据的准确可靠;云计算、边缘计算等处理技术为各类工业应用提供了分布式、低成本的数据处理能力;信息技术为各类工业应用提供了分布式、低成本的数据处理能力。一方面,信息技术为闭环数据优化创建了基础支撑体系,从而可以基于统一的技术组合构建工业互联网系统;另一方面,信息技术打通了互联网领域技术创新与工业生产领域技术创新的边界,统一的技术基础使传统互联网的共性技术创新快速应用于工业互联网成为可能。

制造技术支撑并构建了工业互联网的物理系统。从工业互联网的角度看,制造技术一方面构建了专业技术空间和知识库,为数据分析和知识积累指明方向,成为平台、网络、安全等工业互联网功能设计的出发点;另一方面构建了工业数字化应用优化闭环的起点和终点,绝大多数工业数据源都是在生产系统中产生的,数据分析结果的最终实现也会影响生产系统,并渗透到设备、边缘、企业、产业等工业互联网各层系统的落地。

融合技术确保工业互联网的数字空间和物理系统充分互联和深度融合。无论是信息技术还是生产技术,都必须在某种程度上适应工业互联网的新要求和新场景,从而形成一个完整可靠的技术体系。一方面,融合技术创建了符合工业生产特点的数据采集、分析和处理系统,使信息技术不断渗透到工业生产的核心环节;另一方面,融合技术重新定义了工业经验的采集和利用方式,提高了生产和制造技术开发的效率。

工业互联网技术体系的实施理念主要解决"做什么""在哪做""怎么做"的问题。其主要任务是加快相关基础技术融入工业互联网技术体系的有效实现,从而使整个基础技术体系发挥决定性作用。随着新时代信息技术的快速发展和面向工业生产场景的二次开发,5G、边缘计算、区块链、工业人工智能、数字孪生等代表性技术已经成为影响整个工业互联网未来发展的核心技术和不可或缺的组成部分。

1. 5G 技术

5G 技术是网络互联技术的典型代表,它使无线连接向高速化、多样化、集成化、智能化方向发展。高速度、低时延、高可靠性、网络碎片化等特点,弥补了通用网络技术难以满足工业生产可靠性要求的技术缺陷,改变了现有网络基础设施难以落地的问题,部署方式灵活多变。

5G 技术的发展作用主要体现在两方面:一方面,5G 更宽的子载波间隔使得 5G 网络能够实现毫秒级的低时延,为工业数据的实时采集提供了保障,同时,5G 网络的标准带宽从 40MHz 提升到 80MHz 甚至更高,为大规模工业数据采集提供了基础保障,作为下一代蜂窝移动技术,5G 可应用于大规模物联网、增强型移动宽带、高可靠低时延通信三大场景;另一方面,5G 网络分段技术可有效满足各种工业场景的连接需求,并可独立实现某些功能模块、网络架构、网络能力和业务类型,从而减轻工业互联网平台和工业 App 的开发和调试要求,满足各种应用场景的需求,也降低了工业互联网平台和工业 App 针对各种应用场景的研发和故障排除的复杂性,降低了工业互联网平台的技术落地门槛。利用 5G 移动通信技术、网络切片技术和其他网络技术融合的"5G+时间"敏感网络,也能有效满足各种工业生产场景的多重连接要求。

目前,5G 工业互联网正在被广泛探索和应用。在制造业场景中,5G 可以支持自动控制车辆,并应用于机械手控制,与之前的相关技术相比具有明显优势,可以满足该场景中对极低延迟和极高可靠性的要求。

2. 边缘计算技术

工业领域的一些管理场景对计算能力的利用效率有严格要求,将数据传输到云端进行处理会造成巨大损失,此外,工业领域存在大量异构总线互联,设备之间的通信标准也是异构的,因此迫切需要将计算资源就近分配到工业领域,以满足当前的业务需求。边缘计算是当前计算发展的核心,通过在网络边缘、靠近生产现场和其他业务的地方处理和分析数据,可以提供就近计算服务,更好地满足实时优化、连接性和响应性、安全性和可靠性等方面的生产需求,改变传统生产管理和数据分析工具的使用方式。基于边缘计算的现代工业互联网技术已经有了一定的研究和应用,通过利用边缘计算技术对工业场景中分散在工业互联网边缘的数据进行处理和存储,减轻云计算的压力,解决云计算存在的实时性差、维护成本高、数据存在安全隐患等弊端。

边缘计算技术的作用主要体现在两方面:一方面,它降低了工业领域的技术复杂性,工业领域的工业总线有 40 多种,工业设备之间的互联需要边缘计算提供强大的现场计算能力,实现不同通信协议之间的相互转换和网络互联,同时,它要应对异构网络的分布和配置,以及在维护等方面的复杂任务。边缘计算技术的使用还可以面向工业设备的实时检测,使预测性维护成为可能,在实际部署中,边缘计算技术、云计算和 5G 网络的融合也很普遍,使机器取代劳动力成为现实;另一方面,工业计算的低延迟和可靠性也得到了提高,当数据分析和逻辑控制完全在云端进行时,很难满足现场操作的实时性要求,而在实际工业生产环境中,计算能力必须具有显著的不受网络带宽和数据传输负载影响的能力,以避免随机因素对实时生产造成过多中断和延迟等负面影响,边缘计算技术在工业生产领域发挥着重要作用。因此,在实时运行和数据可靠性领域,边缘计算技术是工业互联网发展的必然要求。

全球移动通信系统协会与全球多家运营商合作打造通信系统云边缘平台,中国联通推出 CUC-MEC 边缘智能业务平台并开发一体化边缘技术解决方案,中国电信引领了"5G＋MEC"应用合作创新。由此看出,在信息技术与工业生产深度融合的背景下,边缘计算技术可以满足带宽扩展和高性能网络的需求。

3. 区块链技术

区块链技术是在大量技术融合创新的基础上诞生的分布式网络数据管理技术。区块链利用访问控制、加密算法、入侵检测、隐私保护等技术,可以完成企业内部各种连接的数据交换、网络加密、访问权限控制等功能,并利用区块链的分布式属性,发展不同产业链之间的协同效应。区块链本质上是由一个又一个区块连接形成的链条,每个区块存储一定量的数据,按照创建时的时间顺序形成一条链,这条链存储在所有服务器上,这些服务器被称为区块链系统中的节点,为整个区块链系统提供存储空间和运算支持。如果要更改区块链中的信息,必须征得半数以上节点的同意,并更改所有节点中的信息;此外,这些节点通常由不同实体拥有,所以更改区块链中的信息极为复杂。因此,与传统网络相比,区块链有两大特点:一是数据难以操控,二是去中心化。区块链技术通过使数据难以操控,确保了互动和信息传递的透明性和可靠性,有效提高了各生产环节优化配置投入的能力,加速了现有商业逻辑和模式的重组。

区块链技术目前仍处于发展初期,其对工业互联网的赋能作用如下:一方面,区块链技术能够解决关键生产数据的可追溯性问题,如欧洲推出的基于区块链的商品认证模式,为商品价值链的各个环节提供一致的评价标准;另一方面,由于区块链技术可以作为工业互联网的工具,可以支持制造业不同参与者之间的有效合作,因此,区块链技术解决了工业互联网相互博弈中的互信与合作问题,也解决了各企业对自身数据的控制权问题。

区块链支持的工业互联网技术目前正在各个层面进行探索和应用。例如,波音公司基于区块链实现了全面的多级供应商管理流程,供应链上的所有环节都可以实现无缝连接,从而提高了整体运营效率,数据也更加可靠。随着"区块链＋工业互联网"与各种标准和系统融合研究的发展和完善,以及对区块链底层技术等现代化方式的不断探索和尝试,区块链技术将在未来工业互联网中发挥越来越重要的作用,促进资源高效配置、网络安全、智能协同生产、生产数据追踪等。

4．工业人工智能技术

工业人工智能技术是人工智能技术二次开发衍生出来的适应工业生产需要的融合技术。它能够对高度复杂的工业数据进行计算和分析,提炼出相关的工业经验和规律,有效提高工业问题的决策水平。工业人工智能技术具有自学习、自感知、自执行、自适应、自决策等特点,通过运用机器学习、知识图谱、自然语言、深度学习等技术,能够解决工业网络中数据量大、多维度、难实时分析等相关问题,帮助实现精准决策和动态优化。同时,借助泛在通信、全局感知、深度融合、高效处理等技术,工业人工智能技术可以更好地适应复杂多变的工业环境,帮助工业企业提高设备管理和维护效率。

工业人工智能技术在完善工业互联网方面的作用体现在两方面:一方面是以知识图谱和专家系统为代表的知识工程,用于梳理知识和工业规则,为用户提供政策建议;另一方面是以机器学习和神经网络为代表的统计计算路径,以数据分析为基础,摒弃底层原理,直接决定事件发生的概率,从而影响最终决策。

工业互联网人工智能技术已经成为众多研究项目和应用的主题。在工业互联网的设备层面应用时,工业人工智能技术可以预测设备的剩余使用寿命,提供预测性设备维护,降低维护成本和故障率;在企业层面应用时,工业人工智能技术可以考虑原材料、设备、生产流程等数据的状态,确定最佳参数,显著提高运营效率和产品质量;在工业层面应用时,工业人工智能技术可以依靠新的知识组织,实现更全面、更可靠的管理和决策。由此看来,工业人工智能技术可以释放数据的潜能,最大限度地挖掘工业数据的隐藏价值,成为工业互联网在制造业中发挥作用的重要支撑。

5．数字孪生技术

数字孪生技术是制造技术、信息技术和融合技术相互依存、相互融合的产物。它利用物理模型、传感器数据、运行数据和其他数据,整合跨学科、多物理维度、多尺度、多概率的建模过程,完成虚拟空间的映射,并代表相应硬件的整个生命周期过程。数字孪生技术是一个超越现实的概念,可以大规模地表现为一个或多个相互依存的设备系统的数字映射系统。数字孪生技术利用算法模型分析和识别数据,通过模型支持、精确数据表示、软件定义和智能决策等优势优化生产流程。

数字孪生技术可以实现虚拟与现实的相互联系,拓展现实生产,进一步提高生产效率。数字孪生技术是以数据和模型的集成融合为核心要素,在数字空间构建物理对象,对数字空间的性能进行准确的可视化分析和预测,从而做出最佳的综合决策,优化闭环工业生产的全业务流程。目前,数字孪生技术虽然在一些场景中得到应用,但总体上还处于起步阶段,因此工业互联网的作用主要体现在相关设备或产品在健康管理方面的高价值。例如,美国国家航空航天局和美国空军研究实验室依靠数字孪生技术预测 F-15 战斗机机身的健康状况,并提供维护建议;一家军用公司正在利用数字孪生技术帮助飞机设计师提高测试成功率,有效降低飞机测试成本,缩短测试周期,延长飞机寿命。未来,随着工业互联网 2.0 架构的发展和应用,将有力推动数字孪生技术的发展,数字孪生技术的应用也将反过来推动工业互联网的发展,促进工业互联网生产模式和生产方式的新变革。

1.2.2　工业互联网安全体系发展现状

工业互联网安全体系是构建工业互联网的重要保障,只有实施覆盖整个工业系统的安全体系,提升数据、设备、控制、网络和应用的安全能力,主动识别和防范安全威胁,化解各种安全风险,为工业智能化发展营造安全可靠的环境,才能保障工业互联网的全面快速发展。

传统工控系统处于相对封闭的环境中,采用"两层三级"的防护体系,多级隔离和分域的思想,对存在的网络攻击普遍缺乏防护。与传统互联网信息安全防护不同,工业互联网安全必须将信息安全与功能安全无缝融合,同时还涵盖了传统工控安全与互联网安全,因此显得更为复杂。

互联网边缘的工业设备具有数据收集和聚合功能,可以管理设备,并执行计算和决策功能,从而打破了传统制造业集中式安全管理的界限。随着智能设备的日益多样化和快速增长,以及通信协议和接入技术的多样性,专门针对边缘设备的安全技术已无法满足大多数需求。许多边缘设备直接访问互联网或具有相对简单的安全机制,这可能导致对设备的非法控制,攻击者可以利用边缘设备的漏洞渗透整个工业互联网平台,或对网络进行大规模攻击。

工业云平台的安全性,尤其是网络攻击的风险较大。云平台的网络资源相对集中,攻击者通过其中一个账号就可以控制其他账号的相关服务,与传统网络分散的攻击目标相比,攻击者在云平台上甚至可以"如入无人之境"。工业云平台没有传统 IT 架构的物理边界作为屏障,云计算技术的架构比传统应用技术更加复杂,需要流量管理、访问控制、安全域等全方位的立体防御。

总体而言,当前的工业互联网安全技术正处于对传统网络安全技术不断改进和迭代融合的实验阶段。各国网络安全公司、工业管理公司、运营商、高校、科研院所等都密切关注工业互联网安全技术的发展趋势,不断研发新技术,以改善安全防护需求,保障工业互联网系统建设的持续发展。

针对工业互联网的不同保护对象,如设备、网络、PLC、数据、应用程序等,必须采取不同的安全措施。为了解工业互联网的安全技术,对其进行了分类,如图 1.5 所示,主要分为四类:底层技术、安全防护技术、安全评测技术、安全监测技术。

底层技术包括人工智能(AI)、区块链、密码算法等,为工业互联网的防护、评估和安全

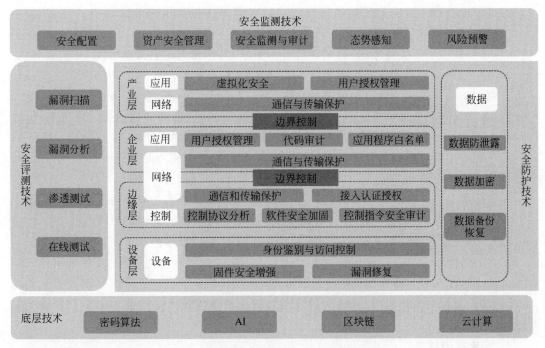

图 1.5　工业互联网的安全技术视角

控制提供基础技术支撑。安全防护技术包括工业互联网各层级的边界控制、身份鉴别与访问控制，涵盖工业互联网安全架构四个层级的五个安全防护对象，它们构成了工业互联网安全防护技术的基础；安全评测技术包括针对工业互联网设备和系统的漏洞分析、漏洞扫描、在线测试、渗透测试等；安全监测技术包括针对工业互联网安全保护对象的态势感知、资产安全管理、安全监测与审计等。下面介绍安全防护技术、安全评测技术和安全监测技术。

1. 安全防护技术

工业互联网安全防护技术是模拟对手攻防原理的核心技术，主要包括白名单技术、网络边界防护、工业主机安全防护等关键技术。

工业互联网影响着工业生产的许多重要方面，对实时系统的运行和性能提出了很高的要求。原有的工业控制网络相对封闭，设备没有通用的安全策略，无法保证硬件和软件在接入工业互联网时的安全性和可靠性，安全机制通常采用白名单技术，可以有效阻止已知威胁，但无法阻止未知行为。在传统的工业控制系统中，业务流程相对固定，不需要频繁更新，因此采用白名单技术跳过可信内容，如果可信内容发生变化，则可以更新安全内容。在工业互联网中，由于工业流程和管理活动相对稳定，对安全的可用性和实时性要求较高，因此安全机制以白名单技术为主，黑名单技术为辅。结合工业场景的特点和网络安全技术的传统方法，可以对安全技术进行扩展和调整，以适应工业互联网的领域。例如，在企业管理网络和生产控制网络的接口处安装工业防火墙，可以提供工业协议命令级的保护，深入检查 OPC（Object Linking and Embedding for Process Control，对象链接与嵌入的过程控制）协议直至指令级别，跟踪 OPC 服务器和 OPC 客户端之间协商的动态端口，最大限度地减少生产控制网络端口的开放，提高基于 OPC 的工业控制系统的网络安全性。

传统工业控制系统向网络互操作性和工业互联网连接的演进继续着 OT 与 IT 的融合，OT 网络不再封闭，而是跨越多个网络边界。传统 IT 网络通常使用防火墙技术来保护边界，但传统防火墙不支持 OPC 协议分析。为了让 OPC 客户端正常连接到 OPC 服务器，防火墙必须将所有端口配置为可用端口，从而使生产控制网络不受攻击者的保护。安装在工业控制网络边缘的工业防火墙可以对 OPC 协议进行深入分析，监控 OPC 连接设置的动态端口，并实时控制传输命令。因此，保护工业互联网的边缘需要使用适当的防火墙，以专门保护不同的网络边界，适应工业环境的特定部署要求，并支持对常见工业协议的深入分析。为了适应工业环境的特定部署要求并支持对常见工业协议的深入分析，边缘防火墙必须具有高可靠性和低延迟性。

工业主机是工业互联网安全的临界点，也是许多工业病毒的传播媒介。由于工业组态软件对稳定性要求很高，如果不及时更新系统补丁，工业主机就无法享受全面保护。在传统互联网中，主机通常使用反病毒技术，通过互联网访问病毒库进行更新。虽然基于云的病毒监测和清除技术的逐步应用进一步提高了对新病毒的检测能力，但实时更新和补充病毒库的需求也给工业界带来了挑战。在工业互联网中，工业主机可以采用基于关闭无关端口、验证降低权限的账户、执行强制访问控制等措施的加固技术来增强主机操作系统的安全性。

2. 安全评测技术

工业互联网安全评测技术是指使用技术工具对工业互联网这一受保护实体进行评估，以了解其安全态势。这些工具包括漏洞扫描、漏洞挖掘、渗透测试和其他关键技术。

随着工业控制系统的日益开放，漏洞利用、后门攻击和窃密已成为工业信息技术安全的严重威胁。传统的计算机系统漏洞检测方法主要包括密码攻击、恶意软件、拒绝服务攻击等，而工业控制系统中的漏洞则大不相同。由于大多数工业控制系统都是从国外引进的，相应系统的运行和维护无法独立控制，导致工业控制系统存在多个漏洞，涵盖网络安全中的控制协议自身漏洞、安全计算环境漏洞、应用系统漏洞等控制器的自身漏洞与后门等，所以工业互联网中的漏洞挖掘技术需要对工控系统网络特性和生产过程控制及其控制协议进行深度分析。采用 IT 和 OT 融合环境下的漏洞挖掘思维，运用多种组合且深度融合的漏洞挖掘技术才有助于防护主要威胁，如有针对性的模糊测试技术等。

渗透测试是指对工业互联网网络系统的安全性进行鉴定和评估，模拟外部攻击者实施攻击时常用的手段和方法。工业互联网渗透测试技术应从工控系统的实际需求出发，辅以渗透测试应用标准、《信息安全测试与评估技术指南》中的开源安全测试方法、《开放式网页应用安全项目测试指南》等渗透测试技术的安全流程指南，完成渗透测试的审查和分析。工业互联网安全渗透测试不应是多种安全渗透测试工具的拼凑，而应是多种渗透工具的高度集成和强化使用。

3. 安全监测技术

工业互联网安全监测技术利用技术手段检测和识别安全威胁、了解和分析安全威胁、处理响应、分析漏洞、检测网络漏洞和识别节点，并及时提供预警信息。其中包括安全监测和审计、态势感知、安全意识等关键技术。

工业互联网网络的安全审计包括通过镜像或代理分析网络和 IDR（Intermediate Data Rate，中等数据速率载波）系统上的流量，记录各类操作行为，如网络和 IDR 系统活动、用户活动和设备操作信息,识别现有和潜在的安全威胁,实时分析网络和 IDR 系统上的安全事件并向执法部门报告。此外,系统还记录内部人员的操作,如错误和取消,并及时发出警告,以减少非恶意内部操作造成的安全风险。

工业互联网态势感知是一种基于工业环境的安全风险动态整体视图,从全局角度对安全威胁进行检测和识别、了解和分析、响应和处置,在网络空间搜索引擎的基础上,加入工控系统设备资产的特征,利用软件模拟相关工控系统服务或特殊工控协议、网络层协议。现有技术可以通过探针、网关等关键设备对平台和应用系统、工业互联网系统的安全运行进行监控和检测。它利用各部分的安全态势信息,形成全面、通用的态势检测能力,形成基于三种检测、决策和响应的智能安全系统,即网络层工控系统设备分析、系统总线检测、内外网数据交叉分析等手段,能够进行实时数据上报和动态聚分布。

1.2.3 工业互联网发展趋势与挑战

工业互联网的发展理念于 2012 年首次提出,至今已走过十多年的历程。当前,全球工业互联网正处于格局形成的关键期和规模扩张的窗口期,发展工业互联网已成为全世界征服工业竞争新高度、重新设计工业体系的共同选择。以工业互联网为载体的绿色产业竞争愈演愈烈,绿色建设和工业设计全面提速,操作系统与云平台的融合逐渐成为掌握产业新生态的重要方式,能源、交通等关系国计民生的重要产业成为产业竞争的关键领域。

1. 发展趋势

随着新科技革命和产业变革的快速发展,互联网逐渐从消费领域向生产领域扩散,工业经济从数字化向网络化、信息化、智能化迈进,工业互联网应运而生。随着工业互联网的发展受到重视,一些国家也支持工业互联网的国际标准化。中国发布了一系列政策文件,积极推动工业互联网的技术发展和应用,并对工业互联网标准化提出了更严格的要求。国际电工委员会、美国工业互联网联盟、电气和电子工程师协会等技术组织积极参与工业互联网国际标准的制定,并踊跃建言献策。因此,深入分析国内外工业互联网标准化工作发展现状,以及未来关键技术领域存在的问题、研究和利用,对于我国加快工业互联网发展、生产能力建设和网络能力建设具有重要的战略意义。

为推动工业互联网技术应用,加快工业互联网标准化进程,规范工业互联网产业发展,我国出台了一系列重要政策文件。在《关于深化"互联网+先进制造业"发展工业互联网的指导意见》和工业互联网创新发展工程的基础上,建立了多个公共服务平台,形成了多个具有标杆效应的试点示范项目,建成了多个工业互联网示范基地。2021 年起,工业互联网政策和示范试点项目加快深入推进行业应用,强化"5G+工业互联网"在化工、钢铁、建材等重点行业的支撑,加强"工业互联网+园区""工业互联网+产业集群"等具体领域的协调推进,整合大集团、中小企业等各类主体的创新应用,加强政策分类,这样工业互联网基础设施建设将充分满足制造业数字化转型的实际需求,现实场景也将不断深化,找到新的方向。产业链上下游龙头企业工业互联网创新应用不断拓展,应用连接加快从各环节单点应用向全连接、全过程集成综合应用和多领域系统创新拓展,逐步构建了平台化建设、网络化、智能化生产、个性化定制、服务化延伸、数字化管理六类应用和研究模式。关键技术研发持续推进,"5G+工业互联网"、边缘计算、工业智能化、时敏网络等相关领域的技术研究、标准制定和产业化进程基本与国际接轨,工业互联网领域已发布国家标准 60 余项,预计到 2025 年将超过 100 项。

要推动工业互联网融合创新向更广范围、更深层次、更高质量发展,首先要加强工业互联网网络基础设施建设。为加快企业内外网建设,促进信息技术与物联网网络融合,实现实时性要求高的工业场景,一方面要对企业内外网进行升级改造,帮助企业升级建设低时延、长距离、适应性强的新型网络,并实施降速降费等措施,降低中小企业升级成本;另一方面要加快工业互联网平台的系统升级,深度融合工业智能等信息技术,强化生产过程的智能分析和决策能力。目前,我国工业互联网的建立和推广虽然颇有成效,但仍受到资金、技术、人才等因素的限制,无法实现大规模的数据处理,因此,加快建立大数据中心极为重要。建立国家工业大数据中心,使其成为工业互联网数据存储、处理和分析的智能平台,加快工业软件和工业平台的融合,促进大规模数据的传播和共享,降低企业提升数据处理能力的成本,是提高数据壮大实体经济能力的重要途径。要进一步落实工业互联网分级安全管理制度,明确各级网络安全管理要求,坚决提高安全等级,加强和优化操作系统、硬件芯片等硬件级安全,深度融合区块链等安全技术。未来,工业互联网安全防护体系将从传统的被动防护向智能持续响应的新趋势转变,实现基础防护、主动响应、全面预见和自主抗灾,以应对各种不断演化的威胁。

2. 安全挑战

传统的工业生产网络安全架构假定边缘区域是安全的。防病毒软件、防火墙、入侵检测系统、数据泄露保护系统和其他边缘设备主要在物理边缘发挥作用,依靠边缘的行为进行保护和控制。随着工业互联网在计算能力和云业务方面的不断发展,工业互联网的安全边缘也在发生变化,网络安全架构需要重新设计。工业互联网新安全架构以身份建设为基石,以企业访问安全、动态访问控制和持续信任评估为重点功能,形成了"云管边端"一体化的安全架构。

虽然工控系统的建立是为了通过相应的防护手段来增强系统的安全性,但目前网络攻击手段不断发展,被动防护具有一定的局限性,而主动防护则可以防止或降低恶意行为入侵的风险,为此,除了一对多的防护功能外,还要结合流量分析、主动检测、被动捕获等技术,提高对安全形势的认识。

在发展初期,态势感知技术主要是收集和分析大量数据,识别有价值的信息,并将其归纳成易于理解的报告和图表,从而找出可能对系统安全构成威胁的漏洞。如今,安全技术与大数据和人工智能技术的不断融合,提高了系统安全检测和分析能力,促进了安全态势感知,主要表现为持续的威胁拦截、威胁感知和威胁情报共享。工业互联网的新兴安全技术正朝着智能感知的方向发展,根据逻辑和经验进行推断,并从已知威胁中推断出未知威胁,从而确定潜在的安全威胁。未来,得益于人工智能、大数据分析等新兴技术,安全风险预警和精准修复水平将不断提高,实现重大网络攻击和网络威胁的可检测、可视化和可控制。

随着工业互联网与各行各业的融合应用,新的生产模式、产业价值链不断转型。工业互联网、智能化生产、网络化定制、服务化延伸、数字化控制等新模式也面临着安全需求,工业应用开发环境的安全体系尚不成熟,组件化思维导致安全风险增长,成为应用安全隐患。随着工业互联网应用的深入,在工业互联网上运行的企业网络设备面临的网络攻击、病毒传播等安全风险也随之增加。

1）工业互联网企业安全意识不足

大多数公司在工业互联网安全方面投入不足。他们往往只注重开发,而不注重安全,将精力集中在传统的生产系统上,系统和生产模式的现代化忽视了网络安全风险,不重视OT 和 IT 安全,往往将其分开构建,这无助于保护工业网络安全。

2）工业互联网安全产业核心占比较低

虽然安全行业股东基础的规模已从 2017 年的13.4 万亿美元增长到 2019 年的27.2 万亿美元,但工业互联网在基础工业所占比例仅为 0.5%,缺乏大型制造企业意味着相关产品和服务的比例相对较低,相关产品和服务较为松散,多以边界安全和终端安全防护为主。

3）安全复合人才紧缺

在当今工业与信息技术深度融合的背景下,现有的复合型安全人才肯定不足以支撑工业互联网的发展需求,所需的安全人员不仅要了解网络安全,还要熟悉工厂环境中的应用场景,因此相关的人员缺口很大。

目前,工业互联网安全技术的发展还处于传统网络安全技术与工业控制系统安全技术不断融合的阶段。面对复杂的工业协议,难以进行深入分析;应用领域众多,即使在同一行业内,不同的活动和通信方式也存在很大差异;工业互联网安全技术产品落地时,不可能多个行业使用同一模式,开发成本相对较高;面对 5G＋工业互联网的新趋势,多种通信协议及新兴技术对工业互联网技术储备能力提出了巨大的挑战。

3. 平台展望

工业互联网平台的价值在于解决实际生产中的具体问题。工业互联网平台应关注实际应用场景的需求,从需求出发研究未来的发展方向,获得真正的应用价值,以解决实际问题。然而,互联网平台作为一种媒介,往往只被用作宣传或信息工具,价值是通过互联网创造的,也就是说,工业生产最好通过互联网平台来构建。

工业互联网平台带来了新的商业模式。如果制造企业能够根据实际情况,及时、全方位地主动调整战略战术,大胆拥抱新变化,在变化中成长、在变化中提升,在变化中壮大、在变化中发展,这将是工业互联网平台最终发展的真正动力。诚然,工业互联网平台的发展可以为企业提供更多打入国际市场的机会,但平台的维护和平台技术的不断发展需要巨大的人力和财力,这也会降低企业的盈利能力。

工业互联网平台采集、存储和使用的数据资源具有数据量大、类型多、关联度高、价值分布不均等特点,由此产生了平台数据安全责任主体边界不清、分类保障困难、事件监测跟踪困难等问题。特别是工业大数据技术在工业互联网平台上的大规模应用,导致平台用户数据和企业生产数据等敏感信息丢失,数据交易权属不清晰,监管部门责任不明确等问题。大数据工业应用还存在安全风险,由于涉足工业互联网的企业大多重视发展而忽视安全,对网络安全风险缺乏认识,缺乏专业机构、网络安全企业、信息渠道和有效的网络安全产品和服务支撑,工业企业防范网络突发事件的能力普遍较弱,因而增加了网络安全风险。工业控制系统和设备从设计阶段就没有考虑安全问题,由于计算和存储资源有限,大多无法支持复杂的安全策略,难以保证系统和设备的安全性和可靠性。

工业互联网平台的开发和部署既是机遇也是挑战。国家政策、企业需求和技术支持为工业互联网平台的发展创造了有利条件。至于挑战,工业互联网平台首先要解决价值创造问题,即解决企业资源配置问题,为企业利润最大化提供良好的环境,为跨地区的工业原材料、跨学科跨部门的制造业配套服务提供良好的环境,以及为客户、合作伙伴和第三方开发商提供合适的平台,然后在利益学习中解决,包括工业互联网平台的开发和维护。

　　基于互联网的产业平台迫切需要加强对教育和产业人才的投入,留住国内人才,加强与国外先进企业的合作,引进国外先进人才。构建互联网平台体系,必须加强统筹协调,有机整合各类企业和科研院所,乘势而上,利用一切优势资源,构建新型生产体系和生态模式。开展"教育、企业、政府"的合作,多元化整合各方资源,实现良性循环,从上到下,层层合作,构建更好的互联网产业平台。

题库

工业互联网体系与架构

工业互联网的核心运行原理是基于全球数据驱动的网络和物理系统与数字空间的广泛交互,以及对过程中决策的智能分析和优化。工业互联网通过打造网络、平台和安全三大功能体系,全面整合工厂、生产系统、管理系统和供应链,并在数据整合和分析的基础上,实现三大系统的 IT 和 OT 融合。数据是工业互联网的核心。数据功能系统本质上包括感知控制、数字模型、决策优化三个基本层次,由上游数据流和下游决策流共同构成工业数字化应用优化闭环。工业互联网体系架构如图 2.1 所示。

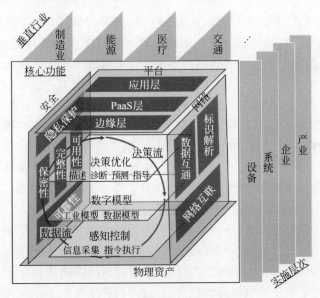

图 2.1　工业互联网体系架构

在实现工业互联网的数据功能方面,数字孪生已成为一项重要的使能技术。通过采集、整合、分析和优化满足业务需求的资产数据,形成物理资产对象和虚拟、真实可视化数字空间业务应用,最终支撑各类业务应用的开发和部署,工业互联网数据功能的具体原理如图 2.2 所示。

首先,感知控制层代表了工业数字应用的基本"输入和输出接口",包含四类功能:感知、识别、控制和执行。感知是使用各种软件和硬件技术收集包含资产属性、时间状态和行为特征的数据,例如,使用温度传感器检测发动机运行过程中的温度变化;识别是在数据和

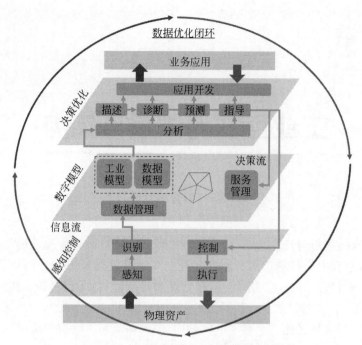

图 2.2　工业互联网数据功能的具体原理

资产之间建立对应关系,并指定数据所代表的实体,例如,需要明确定义哪一个传感器所采集的数据代表了相对应电机的温度;控制是将预期目标转换为具体控制信号和指令的过程,例如,将工业机器人的最终运动转换为各关节处电机旋转角度的控制信号;执行是根据控制信号和命令改变物理单元中资产状态的过程,包括改变工业设备的机械和电气状态,以及改变操作流程和人员及供应链的组织方式。

其次,数字模型层加强了对数据、知识、资产等的虚拟映射和组织管理,提供了支持数字工业应用的关键资源和工具,包括数据管理、数据模型与工业模型、服务管理三类功能。数据管理将来自多个来源的海量异构原始数据整合为单一来源的精简新数据,并通过数据库、数据湖、数据清洗、元数据和其他技术产品为进一步分析和优化提供高质量的数据资源。数据模型与工业模型需要充分利用大数据、人工智能等数据技术,以及不同类型材料、物理、化学等基本工业经验知识,通过对资产行为特征和因果关系的抽象和描述,形成不同类型的模型库和算法,通过连接不同资产之间的数据,以及模型之间的互动和协同作用,实现信息的互操作性,从而创建一个覆盖面更广泛、更智能的系统。

最后,决策优化层侧重于数据分析和价值转换,代表了数字工业应用的关键功能,主要包括分析、描述、诊断、预测、指导和应用开发。分析功能利用各种模型和算法揭示数据背后隐藏的规律,支持诊断、预测和优化功能的实现,常用的数据分析技术包括大数据、数学计算、人工智能等;描述功能通过对数据的分析和比较,创建当前状态、问题和其他情况的基本表征,例如,在数据异常时为现场人员提供信息,帮助他们快速了解问题的性质和内容;诊断功能主要是基于数据分析来评估设备的当前状态,及时发现问题;预测功能是在数据分析的基础上预测资产未来的状态;指导功能利用数据分析发现并纠正设备不匹配和效率低下的问题,例如,通过分析高能耗设备的运行数据,确定合适的启动和关闭时间,以降低能耗;应用开发功能将数据驱动的决策和优化能力与业务需求相结合,支持以工业软件和工业 App 形式开发各种智能应用服务。

　　向上的信息流和向下的决策流构成了数字工业应用优化的闭合循环。信息流始于对数据的感知,通过数据整合和仿真分析,将物理现实中的信息和资产状态上传到虚拟空间,为优化决策提供依据。优化闭环是通过信息和决策的相互流动,将底层资产和上层企业连接起来,形成以数据分析和决策为核心,面向智能制造、网络化、个性化和服务延伸等各种工业场景的智能应用解决方案。

　　工业互联网的功能体系是对以 ISA-95 标准为代表的传统生产功能体系的不断升级和改造,在业务功能应用中更加注重数据和模型的分层发展。一方面,工业互联网强调以数据为主线简化生产层级,功能层级在数据的影响下重新分配,纵向生产层级逐渐扁平化,从一端到另一端进行数据闭环;另一方面,工业互联网强调数字模型在生产系统中的作用,与传统生产系统相比,通过信息融合支持更灵活、更深入的上层支持。与传统生产系统相比,它通过工业模型、数据模型、数据管理和服务管理的融合,从上层支持更灵活、更深入的决策和优化,从下层支持更全面的感知和控制。

2.1　工业互联网网络体系

　　工业互联网网络体系是指将传感器、工业设备、计算机等互联在一个完整的网络系统中,通过设备间的数据信息交换,实现数字化、自动化、智能化、可视化等功能,提高工业设备的运行效率和可靠性。如图 2.3 所示,工业互联网络的目标是建立一种新型基础设施,将所有工业组件、系统和产业链连接起来。网络系统由三部分组成:网络互联、数据互通和标识解析。网络互联提供各要素之间的数据传输,数据互通提供各要素之间信息传输的相互理解,标识解析提供各要素的标识、控制和定位。

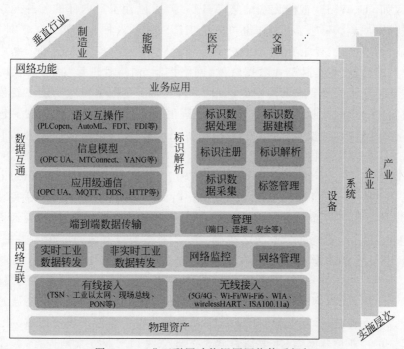

图 2.3　工业互联网功能视图网络体系框架

工业互联网络化就是通过互联网平台,将原来分散落后的自主技术整合成一个新的技术体系,实现高效节能传输、高度资源共享和高水平技术支持。

从工业角度看,与工业互联网的连接应主要视为从生产系统到企业系统的端到端连接。生产系统本身通过采集信息,实现机器之间、机器与系统之间、企业上下游部门之间等的实时通信和智能互动,并优化业务运营。业务需求包括生产系统各个层面的优化,如实时监控、精确控制、泛在传感器、数据集成、运营优化、供应链互动、需求匹配、增值服务等业务需求。

从互联网的角度看,互联网的数据互通主要是企业体制变革引起的生产系统的端到端互联。组织方式和生产方式的智能化变革是由互联网新模式和新业态引起的,其中新业态包括设计、营销、服务等环节。业务需求包括基于互联网平台的精准营销、智能服务、量身定制、协同设计、协同生产、柔性生产等。

工业互联网络是在工业环境中建立人、机器和系统之间完整连接的关键基础设施。工业互联网络为工业设计、研发、生产、配送、管理等工业全要素提供无处不在的连接,它促进各类工业数据开放流动和深度互联,推动各类工业资源优化整合和高效配置,加快制造业数字化、网络化、智能化发展,支撑各种工业互联网企业和应用新业态,积极引领工业转型升级和效率增加。

2.1.1 网络互联

网络互联,即通过有线和无线手段,将工业互联网系统中的人、机、物、系统以及上下游企业、智能产品、用户等要素进行全局连接,以支持企业数据路由的发展,具有端到端数据传输的多重要求。根据协议层的不同,网络通信可分为多模接入、网络级切换和上行切换,多模接入包括有线接入和无线接入。有线接入如现场总线、工业以太网、无源光纤(PON)等,无线接入如 5G、Wi-Fi、智能无线网络(WIA)等,可以让工厂内部的各种元素接入工厂内网,包括机器、物料、环境、人员等,也可以让工厂外部的各种元素接入工厂外网,包括用户、合作企业、智能产品、智能工厂,以及公共工业互联网平台、安防系统等。路由网络层实现实时工业数据转发、非实时工业数据转发、网络控制、网络管理等功能,非实时工业数据转发功能主要传输无同步要求的控制信息和数据,实时工业数据转发功能主要传输生产管理过程中有实时要求的控制信息和需要实时处理的采集信息。网络管理主要包括路由表创建、路由选择、路由协议交互、ACL(Access Control List,网络访问控制列表)配置、QoS(Quality of Service,网络服务质量)配置等功能,网络管理功能包括分层 QoS、访问控制、拓扑管理、资源管理等。传输层端到端数据传输功能基于 TCP(Transmission Control Protocol,传输控制协议)、UDP(User Datagram Protocol,用户数据协议)等实现从设备到系统的数据传输。管理功能实现传输层的端口管理、端到端连接管理、安全管理等。

从功能现状来看,传统的企业网络在接入模式上主要以有线网络接入为主,只有少量的无线技术用于采集测量数据。在数据路由模式下,主要采用低带宽总线、10Mb/s 和100Mb/s 以太网、单独布线或专用通道,为保证数据路由的高可靠性,很多网络配置、控制和监测都是人工完成的,由于只采用少量无线技术采集测量数据,网络主要通过各种工业总线和工业以太网连接,涉及大量的技术标准和规范。用于连接现场传感器、执行器、控制器和监控系统的工业控制网络,主要通过各种工业总线和工业以太网连接,涉及的技术标准较多,相互之间的互联性和兼容性较差,限制了大规模网络连接的实现。连接各种控制、操作和应用系统的企业网络主要采用高速以太网和 TCP 进行组网,但目前仍难以满足一些应用系统在现场直接采集数据的高可靠性和实时性要求。

目前,工厂外网仍然是基于互联网通过各种接入方式进行建设,但网络路由仍然是基于"尽力而为"的方式,无法为大量客户提供高可靠性和灵活的低延时路由服务。同时,由于不同行业、不同领域的信息化发展水平不同,工业企业对工厂外网的利用程度和业务开展情况也不尽相同,有的企业只采用常规的互联网接入方式,有的企业不同区域间的"信息孤岛"现象依然存在。

现代工业网络是随着自动化、计算机化、数字化和智能化的发展,为满足工业管理的需要而设计的。由于在设计建设之初没有考虑整个系统的网络连接和数据交互,因此各级网络的功能割裂明显,网络容量简单且不配套,无法满足工业互联网活动高速发展的要求,主要表现在:工业管理网络容量不足,无法支撑海量数据采集所需的工业智能化发展;生产环境缺乏死角覆盖,大量生产数据在工业管理网络中下沉或消失。工业互联网活动的发展对网络基础设施提出了更高的要求,网络基础设施有三大发展趋势:融合性、开放性和灵活性。

(1)网络架构逐步融合。一是网络结构层次化,工厂内部网络的车间级和现场级将逐步融合,IT 网络和 OT 网络将逐步融合;二是实时控制信息和非实时过程数据将通过网络共同传输,新业务对数据的需求将使控制信息和过程数据的传输变得同等重要;三是有线网络和无线网络的协同应用,以 5G 为代表的无线网络将更广泛地应用于工厂内,实现生产全流程、无死角的网络覆盖。

(2)网络环境更加开放。首先是技术的开放,以时间敏感网络为代表的新型网络技术将打破传统工业网络多种制式之间的技术壁垒,实现各网络层协议之间的解耦,推动工业互联网网络技术的开放;其次是数据源的开放,工业互联网对数据的高需求使得传统工业互联网闭环中被埋没或缺失的数据被发现,而生产全流程的数据将由更标准化的语法和数据模型开放给上层应用使用。

(3)网络管理更加灵活。一是网络形式的灵活性,未来工厂内网将能够根据智能化生产、定制化生产等活动灵活调整形式,快速营造生产环境,工厂外网将能够为不同部门、不同企业提供个性化的网络碎片,实现部门、企业的自主管控;二是网络管理的便捷性,网络在生产、研发、采购、营销等方面发挥着越来越重要的作用;三是网络服务的提升,企业内网将针对管理、监控等不同性能需求提供不同的网络通道,企业外网将针对大规模部署的广覆盖、企业互联网接入、企业云系统、公有云与私有云兼容等不同场景提供细分服务。企业外网将针对不同场景提供细分服务,如大规模部署的广覆盖、企业互联网接入、企业云系统以及公有云和私有云之间的互操作性。

2.1.2 数据互通

数据互通实现了数据和信息在组件和系统之间的无缝传输,使异构系统能够在数据层面相互理解,从而实现了数据互操作性和信息集成。数据互通包括应用级通信、信息模型和语义互操作等功能。应用级通信由 OPC UA(OLE for Process Control Unified Architecture,开放性生产控制和统一架构)、MQTT(Message Queuing Telemetry Transport,信息队列遥测传输)、HTTP(Hypertext Transfer Protocol,超文本传输协议)等提供,可实现安全数据和信息通道的建立、维护和关闭,以及支持工业数据资源模型的仪器、传感器、遥控器、服务器等设备节点的管理。信息模型通过 OPC UA、MTConnect、YANG 等协议实现,这些协议为表达、描述和管理数据对象提供了完整统一的模型。语义互操作由 OPC UA、PLCopen、AutoML 等协议提供,实现工业数据的发现、检索、查询、存储、交互等功能。

实施信息互联系统的主要目的是为整个流程和企业建立一个自下而上的数据互联系统。主要应用包括在工厂内网方面,工业企业利用支持 OPC UA、MTConnect、MQTT 等标准化数据通信协议的生产设备、监控采集设备、专用远程控制设备、数据服务器等,部署支持行业专有信息模型的数据中间件、应用系统等,实现互联互通。在部署方式上,信息互通互操作体系贯穿设备层、边缘层、企业层、产业层:一是在设备层、边缘层、企业层,主要以工业企业自主部署为主,实现在企业内的信息互通互操作;二是在产业层,工业企业协同平台服务企业进行部署,实现跨企业、跨地域的信息互通互操作。

据不完全统计,虽然国际现场总线通信协议有 40 多种,但也有一些自动化公司直接使用私有协议来覆盖工业设备数据交互的全部内容。在这样一个工业生态系统中,存在着不同的制造商、不同的系统、不同的设备数据接口、不同的通信协议等,形成了一个类似烟囱的数据系统,这些自主且互不兼容的数据系统拥有许多独立的应用级通信协议、数据模型和语义互操作性规范,这意味着 MES、ERP、SCADA 和其他应用系统必须花费大量人力、物力来收集生产数据,从不同设备收集的异构数据可能互不兼容,难以实现统一的数据处理和分析,制造商和系统之间的互操作性只能提供简单的功能,难以实现统一的结果,数据互通只能提供简单的功能,不可能实现实时数据的完全兼容和互操作。

人工智能和大数据的快速发展和应用,使得工业企业对数据互联互通的需求越来越高,标准化和"上通下达"成为数据互联互通技术发展的趋势。一是要实现信息标准化,在传统的工业管理系统中,数据信息只在固定设备之间传递,在工业互联网的数据处理中,需要跨系统的理解和数据整合,因此对数据模型、数据存储和数据传输的要求变得更加普及和标准化;二是要加强与云的连接,利用云平台和大数据平台,通过数据价值的深度和更大范围的数据互通实现数据价值;三是推进与现场设备的互动,打通现场设备层,通过现场数据的实时采集,实现企业内部资源的纵向整合。

2.1.3 标识解析

标识解析提供了标识数据采集、标签管理、标识注册、标识解析、标识数据处理和标识数据建模功能。标识数据采集主要定义了标识数据采集和处理功能,包括读写和传输两大功能,负责读取标识和数据预处理;标签管理主要定义了标识介质模块和标识码存储模块,负责介质数据信息的全面存储、管理和控制,并提供标识码模块以满足各行业和企业的需求;标识注册用于创建标识数据对象,包括标识责任主体信息、解析服务寻址信息、对象应用数据信息等,并存储、管理、维护该注册数据;标识解析用于在信息系统中创建标识数据对象的注册数据,包括信息责任主体的标识、授权服务的地址信息、对象的请求信息,以及注册数据的存储、管理和维护,这是实现整体供应链系统与企业生产系统精准耦合、实现完整产品生命周期管理和智能服务的前提和基础;标识数据处理定义了对采集数据的清洗、存储、检索、加工、转换和传输过程,根据业务场景的不同,基于数据模型实现不同的数据处理流程；标识数据建模构建特定领域应用的标识数据服务模型，建立标识应用数据字典、知识图谱等，基于统一标识建立对象在不同信息系统之间的关联关系，提供对象信息服务。

目前，大多数制造企业使用的是企业自行定义的私有标识系统。标识编码标准和标识数据模型不统一，系统间、企业间、部门间的标识信息流存在严重的"信息孤岛"问题，由于标识体系的冲突，企业间无法进行有效的信息交流和数据交互，产业链上下游部门无法进行有效的资源合作。考虑到这些问题，工业互联网标识解析系统应运而生，它以建立各级标识解析节点为基础，形成稳定有效的工业互联网标识解析服务。国家顶级节点与各种标签和解析系统的根节点相连，如 Handle（全球根节点）、OID（对象标识符）、GS1（全球统一标识系统）等。

当然，标识解析技术在推动工业互联网发展的过程中还存在诸多局限和挑战：一是虽然标识解析技术在工业领域应用广泛，但目前仍停留在资产管理、物流、产品追踪等信息获取较浅的应用领域，尚未渗透到工业生产和生产环节，创新应用的深层次仍然有限；二是解析性能和安全保障能力不足，传统互联网中的域名标识编码主要是以面向人为主，方便人来识读主机、网站等，而工业互联网标识编码，则扩展到面向人、机、物的多元世界，标识对象数据种类、数量大大丰富，且工业互联网接入数据敏感，应用场景复杂，对网络服务性能要求较高。目前的身份识别与授权系统亟须更新换代，以满足工业互联网在性能、运行、安全、管理等方面的新要求，提供满足不同工业企业不同需求的服务。

随着工业互联网创新发展战略的认真实施和对工业互联网标识与授权应用的深入研究，工业互联网标识与授权体系将呈现以下发展趋势：一是基于标识与授权的数据服务将成为工业互联网的核心应用，封闭的私有标识与授权体系将逐步向开放的公共标识与授权体系转变，鉴于完整的产品生命周期管理和企业间产品信息互联互通的需求日益增长，将推动企业私有身份识别与解析系统和公共身份识别与解析系统的耦合，为生产提供标准化的公共身份识别与解析服务，通过分层、分级模式实现供应链与其他工业应用的互联互通，解决互联互通问题；二是工业互联网的身份解析安全机制已成为工业互联网应用的基础，发展安全高效的身份解析服务已成为共识，为确保工业互联网标识解析网络架构和工业应用的安全，建立了一系列高效的公共服务基础设施和信息交换机制，通过建立各级节点分散标识解析压力，降低轮询时延和网络负载，提高解析性能，实现毫秒级的本地解析时延。同时，还将逐步实施一套完整的安全系统，支持创建、生成和使用标识体系进程生成的数字证书和加密管道，也将逐步建立支持身份系统过程中产生的数字证书和加密管道的创建、维护、管理和加密，支持身份系统的数据备份、故障排除和灾难恢复，实现业务交易的身份验证访问控制和授权管理的完整安全体系，逐步建立安全有效的身份服务。

2.2　工业互联网平台体系

工业互联网平台是工业互联网在智能生产领域的一种特殊应用形式。通过工业互联网平台，不仅可以将原材料、产品、智能生产设备、生产线、工厂、工人、供应商和用户紧密联系起来，还可以利用跨部门、跨层级、跨地域的信息进行规划和处理，达到更高层次的资源优化配置，提高生产过程的智能化水平。

要实现制造业的数据闭环优化和智能转型，工业互联网必须具备一系列关键功能，如海量工业数据集和各种工业模型的管理、工业模型分析与智能决策、敏捷的工业应用开发与创新、工业资源聚合与优化配置等。这些传统数字工业应用无法提供的功能是工业互联网平台的核心。根据功能层划分，工业互联网平台包括四个关键功能组件：设备层、边缘层、企业层和产业层，如图 2.4 所示。其部署和使用的总体目标是确保系统安全，其部署和实施的总体目标是打造制造业数字化、互联化、智能化发展的支柱和支点，其实施架构跨越四个层级，形成多层次、交互式、协同化的协同工业平台，实现工业数据采集、边缘智能分析、企业和工业平台建设。实施架构包括工业数据采集、边缘智能分析、企业平台建设和工业平台建设四个层次，以及多层、互动、协同的建设方案。

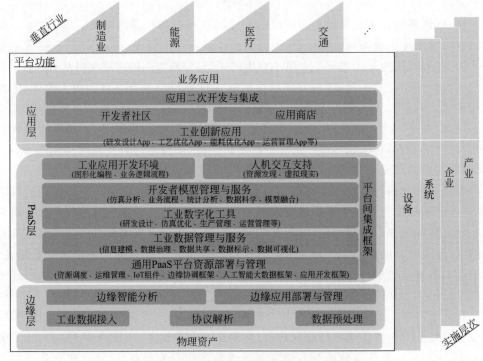

图 2.4　工业互联网功能视图平台体系框架

工业互联网平台的基础是数据采集。一是随着流程和生产线变得更加灵活和智能，有必要从多角度、多测量和多层次来感知输入信息，因此，需要部署大规模智能传感器来实时感知生产要素；二是人脑能够实时高效地处理多源互联的异构数据，快速生成生产要素的属性信息，工业互联网平台也必须实现多源海量、高维、异构数据的高效融合，形成对单一生产要素的准确描述，实现跨部门、多层次、多地域数据之间的关联和互操作。

工业互联网平台的核心是平台。在传统的工业生产中，人们通常是在感知信息的基础上，对数学原理、物理约束和历史经验进行综合和梳理，最终形成一套规则和决策方法来管理生产过程。然而，进入物联网时代后，生产要素的分布层次和规模大大扩展，生产要素之间的关系错综复杂，难以用简单的数学或物理模型来描述，新的生产场景和定制化的生产需求难以描述，从历史经验中得出的决策规则也难以明确直接地归纳。因此，工业互联网平台的本质是利用大数据、人工智能等方法，从海量、高维、互联的工业数据中提取隐藏的决策规则，帮助人类进行生产决策。工业互联网平台将 PaaS(Platform as a Service，平台即服务)整体架构演化为一个工业 PaaS 层,为工业用户提供管理和分析海量工业数据的服务,并能够收集这些数据,将其用于多个领域。在开放的开发环境中,开发人员可以通过封装、整理和重用等步骤,获得来自不同领域的技术、知识、技能和其他资源,从而能够快速创建定制的工业 PaaS,并创建一个完整、开放的工业操作系统。

工业互联网平台的关键是应用。工业互联网平台是一个以用户为中心的按需平台,一方面,工业互联网平台的对象是人,它所调用的解决方案必须能够被人直观地学习和理解;另一方面,为了满足用户的各种需求,工业互联网平台必须基于新的生产场景和个性化生产需求,利用数据分析方法触发定制化解决方案。工业互联网平台通过自主研发或外包的方式,以云软件或工业 App 的形式,为用户提供设计、生产、运维等一系列创新应用服务,实现价值挖掘和提升。

工业互联网平台是针对制造业数字化、互联化、智能化需求,打造基于海量数据采集、汇聚和分析的服务体系,支持生产资源的泛在连接、弹性调配和高效配置的工业云平台。工业互联网平台很可能是工业云平台的延伸,其本质是在传统云平台之上叠加物联网、大数据、人工智能等新兴技术,构建更加精准高效的实时数据采集系统,打造包含存储、集成、访问、分析和管理功能的平台,实现建模、软件和复用。这将以工业 App 的形式打造各类创新型企业应用,最终形成资源丰富、多方参与、合作共赢、共同发展的新型制造业产业生态。

2.2.1 设备层

设备层在工业互联网的产品链、价值链和设备链的发展和协同中发挥作用,它帮助企业 IT 经理、技术经理和其他人员组织链内和链间的内容和关系。在设备层,得益于新的联网和互操作能力,工业互联网打通了从产品设计到工艺规划和生产设计的产品链,链接了从产品订购到生产规划、材料采购、生产、交付和配送到客户的价值链,并跨越了从系统设计到系统建设、调试、运行和维护再到系统退役的设备链。

设备层位于工业生产现场,主要是数控机床、测量仪器、工业传感器和工业机器人等领域的生产物联网,对各种工业设备进行检测和监控,对工业生产现场进行监控,灵活应对不同的工业生产工艺条件,严格控制产品质量,保证生产效率,实现生产达标率。设备层汇聚了产品全生命周期各环节的海量历史工业数据和实时工业生产数据,蕴含着巨大的工业价值,是工业互联网平台的基础。

部署和实施设备层的主要目的是为工业互联网平台提供基础数据库,设备层的开发和部署主要集中在平台功能架构中工业数据的连接、转换和预处理功能。一是提供具体的工业数据接入方案,兼容智能机器、专用设备、数控机床、SCADA 系统等生产现场的各类软硬件系统,从而获得实时状态数据、控制参数、操作和管理数据等各类数据的全面采集;二是提供解析和预处理服务,实现异构数据的转化,在完成纠错、缓存等基础处理后,数据被加载到平台中。

在实施方式上,有两种途径:一方面,通过叠加存量设备进行改造,打开现有设备的控制系统或增加更多传感器,对工业设备进行数字化改造,完成工业数据的一体化采集;另一方面,利用新的数字化设备,特别是在建设新的生产线、创建车间的过程中,直接规划和选择具有协同工作能力的数字化设备。

2.2.2　边缘层

边缘层提供海量工业数据访问、转换、数据预处理和外围分析应用等功能。首先是工业数据的接入,包括机器人、机床、高炉等工业设备的数据,以及 ERP、MES、WMS(Warehouse Management System,仓储管理系统)等信息系统的接入功能,以实现不同类型工业数据的广泛、深度采集和连接;其次是协议解析和数据预处理,从多个来源采集不同类型的异构数据,结合格式规范化和语义分析,以及数据读取、压缩和分析;最后是数据分析和分析应用,重点是面向高实时应用场景,在边缘层开展实时分析与反馈控制,并提供边缘应用开发所需的资源调度、运行维护、开发调试等各类功能。

工业边缘采用多功能硬件和软件架构来支持数据分析和应用性能。它通过对异构数据进行广泛而深入的数据采集、协议转换和边缘处理,通过工业以太网、OPC UA 等工业通信协议以及 5G 和 NB-IoT(Narrow Band Internet of Things,窄带物联网)等无线协议连接工业设备,实时采集各类工业数据,形成工业互联网平台的数据基础。从功能上看,一方面,通过基于平台的服务实现数据访问和对所收集数据的智能分析;另一方面,在外围实现各种分析工具,从简单的控制机制到使用人工智能的复杂分析。

边缘层由六部分组成:工业设备接入、信息系统接入、协议解析、数据预处理、边缘应用部署与管理、边缘智能分析。工业设备接入依靠传统的工业通信协议或专用协议,为各类工业设备提供实时运行状态数据;信息系统接入针对各种管理信息系统,利用以太网协议或中间件技术获取运行和业务管理数据,包括获取机器人、机床、高炉等工业设备数据的能力,以及获取 ERP、MES 和 WMS 等信息系统数据的能力,大规模、深层次地收集和连接不同类型的工业数据;协议解析对来自工业设备和信息系统的数据进行转换,将不同来源的异构数据转换为单一格式,并采用单一协议传输到云端;数据预处理利用规则引擎、数据压缩、数据缓存等手段对数据进行预处理,轻松处理海量工业数据,提前丢弃无效数据;边缘应用部署与管理针对实时性强、数据量大的应用场景,在边缘进行实时分析和反馈控制,并提供边缘应用开发所需的资源规划、运营维护、开发调试等功能;边缘智能分析将复杂的算法模型从云端传输到边缘,提供生产数据的实时分析和反馈控制。

使用边界层的主要目的是满足生产现场实时反馈的优化和控制应用需求。实施必须解决两个问题:第一,如何在边界层设计、部署和运行实时性要求高的智能应用程序;第二,如何通过数据挖掘为现场生产做出高效、准确的优化决策。边界层实施的重点是在功能平台视图中部署智能分析应用程序,针对视觉检测、参数调优、自驾车智能调度等实时劳动密集型场景,在控制环境的支持下运行各类智能应用,部署边缘应用,实时分析数据,并通过决策优化指令实时反馈给生产过程,进行优化改进。为了进一步提高边缘分析应用的深度和影响力,通常会实现边缘应用与云端的互操作,在平台上同时运行仿真算法的迭代更新,并将更新后的仿真算法反馈给边缘应用,进一步提高优化效果。

在边缘运行的智能分析应用主要有两种实现方式:一种是嵌入式软件,以软件代码的形式直接集成到智能设备或信息系统中,依靠嵌入式安装的硬件资源支持完成智能分析应用;另一种是智能网关,智能分析应用在独立的智能网关中进行边缘分布式管理,依靠网关提供的硬件资源和操作系统完成工业数据的深度采集和分析。由于智能网关的部署方法成本效益相对较高,且支持资源和功能扩展,因此智能网关正在成为一种标准的部署方法。

2.2.3 企业层

企业层分析了工业互联网在管理企业发展中的作用机制,即帮助决策者确定企业的愿景、战略方向和战术目标,体现了工业互联网在数字化转型和创造竞争优势中的重要作用。工业互联网主要为企业提供三类成果,即增加产品价值、创新商业模式和降低运营成本,从而渗透到所有主要领域,并提出了一系列战术挑战,如快速响应需求、提高产品质量、提高生产效率、优化运营管理、灵活使用资源和提高交付速度,从而扩大了计算机化和自动化作用的边界和层次。

企业级提供资源管理、工业数据和模型管理、工业模型分析、工业应用创新等功能。一是计算资源管理,包括通过云计算等技术对系统资源的运维进行规划和管理,整合云边协同、大数据、人工智能、微服务等多种框架,支撑企业高层次功能的实现;二是工业数据与模型管理,包括提供数据管理、数据共享、数据可视化等服务。为了提高可用性和实现跨平台互操作性,还应考虑支持人机交互、跨平台集成框架等功能。

企业部署的主要目的是创建一个全企业范围的工业互联网平台,并在该平台上运行以数据为驱动的智能分析应用,从而实现智能业务发展。在部署和实施过程中,需要考虑三个问题:第一,鉴于企业对工业数据存储和处理的巨大需求,应采用何种基础设施支持;第二,企业平台应具备哪些功能,以实现智能数据驱动的优化应用;第三,如何管理平台与企业各信息系统之间的连接。

由于企业级平台的实施和部署往往侧重于特定内部场景下的应用服务,更强调提供定制化解决方案的能力,因此实施和部署时应只关注平台功能中最重要的一些能力。首先,关注数据管理和建模分析能力,实现工业 PaaS 的组装,其中数据管理提供各类信息建模、数据清洗、数据管理和可视化工具,为最终的分析应用创建高质量的数据库,建模分析则综合运用了大数据、人工智能技术和工业专业知识,提供各类数据模型和建模引擎;其次,工业 App 应用的开发将满足企业的业务需求,打造工业 App 应用解决方案,模拟产品设计、设备状态管理、能源优化等应用场景,帮助企业实现智能化生产经营。鉴于平台创建成本较高,而大多数企业的业务需求相对固定,因此考虑将通用 PaaS 和应用开发作为企业平台的选择,以提高企业平台部署和实施的成本效益。

企业平台可以通过服务器、私有云和混合云等几种方式进行部署。首先,服务器部署,注重功能需求、资源容量,不注重大型应用需求,可以将企业平台作为普通应用软件安装部署在专用服务器上运行和访问,降低了企业部署成本。但由于服务器资源的限制,未来平台容量的扩展受到一定的限制。其次,在私有云的实施过程中,企业利用虚拟化、资源池等技术支持,提供存储和计算资源的灵活调度、弹性和可扩展性,支持行业数据的管理和利用,以确保所有主数据留在企业内部,避免机密和后台信息的丢失。

目前,工业生产系统通常遵循以 ISA-95 为代表的系统架构,其本质是打通企业业务和生产管理系统,将订单或业务计划层层分解为企业资源计划、生产计划、订单计划和具体作业指导书,并通过 ERP、MES、PLM(Product Lifecycle Management,产品生命周期管理)等一系列软件系统支持业务管理、生产管理乃至具体联动工作的实现。这套系统推动了生产数字化、信息化的发展,但随着制造业数字化转型的深入,面对更智能、更敏捷、更协同、更柔性的产业发展需求,即便是这套系统也逐渐暴露出以下一些问题。

（1）难以实现有效的数据集成和管理。ERP、MES、CRM（Customer Relationship Management，客户关系）等传统企业系统都有各自的数据管理系统，随着业务系统数量的增加和业务流程的复杂化，不同类型业务系统之间的数据集成难度越来越大，"信息孤岛"问题日益凸显，而且这些业务系统的数据管理功能更适用于数量有限、结构化程度较高的行业数据，缺乏数据管理和管理功能。

（2）数据挖掘分析技术应用不足。一般情况下，传统信息系统仅具备简单的统计分析能力，无法满足日益严格的数据处理和分析要求，需要利用大数据、人工智能等新兴技术对数据价值进行深度分析，显著提升信息系统的服务能力，但大数据、人工智能技术与现有信息系统的融合涉及较高的技术门槛和投资成本，客观上限制了现有信息系统数据分析和应用能力的提升。

（3）无法为应用程序带来灵活性和创新性。传统的信息系统往往与繁重的后端应用服务紧密耦合，当公司的业务模式发生变化或不同业务领域之间产生协同效应时，往往需要以项目系统或集成的方式对现有信息系统进行二次开发和定制，实施周期往往需要几个月，这就很难快速响应公司的调整需求，而且由于各种信息系统的模块相似，实施起来也很困难。正如不同信息系统的通用模块难以使用和重复使用一样，这会导致应用创新中的双轮驱动现象，进一步降低应用创新的效果，增加创新成本。

2.2.4 产业层

产业层将工业互联网的机理纳入国家战略设计和产业发展全局，即构建新基础、催生新动能、实现新发展。就产业层面而言，工业互联网的业务能力表现在，它是在信息化、自动化的基础上，通过数字化、网络化、智能化推进产业发展，构建新型工业生产、制造、服务体系，全面打通全要素、全产业链、全价值链，使产业向市场上游移动，最终实现工业数字化转型和经济高质量发展。

工业层提供工业创新应用、开发者社区、应用商店、二次应用开发集成等功能。一是工业创新应用，针对研发设计、工艺优化、能源优化、运营管理等智能化需求，打造各类工业App解决方案，帮助企业实现提质、降本增效；二是开发者社区，打造开放的线上社区，提供各类资源工具、技术文档、学习交流等服务，吸引海量第三方开发者入驻平台开展应用创新；三是应用商店，提供成熟工业App的上架认证、可视化分发、交易计费等服务，支持工业增值应用的实现；四是二次应用开发与集成，将现有工业App适配特定工业应用场景或用户个性化需求。

全行业采用和实施的主要目标是通过创建工业互联网平台，实现工业资源的高度聚合，为优化资源配置和创建创新生态系统提供支持，采用和部署的主要挑战是跨行业、跨产业覆盖所带来的业务复杂性。一是面对快速增长的数据存储需求和地理上的分散使用，如何实现存储和计算资源的弹性扩展和开放访问；二是在工业平台上运营和管理大规模复杂服务需要什么样的技术基础；三是产业平台必须提供哪些功能支持，才能实现优化资源配置、打造创新生态的目标；四是在实施和实现产业平台的过程中，应采用哪些技术手段来创建关键系统。

由于范围更广、业务模式更复杂，产业平台的部署实施过程实际上包含了平台功能方面的所有主要功能。一是为平台资源管理、应用部署、运营维护提供基础的IT资源支持，以及为构建上层业务层提供基础技术支持技术基础的集成；二是为行业应用提供数据管理和模式分析能力，以及良好的创新能力；三是聚焦行业共性问题，优化资源配置，提供解决方案，如设计合作、供应链合作、产业融资等，在提升产业发展整体水平的同时，加快产业形态和商业模式的创新；四是构建创新生态系统，通过打造开发者社区、应用商店或提供应用二次开发等方式吸引外部开发者，形成应用开发与分发的双向循环，打造充满活力和竞争力的绿色发展模式。

从部署的角度来看，工业互联网平台主要以公有云的形式部署，它通过内部建设或与现有公有云平台合作建设新平台，为各行业、各地区的用户提供高性价比、高可靠性的存储和计算服务，并具备按需调度和弹性伸缩的能力。在基础公有云资源支撑的基础上，利用CloudFoundry、Openshift、K8S等构建通用 PaaS 平台，提供基于大数据、人工智能、数字孪生等技术的数据管理分析服务和工业模型，利用微服务和低代码技术创建工业应用开发服务。总之，综合利用各种技术资源和系统工具，可以得出各种智能解决方案，推进以工业平台为中心的创新生态系统建设。

泛在连接、云化服务、知识积累、应用创新是工业互联网平台的四大特点。一是泛在连接，能够收集硬件、软件、人员等各种输入数据；二是云化服务，基于云计算架构实现海量数据的存储、管理和计算；三是知识积累，基于工业知识引擎对数据进行分析，实现知识的保存、积累和重用；四是应用创新，利用平台的功能和资源，提供开放的工业应用开发环境，实现创新的工业应用。

工业互联网平台可以有效整合工业设备和系统的多种数据，提供企业和资源的智能化管理，促进知识和技能的积累与传承，促进应用和服务的开放式创新，工业互联网平台可视为新制造体系的数字神经中枢，在制造企业转型中发挥着核心作用。目前，工业互联网平台已成为企业智能化转型的重要支柱，首先，它可以帮助企业实现智能化生产和管理，通过对生产车间各个环节的各类数据进行全面采集和深入分析，可以找出生产瓶颈和产品缺陷的根本原因，不断提高生产效率和产品质量，基于对工厂数据以及业务计划、运营管理等数据资源的综合分析，可以实现更精准的财务和供应链管理，降低企业运营成本；其次，它可以帮助企业创新生产方式和商业模式，通过平台，企业可以实现产品再利用数据，为设备健康管理、增值服务等提供新的商业模式，实现从卖产品到卖服务的转变，提高附加值，利用平台，企业还可以更好地与用户互动，了解用户的个性化需求，有效组织生产资源，利用定制化产品实现更高的利润。此外，不同企业还可以在平台上共享信息，汇集来自不同企业、地区和行业的资源和知识，在设计、生产和提供服务方面建立更高效的协作体系。

未来，工业互联网平台或将催生新的工业体系。正如移动互联网平台创造了应用开发、应用分发、线上线下等一系列新的产业关联和价值一样，现代产业互联网平台在应用创新、产融结合等方面也呈现出类似的迹象，有望成为一个全新的产业体系，为大众创业、万众创新营造多层次的发展环境，实现真正"互联网＋先进制造业"。

2.3　工业互联网安全体系

为管理工业互联网面临的网络攻击等新型风险，确保工业互联网健康有序发展，工业互联网功能安全体系框架兼顾信息安全、功能安全和物理安全，重点关注工业互联网的可靠性、保密性、完整性、可用性、隐私和数据保护等基本安全特征,如图 2.5 所示。

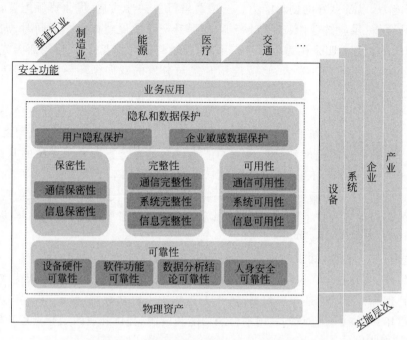

图 2.5　工业互联网功能视图安全体系框架

1. 可靠性

可靠性是指工业互联网企业在一定时间内和一定条件下执行某些功能而不发生故障的能力或容量。一是设备硬件可靠性,指工业电子商务中的工业现场设备、智能家电、智能工厂、计算机、服务器等正常执行所需功能的能力;二是软件功能可靠性,指电子商务中不同类型的软件产品在特定条件下和特定时间执行特定功能的能力;三是数据分析结论可靠性,指工业互联网数据分析服务在特定业务场景和特定时间内产生正确分析结果的能力,数据分析过程中出现的数据缺失、输入错误、指标不正确、编码不一致、数据加载不及时等问题,最终都会影响数据分析结论的可靠性;四是人身安全可靠性,指在互联网上开展业务过程中保护利益相关者个人安全的能力。

2. 保密性

保密性是指在工业互联网服务中对信息的所有权,使其能够按照规定的要求使用,即防止有用的数据或信息泄露给未经授权的个人或公司。通信保密性是指对传输信息的内容采取特殊措施,以掩盖信息的真实内容,防止未经授权的接收者理解信息内容的含义;信息保密性是指防止工业互联网服务中的信息泄露给未经授权的用户和企业,只提供给授权用户授权使用的属性。

3. 完整性

完整性是指互联网用户、进程或硬件组件具有能够验证所传输信息的正确性以及进程或硬件组件不被修改的属性。通信完整性是指对传输的信息采取特殊措施,使信息接收者能够验证发送者所发送信息的正确性的属性;系统完整性是指对工业互联网平台、管理系统、企业系统等的保护;信息完整性是指对工业互联网活动中的信息采取特殊措施,使信息接收者能够验证发送者所发送信息的正确性的属性。

4. 可用性

可用性是指工业互联网业务在给定测试点能够正常运行的占用时间的概率或预期值，是衡量工业互联网业务投入运行后实际使用性能的指标。通信可用性是指在给定的测试点，工业互联网业务的通信各方能够正常建立相互之间的通道的时间概率或预期值；系统可用性是指在测试时间的给定点，工业互联网业务能够正常运行的占用时间概率或预期值；信息可用性是指在测试时间的给定点，工业互联网业务的用户能够正常对业务进行读取、修改等信息操作的时间概率或预期值。

5. 隐私和数据保护

隐私和数据保护是指保护工业互联网用户的个人数据或公司所掌握的敏感数据等的能力。用户隐私保护是指保护工业互联网个人用户私人信息的能力；企业敏感数据保护是指保护参与工业互联网的企业所持有的敏感数据的能力。

目前，工业系统的安全体系相对完善，随着新一代信息通信技术与工业经济的深度融合，工业互联网已进入深耕深种阶段，构建工业互联网安全体系的重要性日益凸显。世界主要工业化国家都高度重视工业互联网的发展，将安全作为重中之重，各国针对参与工业互联网的企业，发布了一系列安全功能使用指南、标准和建议，以期在一定程度上形成可借鉴的模式，确保工业互联网的健康、正常发展。目前的工业互联网安全体系还不够先进，也发现了以下一些问题。

（1）数据隐私安全形势依然严峻。工业互联网平台采集、存储、使用的数据资源具有数据量大、种类多、关联度高、价值分布不均等特点，平台数据安全带来责任主体边界不清、分级保护困难、事件跟踪溯源困难等问题。同时，工业大数据技术在工业互联网平台上的大规模应用，带来了用户数据、企业生产数据等敏感信息的泄露风险，数据交易权属不清晰、监管责任不明确等问题。

（2）安全能力仍需提高。大多数参与工业互联网的企业重发展轻安全，对网络安全风险认识不足，同时，由于缺乏专业机构、网络安全公司、网络安全产品和服务、信息渠道和有效支撑，因此工业企业普遍无法识别风险、应对突发事件和运用其他技能保护网络安全。同时，工业生产迭代周期长，防御措施落实滞后于总体水平，设备库存导致防御措施难以快速升级，防御能力提升普遍比较烦琐。

（3）难以完全保证安全性和可靠性。在设计初期没有考虑安全问题的工业控制系统和设备，其计算资源和存储空间有限。它们大多无法支持复杂的安全策略，因此很难确保系统和设备的安全性和可靠性。此外，仍有许多智能工厂没有使用安全控制装置、安全开关、安全光幕、警报器、防爆产品等，而且还缺乏专门的工业生产安全培训和操作流程技术要求，难以确保人身安全的可靠性。

随着工业互联网向生活各领域的延伸，安全作为其发展的前提和保障将变得越来越重要。在未来的发展过程中，传统的防护技术将不再能够抵御新的安全威胁，防护理念也将从被动变为主动，这主要体现在以下几方面。

（1）通过人工智能、大数据分析、边缘计算等技术，态势感知成为分析工业互联网当前运行状态、预测未来安全趋势的重要技术手段。基于深入的日志分析和事件关联分析，全面掌控工业互联网的安全，通过协同交互及时防范安全威胁，当安全威胁发生时，不同网络设备的协同交互机制可以及时消除威胁,防止安全威胁蔓延。

(2)未来防护的趋势是内生防护,在设备层面可以通过提高芯片和设备操作系统的安全性,优化其配置来实现。在应用层面,泄露检测技术的引入,引导工业互联网应用和控制系统进行静态和动态挖掘,实现其隐患威胁的标准化,不同类型的通信协议,可以通过在新版协议中增加数据加密、身份验证、访问控制等机制,加强其安全性,可以通过在新版协议中增加数据加密、身份认证、访问控制等机制来加强不同通信协议的安全机制,提高其安全性。

(3)工业互联网的智能防护能力将不断发展,未来工业互联网防护的思路将从传统的基于事件的响应转换为持续的智能响应,旨在开发集成的预测、基准、响应和修复能力,以防范不断发展的高级威胁。工业互联网防护架构的重心也将从被动防护转向普遍、持续的监控和响应,以及自动化和智能防护。

(4)平台在防护中的地位越来越突出。平台作为工业互联网的核心,汇聚了各类工业资源,因此在未来的防护中,对于平台的安全将至关重要,平台用户与安全提供商之间的身份认证、设备识别和敏感数据交换行为等安全技术成为必然。

(5)大数据保护将成为防御热点。要考虑工业大数据的不断发展、数据分类与数据馈送保护、数据流审计与溯源、大数据分析价值保护、用户隐私保护等。

正因为这些因素,面对不断发展的网络安全威胁,企业仅靠自身的力量是远远不够的。构建未来包括可靠性、保密性、完整性、可用性以及隐私和数据保护在内的工业互联网功能安全框架,需要政府、企业、行业统一认识、密切协作。安全成为未来确保工业互联网健康有序发展的重要里程碑和保护重点。建立强大、灵活、反应灵敏的信息共享和链路清除机制,建立多边保护体系,充分保障信息安全和物理安全,确保生产管理数据等各环节的可靠性、保密性、完整性、可用性、隐私和数据保护,从而确保工业互联网健康有序发展。

2.3.1　工业互联网安全防护框架

工业领域的安全一般分为三类:信息安全、功能安全和物理安全。传统的工业控制系统安全主要关注功能安全和物理安全,即预防与工业系统或设备安全相关的功能故障,使工业设备或系统在发生故障或失灵时,能够保持安全状态或移动到安全状态。近年来,随着工业控制系统计算机化程度的不断提高,工业控制系统的信息安全问题应运而生,业界对信息安全也越来越重视。

与传统工业控制系统安全和互联网安全相比,工业互联网安全面临的挑战更为复杂:一方面,工业互联网安全超出了当前能力相对清晰的边界,其影响范围、复杂程度和风险等级都要大得多,其中工业互联网平台安全、数据安全、智能电网设备安全等问题日益重要;另一方面,工业互联网安全工作必须在系统建设、国家能力、产业支撑等更广阔的视角下进行统筹,目前,很多企业还没有意识到安全手段的必要性和紧迫性,亟须加强安全管理和风险防控。

因此,工业互联网安全框架应重点关注信息安全,特别是考虑到工业互联网面临的新型风险,如网络攻击,以及实施信息安全防御措施可能对功能和物理安全造成的影响。传统的网络安全框架主要包括开放式系统互联安全体系结构框架、策略保护检测响应模型框架、信息保障技术框架和 IEC 62443 标准框架。

OSI(Open System Interconnection,开放式系统互联)安全体系结构是国际标准化组织在对 OSI 系统开放式互联环境的安全进行深入研究的基础上提出的。它定义了保护 OSI 参考模型必须具备的五类安全服务,包括身份验证、访问控制、数据完整性、数据保密性和不可否认性服务,以及实现这五类安全服务必须具备的八种安全机制,包括加密、数字签名、访问控制、数据完整性、身份验证交换、服务流、路由控制和身份验证。OSI 安全体系结构的五类安全服务和八种安全机制可在 OSI 参考模型的七个层次上进行配置,以满足待保护网络的特定需求,如图 2.6 所示。

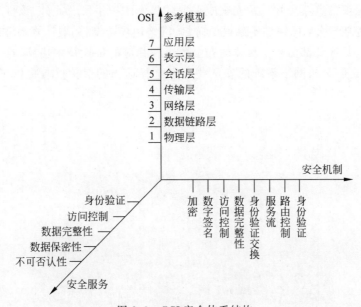

图 2.6 OSI 安全体系结构

OSI 安全体系结构为 OSI 参考模型的不同层实现了不同的服务和安全机制,体现了具有极大灵活性的分层安全理念,不过 OSI 安全体系结构侧重于网络通信系统,其应用范围有一定的局限性,同时 OSI 安全体系结构提供的是静态的网络保护,而网络保护是动态的,该体系结构缺乏对不断发展的内部和外部安全威胁的监控和响应能力。此外,OSI 安全体系结构主要从技术层面考虑网络保护,没有考虑管理在安全保护中的地位和作用,当面临更复杂、更广泛的安全要求时,仅依靠 OSI 安全体系结构并不总是足够的。

策略保护检测响应模型是美国互联网安全系统公司提出的网络安全动态系统模型。该模型以基于时间的安全理论为基础,将网络安全的实施分为三个阶段:防护、检测和响应,如图 2.7 所示。在总体安全策略的指导下实施安全措施,实时检测网络中发生的风险,及时纠正风险,并从纠正中学习调整和改进保护措施,这样,保护、检测和响应就形成了一个动态的安全循环,从而确保网络安全。

策略保护检测响应模型具有检测和响应标准的保护模式,是一种动态的、闭环的安全模式,适用于需要

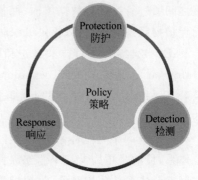

图 2.7 策略保护检测响应模型

持续、长期保护的网络系统。一般来说，这种模式与 OSI 安全架构一样，仅限于网络安全技术方面的考虑，而忽视了治理对安全保护的重要性，在实际应用这种模式时，如果安全策略执行不力，很可能会影响安全保护的效果。

信息安全技术框架由美国国家安全局于 1998 年提出。它包含确保信息系统安全必须具备的三个关键要素：人员、技术和操作。其中，人员要素包括个人安全、人员培训和安全管理系统的开发，强调人员作为保障措施的具体应用对确保安全的重要性；技术要素则强调必须在适当的安全政策指导下采取措施，确保信息系统服务和入侵检测的安全；操作要素则明确了要保证信息系统的日常安全应采取的具体防护手段。此外，该框架将网络系统的安全保护分为四部分：网络和基础设施防御、网络边界防御、局域计算环境防御和支撑性基础设施防御。每部分都描述了具体的安全要求和相应的替代技术措施，这为更好地理解网络安全的各方面、分析网络系统的安全要求和选择适当的保护机制提供了一个框架，如图 2.8 所示。

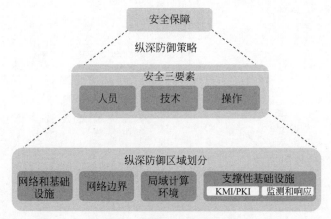

图 2.8　信息保障技术框架

信息保障技术利用上述安全机制的四部分，在网络系统内部形成纵深防御，从而降低安全风险，使网络系统的安全得到保护。但是，与 OSI 安全体系结构一样，只实现了对网络系统的静态保护，没有在网络系统中采用动态和持续的安全措施。

IEC 62443 标准是由国际电工委员会（IEC）和国际自动化学会（ISA）联合制定的一套工业控制系统安全标准。该标准根据监控级别将工业控制系统划分为相对封闭的区域，各区之间通过管道进行数据传输，并通过在管道中安装信息安全管理设备实现分级保护，进而保护控制系统网络，以提供纵深防御。

IEC 62443 标准对技术实施和安全管理提出了要求，但从总体上看，与 OSI 和 IATF（Information Assurance Technology Framework，信息保障技术框架）安全架构一样，它涉及静态保护的实施。然而工业互联网的安全防御是一个动态过程，必须不断适应外部环境的变化，在设计工业互联网安全框架时，必须考虑动态防御的概念。

在传统网络安全体系的基础上，结合我国工业互联网的特点，提出了工业互联网新安全体系，目的是帮助参与工业互联网的企业构建自己的安全体系，提高防护能力。工业互联网安全体系从防护对象、防护措施及防护管理三个角度进行构建，对各种防护对象采取相应的保护措施，从实时监控结果中发现网络中存在或正在出现的安全问题并及时响应，同时根据安全目标加强保护管理,完善持续改进的管理策略,确保工业互联网的安全。具体保障方案如图2.9所示。

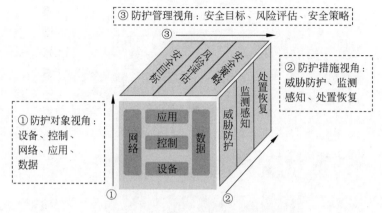

图2.9　工业互联网安全体系具体保障方案

其中,防护对象视角涵盖设备、控制、网络、应用和数据五大重点;防护措施视角涵盖威胁防护、监测感知和处置恢复三大环节,威胁防护环节针对五大防护对象分布主动和被动防护措施,监测感知和处置恢复环节通过使用一系列信息交换、监测预警、应急、突发事件和应急响应等一系列安全措施、机制的部署增强动态安全防护能力;防护管理视角根据工业互联网安全目标对其面临的安全风险进行安全评估,并选择适当的安全策略作为指导,实现防护措施的有效部署。

工业互联网安全结构中的三个防护视角相对独立,但又相互联系。从防护对象视角来看,安全框架中的每个防护对象,都需要采用一系列合理的防护措施并依据完备的防护管理流程对其进行安全防护;从防护措施视角来看,每一类防护措施都有其适用的防护对象,并在具体防护管理流程指导下发挥作用;从防护管理视角来看,防护管理流程的实现离不开对防护对象的界定,并需要各类防护措施的有机结合使其能够顺利运转。工业互联网安全体系中的三方面防护措施相辅相成,形成一个完整、动态、持续的防护体系。

2.3.2　工业互联网防护对象视角安全

防护对象视角主要包括设备、控制、网络、应用、数据五大防护对象,具体内容包括设备安全、控制安全、网络安全、应用安全、数据安全,如图2.10所示。

设备安全包括智能设备的安全,如企业中的单个智能设备和成套智能终端,以及智能产品的安全,包括操作系统应用软件的安全和硬件的安全;控制安全包括控制协议、控制软件和控制功能的安全;网络安全包括企业内部网络、外部网络以及支撑生产和智能工业应用的识别和授权系统的安全;应用安全包括工业互联网平台和工业应用的安全;数据安全包括数据和用户信息在采集、传输、存储和处理等各个环节的安全。

在实施过程中,工业互联网安全系统强调对受保护对象采取有效的保护措施,因此,工业互联网五大保护对象所面临的安全威胁都有相应的保护措施。

在设备安全方面,工业互联网的发展正推动机械化现场设备向高度智能化转型,创造出操作系统加微处理器加应用软件的集成新模式,这意味着未来海量智能设备可能直接面临网络攻击和威胁,如攻击范围扩大、传播速度加快、漏洞影响扩大等。工业互联网中的设

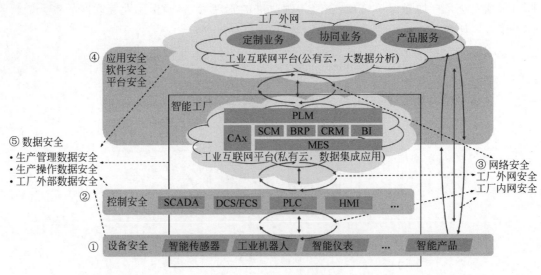

图 2.10　防护对象视角

备安全是指智能设备的安全,如工厂中的单个智能设备和成套智能终端,必须在操作系统应用软件安全或硬件安全方面加以实现。可实施的安全机制包括固件安全增强、恶意软件防护、设备身份鉴别与访问控制、漏洞修复等。

提高固件安全性意味着工业互联网设备供应商必须采取措施提高设备固件的安全性,以防止恶意代码的传播和使用。供应商可以提高操作系统内核、协议栈和其他方面的安全性,并设法获得对设备固件的独立控制;漏洞修复和加固可解决操作系统和设备应用软件中的漏洞,这些漏洞会带来最直接、最致命的威胁;管理补丁更新意味着工业互联网公司必须密切监控关键工业互联网现场设备的安全漏洞和补丁发布情况,及时采取行动更新补丁,并在安装前对补丁进行严格的安全评估、测试和验证;基于硬件功能的唯一标识符,为包括工业互联网平台在内的上层应用提供基于硬件的识别和访问控制功能,从而确保只有合法设备才能访问工业互联网,并按照既定的访问控制规则向其他上层设备或应用发送或读取数据;硬件层组件还必须能够为上层应用提供访问控制功能;同时,还必须确保所使用的运行和维护管理系统不会干扰生产控制区系统的正常运行。

在管理安全方面,工业互联网正逐步将生产管理从多层次、封闭式和本地化结构转向扁平化、开放式和全球化结构。在控制环境上,体现为信息技术与操作技术的融合,控制网络从封闭走向开放;在控制结构上,表现为控制范围从局部扩大到全球,同时控制作用增强,实时控制作用减弱。上述变化改变了传统工业控制过程的封闭性和可信性特征,造成的后果包括安全事件的扩大、危害程度的加深以及信息安全与功能安全问题的相互依存。要保护工业互联网中的管理安全,尤其应从管理协议安全、管理软件安全和管理功能安全三方面考虑,可采用的保护机制包括协议安全增强、软件安全增强、恶意软件防护、补丁更新、漏洞修复、安全监控和审计等。

控制协议安全旨在确保控制系统执行的控制指令来自合法用户。控制系统的用户必须经过身份验证,未经授权的用户不能执行任何控制命令。必须在控制协议通信过程中加入认证限制环节,以防止攻击者通过拦截信息来建立通信会话,从而获取合法地址,破坏控制过程的安全性。不同类型的操作需要不同的凭证进行用户认证;如果没有基于角色的访问机制,就没有用户权限的分离,这意味着任何用户都可以执行任何功能。在设计控制协议时,必须根据具体情况采用适当的加密措施,确保第三方无法非法获取通信双方的信息。在工业应用之前,应使用测试工具验证控制协议的稳健性;测试可包括风暴测试、饱和测试、语法测试、模糊性测试等。

工业互联网上的控制软件安全可概括如下:数据采集软件、组态软件、过程监控软件、设备监控软件、过程仿真软件、过程优化软件、专家系统、人工智能软件等类型,保护软件免遭未经授权的访问是控制软件安全的重要内容。具体措施包括:控制软件应在投入运行前进行代码测试,检查软件中是否存在开放性错误;采用完整性控制措施对控制软件进行验证;及早发现软件中的篡改行为;对控制软件的部分代码进行加密;控制软件的生产质量良好;对配置程序进行备份。必须对控制软件应用程序进行配置,以便不同的对象使用不同的权限,从而获得执行相应任务所需的最低权限。

控制功能安全是指协调功能安全和信息安全的能力,使信息安全不会损害功能安全,并使功能安全在信息安全的保护下更好地发挥其安全功能。这一阶段的具体功能安全活动包括:识别潜在的危险源、危险条件和破坏性事件,并获取已识别危险的相关信息;识别控制软件与其他设备或软件以及其他智能系统交互时产生的危险条件和破坏性事件,并识别导致事故的事件类型;结合典型制造、加工和生产过程的特点,识别导致事故的事件类型。

在网络安全方面,随着工业互联网的发展,企业内部网络具有 IP(Internet Protocol,互联网协议)化、无线化、灵活化、全局连接等特点,而企业外部网络则具有信息网与管理网逐步融合、企业网与互联网逐步融合、产品和服务日益内部化等特点。因此,传统互联网的安全问题已经蔓延到工业互联网,特别是在以下几方面:工业互联协议从专有协议变为以太网 IP 协议,导致攻击门槛急剧下降;目前一些用于工业以太网的 10Mb/s 和 100Mb/s 交换机无法抵御日益严重的 DDoS(Distributed Denial of Service,分布式拒绝服务)攻击;工厂网络的互联、生产和运营已逐渐从静态网络演变为动态网络,安全策略面临严峻挑战。此外,随着工厂运营规模的扩大和新技术的不断应用,5G 等新技术的引入以及工厂内外部网络互联的持续深化,都将在未来带来安全风险。

工业互联网网络防护应覆盖企业内部网络、外部网络和身份识别系统,应包括网络结构优化、边界防护、访问认证、通信内容防护、通信设备防护、安全监控与验证等防护措施,从而建立全面有效的网络安全防护体系。

在网络规划阶段,需要设计合理的网络结构。一方面,在核心网络节点和身份解析节点采用热备和双机负载均衡技术,解决高峰期突发大流量带来的业务连续性问题,确保网络长期稳定可靠运行;另一方面,通过合理的网络结构和参数,增强网络的灵活性和可扩展性,为未来网络扩容做好准备。

为加强网络设备和身份识别节点的安全并确保其正常运行,网络设备和身份识别节点必须采取一系列安全措施。这些措施包括:识别出于操作和维护目的连接到网络设备和身份识别节点的用户,并确保凭证不会轻易泄露和被欺骗;限制远程连接到网络设备和身份识别节点的源地址;采取措施管理网络设备和身份识别节点连接过程中的连接错误;采用安全的连接方法;以及监控和审计网络设备和身份识别节点的安全性。网络安全监控是指利用漏洞扫描工具等手段检测网络设备和身份识别节点的漏洞,并及时提供预警信息。网络安全审计是指利用镜像或代理服务器等对网络和身份识别系统的流量进行分析,记录各种操作行为,如网络和身份识别系统上的系统和用户活动、设备运行信息等,检测系统中存在的和潜在的安全威胁,实时分析网络和身份识别系统上的安全事件,并发出警报。同时,记录内部人员执行的处理错误和覆盖操作,并及时发出警告,以降低非恶意内部行为造成的安全风险。

在应用安全方面,工业互联网应用主要分为两大类:工业互联网平台和工业应用,其范围包括智能制造、网络化、定制化和服务延伸等。工业互联网平台目前面临的安全风险主要是数据泄露、篡改、数据丢失、权威机构异常控制、系统漏洞利用、账号接管和设备访问保护等。在工业应用中,最大的风险来自安全漏洞,这些漏洞包括在开发过程中因编码不符合安全规范而造成的软件本身的漏洞,以及与使用不安全的第三方库相关的漏洞。

因此,工业互联网应用的安全必须受到工业互联网平台安全和工业应用安全的双重保护。对于工业互联网平台,可以预见的安全措施包括安全审计、身份验证和授权、防止DDoS攻击等。对于工业应用程序,建议在整个生命周期内实施安全保护,在应用程序开发过程中对代码进行审计,并对开发人员进行培训,以降低出现漏洞的可能性;定期对运行中的应用程序进行漏洞检查,审计和测试内部应用程序流程,修补漏洞和打开的后门;实时监控应用程序行为,查找漏洞和后门;定期扫描运行中的应用程序以查找漏洞,审计和测试内部应用程序进程,修补漏洞和开放的后门;实时监控应用程序行为,检测和阻止可疑行为,以减少未检测到的漏洞造成的损害。

在数据安全方面,工业互联网数据可根据其属性或特征分为四大类:硬件数据、企业系统数据、知识库数据和个人用户数据。根据数据敏感程度的不同,工业互联网数据可分为三类:一般数据、敏感数据和机密数据。工业互联网数据包括数据收集、传输、存储和处理等各个环节。随着工厂数据从小型、简单、单向的集合向大型、多维、双向的集合发展,工业互联网数据量越来越大,种类越来越多,结构越来越复杂,工厂内部和外部网络之间出现了双向数据流。由此带来的安全风险主要是数据丢失、未经授权的分析和用户个人信息泄露。

要保护工业互联网中的数据安全,必须实施一系列广泛的安全措施,如明确目标、数据加密、访问控制、活动隔离、访问验证、数据脱敏等,涵盖数据生命周期的所有方面,包括数据收集、传输、存储和处理。

2.3.3　工业互联网防护措施视角安全

为了帮助企业应对工业互联网的各种挑战,防护措施视角从生命周期和防御递进的角度明确了安全措施,并实现了动态、有效的保护和响应。防护措施视角包括三个主要方面:威胁防护、监测感知和处置恢复,如图2.11所示。

图 2.11　防护措施视角

威胁防护是指针对五大被保护对象,采用主动和被动防护措施,防止外部入侵,营造安全运行环境,化解潜在安全风险。工业互联网的发展使现场设备从机械化设备向高度智能化设备转变,创造了"嵌入式操作系统＋微处理器＋应用软件"的新模式,使未来大量智能设备直接暴露在网络攻击之下,攻击范围有可能扩大,传播速度有可能加快,漏洞影响有可能增大。

监控和检测是指采用适当的监控措施,主动检测系统内外的安全风险。具体措施包括数据收集、积累和汇总、特征提取、关联分析、状态检测等。数据收集是指从工业现场网络和工业互联网平台收集各类数据,为网络故障分析、设备预测性维护等提供数据源。数据采集和汇聚主要分为两方面:一是汇聚工业控制系统和 SCADA、MES、ERP 等应用系统产生的重要工业互联网数据,对数据进行同步采集、管理、存储和查询,为下一流程提供数据源;二是在汇聚过程中对所有网络流量进行监听,对采集的数据进行监听和特征提取,特征提取是指对数据进行特征提取、选择、分类、优先级排序、读取处理等,进行数据转化为信息的过程,这一过程主要用于对单个设备进行纵向分析,或用于网络数据分析、信息分析、数据挖掘、数据提取、数据挖掘和数据挖掘等。

清除恢复机制是工业互联网实施信息安全管理的保障,支持工业互联网系统和服务的持续运行。清除恢复机制使应急准备和恢复组织在风险发生时,能够及时采取预案响应措施,快速恢复现场设备、工控系统、网络、工业互联网平台、工业应用等的正常运行,防止重要数据丢失,并通过数据收集和分析机制,快速更新和优化防护措施,形成持续闭环。它包括响应决策、备份恢复、分析和评估。

为了在工业互联网发生灾难后的恢复过程中做出决策和反应,有必要提前制定适当的处置策略,并针对不同程度的风险采取适当的预案措施。与传统信息系统架构相比,工业互联网更为复杂。废弃物管理机构应根据工业互联网系统架构进行风险识别,按照风险类别和等级、风险影响程度、发生概率、风险持续时间等进行风险评估,并根据风险消除的优先级别制定防范措施和解决预案,以适应实际情况并做出适当改变,确保有效实施。工业互联网系统的架构包括各个层级和数据接口,针对风险可能发生的层级,应采取相应的措施降低灾难发生的概率。日常运行修复和恢复团队可利用设备、网络、管理、应用和数据层面的监控机制,定期检查工业互联网系统的运行数据状态,发现潜在的安全风险和系统异常。

为确保工业互联网平台不间断运行,需要对关键系统进行备份。企业应根据备份能力对系统进行分类,并根据需求目标制定相应的备份和恢复计划。为确保备份计划的顺利实施,组织可建立专门的救灾中心和救灾组织,根据救灾策略进行维护和管理,并定期进行救灾计划演练,确保救灾计划的有效性。根据业务类型和企业系统的特点划分备份容量等级,并根据不同的等级采用不同的备份策略和对策。企业通过分析业务影响程度和风险评估,确定工业互联网系统的备份容量要求和备份前所需的资源。企业可根据公司或行业标准和政策,制定自己的备份和恢复策略,以测试其有效性和可行性。有能力的公司可以建立专门的灾难备份中心,在发生灾难时执行快速备份和恢复,将损失降到最低。公司应建立灾难恢复中心运营和维护团队,根据公司需要,全职或兼职处理日常维护或危机管理。公司应定期审查灾难恢复计划并组织灾难演习,以适应环境或技术的变化,确保计划的有效性。

风险分析和评估是工业互联网系统不可或缺的重要元素,可优化防护措施,形成封闭的防御循环。通过分析和识别系统面临的风险来制定适当的应对计划,并利用安全事故管理和评估的结果进行持续分析,可以实现更好的缓解和恢复策略。企业可以采用定性或定量分析方法来评估安全事件造成的各种影响程度：定性分析、定量业务中断评估方法可以造成直接和间接的经济损失；定性分析、采用归纳与演绎、分析与综合、抽象等业务中断评估方法可以造成企业的非经济损失，包括企业声誉、客户忠诚度、社会经济损失以及其他业务损失。通过识别和定义工业互联网系统所面临的内部和外部风险，分析和评估这些风险与企业安全系统相关的可能性，可以制定出符合企业需求的补救和恢复机制。当企业发生安全事故时，必须及时分析事故影响的范围和程度，评估企业补救和恢复计划的适用性和有效性。分析和总结用于消除和恢复事故的资源成本以及风险所造成的损失，评估补救和恢复计划的实施和管理情况，以确定其是否满足补救和恢复目标的要求，并通过实际案例的经验不断完善补救和恢复政策。

2.3.4　工业互联网防护管理视角安全

在确定保护目标和要实现的安全目标后，要对安全风险进行评估，找出现状与安全目标之间的差距，制定适当的保护战略，提高保护能力，并不断改进管理流程。防护管理视角的安全装置视图如图 2.12 所示。

图 2.12　防护管理视角的安全装置视图

为确保工业互联网的平稳运行、安全性和可靠性，有必要为工业互联网确定合理的安全目标，并根据相关安全目标进行风险评估、选择和实施安全策略。工业互联网的安全目标并不是唯一的，而应根据工业互联网的各种安全要求来确定。工业互联网安全包括六大目标：保密性、完整性、可用性、可靠性、恢复性和隐私安全。这六大目标相辅相成，共同代表了工业互联网最重要的安全特征。

必须定期对工业互联网系统的各种安全要素进行风险评估，以管理和控制风险。根据工业互联网的总体安全目标，对整个工业互联网系统的资产、脆弱性和威胁进行分析，评估安全风险导致安全事件的概率和影响，并指定应对资产价值风险的行动，包括资产的预防、转移、接受、恢复和消散，以确保在工业互联网数据保护、数据传输安全、设备访问安全、协同工作、数据保护和数据安全等方面提供可靠的服务。

工业互联网的总体防御策略是建立一个动态防御系统，该系统能够跨越安全活动的整个生命周期，将安全事件置于最前沿，并对安全事件进行"预警、检测、响应"。它可以在攻击前提供有效的预警和保护，在攻击过程中进行有效的检测，并在攻击后迅速识别错误并做出有效响应，以防止重大损失。安全策略描述了工业互联网的整体安全考虑因素，并定义了安全策略和模式，以确保工业互联网的正常日常运行。它结合安全目标和风险评估结果，明确了当前工业互联网各方面的安全策略，包括针对设备、控制、网络、应用、数据和其他受保护实体采取的保护措施，以及监控响应、补救和恢复行动。同时，为了创建一个可持续和安全的工业互联网，有必要在面对新威胁时不断改进安全策略。

随着新一轮工业革命的快速推进，工业互联网已成为重要趋势。工业互联网通过将工业系统与互联网系统深度融合，全面连接人、机器、工厂等工业生产经营要素，是影响工业和经济发展的重要信息系统。从封闭的工业环境走向开放的互联网络环境，工业互联网面临着网络安全和工业安全的双重风险。尽管近年来工业互联网发展迅速，但工业互联网整体安全形势依然严峻。

　　针对工业互联网的攻击每年都在增加,它已成为网络攻击的新的主要目标。近年来,随着工业平台计算机化程度的提高,针对工业网络的事件也越来越多:委内瑞拉大停电,美国东海岸网络中断,勒索病毒导致台积电停工,勒索病毒攻击美国最大的石油产品运营商Coronel,迫使其关闭重要的燃料网络等。大量工业控制器暴露在互联网上,严重私有化的工业控制协议处于较低水平,导致攻击门槛大大降低;年复一年,攻击者利用了大量漏洞。作为连接国家工业和关键基础设施,工业互联网已成为网络攻击的新的主要目标,面临着巨大的外部攻击风险。

　　以工业互联网为目标的攻击者正变得越来越专业化和有组织化,其攻击行为也呈上升趋势。他们逐渐从传统的攻击手段转向更先进的攻击方案,如利用 0-day 漏洞、嵌套攻击、木马注入等。除此之外,还有各种人工智能技术、规避、侦察、社会工程学等多维度的变化,所有这些变化都告诉我们,对工业互联网的网络攻击不是普通的攻击,而是国家最高层面的网络对抗。在国家新型基础设施建设战略的推动下,工业互联网进入快速发展阶段,为加快新技术融合、形成新生态、推广新模式提供了良好基础,但与此同时,我国工业互联网也面临着前所未有的安全威胁和挑战,一旦遭受网络攻击,可能危及国家安全、国民经济、国计民生和社会公共利益。

　　近年来,得益于产业刺激和政策推动,中国已经打造了 70 多个有影响力的工业互联网平台,联网工业设备数量达到 4000 万台,工业 App 数量超过 25 万个,工业互联网产业规模达到 3 万亿元。虽然中国制造业正在经历快速发展,但与经历了三次工业革命的西方国家相比,中国的工业基础还比较薄弱,基础原材料、基础零部件、零配件、先进核心技术等工业基础能力还存在一些短板,核心技术缺失的局面尚未彻底改变,大量基础零部件、PLC 等依赖进口,对我国工业互联网安全构成严重威胁。供应链各环节存在后门、可能引入恶意代码、供应中断等问题,直接关系到中国工业互联网的安全发展。据《2020 年上半年我国互联网网络安全监测数据分析报告》显示,我国上网工业设备达 4630 台,其中,高安全风险设备约占 41%;电力、石油天然气、城市交通等重点行业使用的网络监控系统约占 480 台;信息泄露、跨站应用伪造、输入验证错误等高安全风险系统约占 11.1%;国内工控系统 IT 资产持续受到来自美国、英国、德国等 90 个国家的境外扫描嗅探,日均扫描次数超过 2 万次。能源、制造和通信等关键部门的关键基础设施和信息系统已成为嗅探的主要目标。利用获取的信息和相关漏洞进行的攻击将导致相关部门发生安全事件,对我国的基础设施造成威胁性、破坏性甚至毁灭性打击,并直接危及关键行业的运行安全。近年来,工业安全在工业互联网核心领域的占比始终保持在较低水平,约为 0.5%;而欧美国家的这一数字约为安全投入的 5%~10%,仍有较大差距。

　　面对严峻的网络安全形势,政府制定了一系列相关法律法规和政策,推动网络安全产业的发展。2016 年颁布的《中华人民共和国网络安全法》将网络安全上升为国家战略。在中央网络安全和信息化委员会第一次会议上,习近平总书记在中央网络安全和信息化委员会第一次会议上提出,要把网络安全和信息化作为事关国家安全和民族发展、事关人民工作和生活的重大战略问题。《中华人民共和国网络安全法》的出台,旨在将现有的网络安全实践上升为法律制度,通过立法织密网络安全防护网,为网络强国战略提供制度保障,作为中国第一部全面规范网络空间安全管理的基础性法律,是中国网络空间法治建设的里程碑,是依法监管互联网、化解网络风险的法律工具,是在法治道路上维护互联网健康发展的重要保障。

2017年11月，国务院常务会议讨论通过了《关于深化"互联网＋先进制造业"发展工业互联网的指导意见》，这是一份指导和规范我国工业互联网发展的政策文件。在发展目标中，明确提出到2025年要建立更加全面可靠的工业互联网安全保障体系，到2035年安全保障能力显著提升。

为实现《关于深化"互联网＋先进制造业"发展工业互联网的指导意见》的目标，工业和信息化部发布了《工业互联网发展行动计划（2018—2020年）》和《工业互联网创新发展行动计划（2021—2023年）》。近期发布的《工业互联网创新发展行动计划（2021—2023年）》将深化商用密码应用作为重要工作内容，并表示将加快基础密码应用技术和标准制定进度，鼓励供需双方有效参与、共同创新，推动加密货币发展，声称将加快基础密码应用技术和标准开发进度，促进供需双方的有效参与和联合创新，推动加密货币的深度应用。

2019年，《中华人民共和国密码法》正式颁布实施，为加密货币提供了法律依据。2020年1月1日，《中华人民共和国密码法》正式开始实施，作为综合治理国家安全方针下国家安全法律体系的重要组成部分，该法的颁布实施将极大地提高密码工作的科学化、规范化、法治化水平，极大地推动密码技术进步、产业发展和发展。该法的颁布实施，将极大地提高密码工作的科学化、规范化和法治化水平，极大地促进密码技术进步、产业发展和规范应用，有效地维护国家安全、社会和国家利益以及公民、法人和其他组织的合法权益。

网络安全等级保护制度2.0（以下简称等保2.0）为工业控制场景增加了新的可扩展性要求，并明确了加密应用。等保2.0在等保1.0的基础上进行了优化，该标准针对云计算、物联网、移动互联网、工业控制和新兴大数据技术中的应用引入了新的安全扩展性要求，它还定义了工业控制系统在每个保护连接中的加密应用，如数据加密技术、完整性验证技术、数字签名技术和身份验证技术。等保2.0系列标准将在安全等级要求方面支持网络安全法规的实施，明确使用场景和具体密码要求，指导密码技术在工业控制场景中的应用。网络安全等级保护和商用密码安全评估是实施《中华人民共和国网络安全法》和《中华人民共和国密码法》的两项重要工作，在此期间也将不断发展和完善。

通过国家相关法律法规的制定和方针政策的贯彻执行，按照"顶层纲领＋行动计划＋实施指南"的原则，逐步完善措施，加快形成我国工业互联网安全政策体系。党中央、国务院高度重视工业互联网安全有序发展，党的二十大报告指出，坚持把发展经济的着力点放在实体经济上，推进新型工业化，加快建设制造强国、质量强国、航天强国、交通强国、网络强国、数字中国。实施产业基础再造工程和重大技术装备攻关工程，支持专精特新企业发展，推动制造业高端化、智能化、绿色化发展。要以党的二十大精神为指导，认真贯彻落实习近平新时代中国特色社会主义思想，以供给侧结构性改革为主线，以全力支持制造强国和网络强国建设为目标，明确我国工业互联网发展的指导思想、基本原则、发展目标、主要任务和保障支撑，最终以中国式现代化全面推进中华民族伟大复兴，统揽伟大斗争、伟大工程、伟大事业、伟大梦想。

题库

第3章

工业网络与连接

在现代工业网络结构中，网络是关键基础设施，为现代工业条件下人、机、物全方位互联提供了重要基础设施，可以完成工业产品设计、开发、制造、经营管理、客户服务等工业领域全部要素的泛在性互联，促进不同领域和环节的数据全面流通和无缝融合。工业互联网的网络连接离不开各种通信网络。工业通信网络已经历经了三代变革，从工业现场总线，逐步扩展到工业有线以太网，再到工业无线通信技术。

本章介绍了工业现场总线、工业以太网、工业无线通信技术以及 5G 通信技术在工业互联网的应用。

3.1　工业现场总线

现场总线是近年来迅速发展起来的一种工业数据总线，主要用来在现场装置之间以及现场装置与控制室间，进行数字式、双向串行、多节点的通信，其英文名为 Fieldbus，是工业网络发展过程中最常见的一种数字通信形式，也叫现场网络。现场总线重点解决了工业生产现场的计算机网络信号传输问题，主要涉及自动控制装置、工业系统仪器仪表、自动化控制器、执行单元等现场装置间的数字通信问题和这些现场管理装置与工业系统之间的网络信号传输问题。由于现场总线有着简便安全、经济实用等许多明显的优势，因此受到了许多标准组织和自动化企业的高度重视和应用。

现场总线是智能化领域中的重要设备与底层数据通信网络，以数字通信的方式取代了传统 4～20mA 模拟信号及普通开关信号的传递方式，是连接智能现场装饰和智能化控制系统之间的全数字、双向的通信体系。现场总线的出现推动了工业发展，更是智能制造重要的组成部分，对国家工业生产水平提高有着非常重要的影响。其主要应用于能源、化工、电力、智能制造、航空航天等领域。

3.1.1　工业现场总线的发展历史

现场总线开始于 20 世纪 70 年代末，为实现各种装置间的互联，部分软件企业研制出特殊的专用网络，这也被看作现场总线的开端。20 世纪 80 年代以来，多种现场总线技术标准相继问世，但目前仍没有统一的国际规范。不少公司都推出了各自的现场总线标准，但相互之间的开放性和互操作性还没有统一，其中常见的有基金会现场总线（Foundation

Fieldbus,FF)、局部操作网络(Local Operating Net Work,LonWorks)、控制器局域网络(Controller Area Network,CAN)、过程现场总线(Process Field Bus,Profibus)、HART(Highway Addressable Remote Transducer)协议以及 DeviceNet、ControlNet、P-NET 等。

一般来说,现场总线由一个或多个大型跨国公司支持,并建立相应的国际组织。如西门子公司支持 Profibus,建立了 Profibus 国际用户组织。以 Alston 公司为主要支持者,成立了 WorldFIP(World Factory Instrument Protocol)全球用户组织。

各种总线大都有其广泛应用的范围,例如,FF、Profibus-PA(PA 即 Process Automation,过程自动化)广泛应用于石油、化工、医药、冶金等流程控制领域;LonWorks、Profibus-FMS(FMS 即 Fieldbus Message Specification,领域消息规范)、DeviceNet 广泛应用于建筑、交通运输、农业等领域;DeviceNet、Profibus-DP(DP 即 Decentralized Periphery,分布式外围设备)广泛应用于加工制造业。当然,由于这些划分并不是绝对的,因此各种现场总线技术公司都力求将其应用范围进一步拓宽,并彼此渗透。

为了提高竞争力,许多总线都努力争取成为国家或者地区的标准,例如,Profibus 已成为德国标准,WorldFIP 已成为法国标准等;而为了拓展自己产品的应用范围,许多产品厂家经常加入不止一个总线标准。

国际竞争日趋激烈,目前还没有任何一个或几个总线技术能主导市场,但是由于工业上各行各业应用各种自动化技术,所提出的要求也复杂多变,使用某种现场总线技术很难满足不同行业的技术要求,因此,很多重要企业都力图开发接口技术,使自己的总线能和其他总线相连,在国际标准中也出现了协调共存的局面。

2003 年 4 月,IEC 61158Ed.3 现场总线标准第 3 版正式成为国际标准,规范了 10 种形式的现场总线技术,如表 3.1 所示。

表 3.1 IEC 61158Ed.3 现场总线标准第 3 版现场总线类型

类 型	现 场 总 线
Type1	TS61158 现场总线
Type2	ControlNet 和 Ethernet/IP 现场总线
Type3	Profibus 现场总线
Type4	P-NET 现场总线
Type5	FF(Fieldbus Foundation)、HSE(High Speed Ethernet)现场总线
Type6	SwiftNet 现场总线
Type7	WorldFIP 现场总线
Type8	Interbus 现场总线
Type9	FF H1 现场总线
Type10	PROFInet 现场总线

现场总线技术的发展,主要体现为以下两个领域:一个是低速现场总线领域的成熟;另一个是高速现场总线技术的发展。而现场总线产品运行速率较低,对网络的功能要求并不高。从实际应用状况出发,一般的现场总线产品,都能较好满足对速率要求较小的过程管理。在楼宇和家庭自动化、智能通信产品等领域,LonWorks 则拥有自身的技术优势。在离散生产方面,基于行业应用的特点和历史原因,Profibus 和 CAN 在这一领域形成了自己的优势,具有较强的竞争力。

目前,由于国内厂家的生产规模相对较小,所以更多的是依赖技术供应商的能力,较易受到现场总线技术供应商(芯片制造商等)对国内厂家的技术支持,以及产品市场推广力度的影响。同时,还有非常重要的一点,就是在构建自动化控制系统的过程中,所使用的上位机(如组态软件)对总线设备的支持程度。有些监控组态软件能很好兼容总线设备,可以通过 DDE(Dynamic Data Exchange,动态数据交换)、OPC(OLE for Process Control,用于过程控制的 OLE;OLE 为 Object Linking and Embedding,对象连接与嵌入)或者直接连接等方式进行通信获取数据,用户具有较多选择;而一些组态软件则兼容的总线设备种类较少,使用户的选择较少。

3.1.2　工业现场总线特点

1. 接线简单

一对双绞线或一条电缆上一般能连接多种装置,因而可以大大减少电缆、接头、槽盒、桥架的用量。当需要增加工业现场控制装置时,可直接连接在原来的接头上,无须增设新的电缆,从而节省硬件数量、种类和费用。

2. 低维护与开销

现场控制装置可自行进行诊断与简单故障处理,可通过数字通信将相应的诊断和故障处理信息传输至控制室,通过这种方式,用户可以尽早分析问题根源并尽快排除,缩短了维护停工时间。同时由于系统结构简单,降低了维修成本。

3. 系统集成主动权

用户可以根据系统集成需求选择不同制造商所提供的装置,而不会受到系统集成中不兼容的协议、接口等的限制,避免因选择了某一品牌的产品而限制了设备的选择范围,从而拥有系统集成的主动权。

4. 高精确度

与模拟信号相比,现场设备的智能化与数字化从根本上提高了测量与控制的精确度,降低了误差。采用简化的系统结构,设备之间的连接变得简单,现场设备功能齐全,因此大大减少了信号的往返传输,提高了系统的稳定性。在数据传输过程中,现场总线常常会有数据包的传输滞后,传输通信系统的瞬时误差和数据包丢失,以及发出和收到次序不一致等现象都会干扰控制系统稳定性,对控制系统产生负面影响。

3.1.3　工业现场总线注意事项

现场总线逐渐在工业现场推广,在使用中需要注意以下几个问题。

1. 通信距离

现场总线的通信距离与传输速率有关。例如,Profibus-DP 在 12Mb/s 速率时,如果使用标准电缆,通信距离可以达到 200m;而若采用 187.5kb/s 速率,则可以达到 1000m。通信距离有两个定义:一是两个节点之间不通过中继器可以达到的距离,和传输速率成反比;二是整个网络最远的两个节点之间的距离。通常,在厂家的产品说明资料中关于此类设备的说明并不明确,在实际应用中,还需要考虑整个网络的传播范围,因为电磁波信息在电缆中传输是需要时间的,尤其在一些较高速的现场总线中,如果增加了距离,就需要对部分通信参数加以调整。

2. 线缆选择

根据现场的实际情况,来确定现场总线的通信速率和通信介质。一般来说,现场总线在通过电信号传输数据的过程中,不可避免地受到周围电磁环境的干扰。通常采用屏蔽双绞线来克服这种干扰,屏蔽双绞线的规格又与现场总线的类型有关。一般来说,现场总线的开发者往往规定了某些特定的电缆种类,在合理选择了这种电缆种类的条件下才能实现所要求的速率和最大传输距离。在对电磁条件比较恶劣的条件下,采用光缆避免对局部环境的干扰,进而避免影响整个现场总线网络的正常工作。

3. 隔离

现场总线的电信号与设备内部都是完全电气隔离的。一旦发生高电压串入,会造成整个网段所有装置的总线收发器损坏,不加以隔离,高电压信号会进一步破坏装置其他电路,造成更严重的危害。

4. 屏蔽

屏蔽电缆的外层必须在一点良好接地,如受高频干扰严重,可考虑多点电容接地。为了避免产生回路电流,不允许多点直接接地。

5. 连接器

现场总线通常不会对接口做出严格的规定,而是如果处理不当,会干扰整个设备通信。因此,现场总线通常采取总线的菊花链连接方法,在连接每一种设备时,都需要特别注意如何在不干扰到现有通信的情况下,进行设备插入与移除工作,这对连接器也有相应的要求。

6. 终端匹配

现场总线信号具有反射现象,因此在任意一个网段的两个终端,都必须通过电阻匹配,一方面可以吸收放射,另一方面在总线的两个终端达到合适的电平,保证通信。

3.1.4 国内外主流的几种工业现场总线

1. 国外主流工业现场总线

1)FF

FF 采用 ISO 的开放系统互联 OSI 的简化模型(1、2、7 层),即物理层、数据链路层、应用层,另外增加了用户层。根据通信速率,FF 分为低速 H1 和高速 H2,前者传输速率为31.25kb/s,通信距离可达 1900m,可支持总线供电和本质安全防爆环境,后者传输速率为1Mb/s 和 2.5Mb/s,通信距离为 750m 和 500m,支持双绞线、光缆和无线发射,协议符号IEC 1158-2 标准。FF 的物理媒介的传输信号采用曼彻斯特编码,该总线在过程自动化领域得到了广泛的应用,具有良好的发展前景。

2)CAN

CAN 广泛用于离散控制,其协议分为物理层和数据链路层,采用短帧结构进行信号传输,传输时间短,抗干扰能力强,通信距离最远可达 10km/5kb/s,通信速率最高可达 40m/1Mb/s,网络节点数实际可达 110 个。CAN 支持多种工作方式,采用非破坏性总线仲裁技术和设置优先级有效避免冲突。CANBUS 工作体系架构如图 3.1 所示。

3)LonWorks

LonWorks 采用 ISO/OSI 模型的全部 7 层通信协议,以面向对象的设计方法,通过网络变量把网络通信设计简化为参数设置,支持双绞线、同轴电缆、光缆和红外线等多种通信

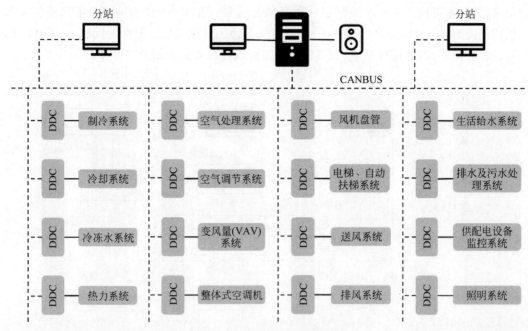

图 3.1　CANBUS 工作体系架构

介质,通信速率为 300b/s～1.5Mb/s,直接通信距离可达 2700m(78kb/s),被誉为通用控制网络。LonWorks 技术广泛应用在楼宇和家庭自动化、保安系统、办公设备、交通运输、工业流程控制等领域。

4) DeviceNet

DeviceNet 安装布线成本较低、连接简单、兼具开放性。其基于 CAN 技术,传输率为 125～500kb/s,每个网络的最大节点为 64 个,其通信模式为生产者/客户(Producer/Consumer),采用多信道广播信息发送方式。DeviceNet 网络上的设备可以随时连接或断开,不干扰网络上的其他设备。

5) Profibus

Profibus 由 Profibus-DP、Profibus-FMS、Profibus-PA 系列组成。DP 用于分散外设间高速数据传输,适用于自动化加工领域;FMS 适用于纺织、楼宇自动化、可编程控制器、低压开关等;PA 用于过程自动化,遵守 IEC 1158-2 标准。Profibus 支持主-从系统、纯主站系统、多主多从混合系统等几种传输方式,传输速率为 9.6kb/s～12Mb/s,最大传输距离在 9.6kb/s 下为 1200m,在 12Mb/s 下为 200m,可采用中继器延长至 10km,传输介质为双绞线或者光缆,最多可挂接 127 个站点。

6) HART

HART 是在现有模拟信号传输线上实现的数字信号通信,是从传统模拟控制系统向数字控制系统转变的升级产品。其通信模型采用物理层、数据链路层和应用层三层,支持点对点主从应答方式和多点广播方式。但是由于它采用模拟、数字信号混合,因此通用的通信接口芯片开发难度较大。

7) CC-Link

CC-Link(Control&Communication Link,控制与通信链路系统)是一个以设备层为主的网络,同时也可覆盖更高的控制层和更低的传感层。在 CC-Link 系统中,可以将控制和信息数据同时以 10Mb/s 高速传送至现场网络,解决工业现场配线复杂的问题,具有优秀的抗噪性能和兼容性,其运行简单、成本较低。工业现场总线架构如图 3.2 所示。

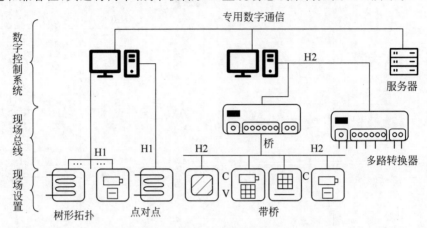

图 3.2 工业现场总线架构

8) WorldFIP

WorldFIP(World Factory Instrument Protocol)采用单一的总线结构来兼容不同的应用需求,不需要接入网关或网桥,采用软件就可以实现高速和低速的衔接。WorldFIP 与 FFHSE 可以实现"透明连接",并对 FF 的 H1 进行了技术拓展,如速率等。

9) INTERBUS

INTERBUS 采用 ISO 的 OSI 简化模型(1、2、7 层),即物理层、数据链路层、应用层,采用集总帧型的数据环通信,确保数据传输的同步性和周期性,同时具备优越的实时性、抗干扰性和可维护性。INTERBUS 广泛用于汽车、烟草、仓储、造纸、包装、食品等行业。

此外较有影响的现场总线还有 P-Net 和 SwiftNet。P-Net 主要应用于农业、林业、水利、食品等行业,SwiftNet 主要应用于航空航天等领域。

2. 国内工业现场总线的发展

由于历史原因,我国现场总线技术起步比较晚,但国内也已经开始加速开发自主的现场总线技术。目前,国内工业现场总线有 G-link、NCUC-Bus 等。

1) G-link

G-link 协议由固高科技自主研发,目前已经升级到高性能千兆 gLink-Ⅱ。gLink-Ⅱ 采用环形冗余拓扑结构,实现数据冗余和链路冗余,保证了系统的高速实时响应和大数据传输,提高了系统的通信可靠性。该总线技术目前已经在印刷、纺织、机器人、数控系统、半导体、激光加工、电子加工等行业形成突破。

2) NCUC-Bus

NCUC-Bus 由机床数控系统现场总线联盟的企业自主研发。在自动化工业控制领域,尤其是数控领域,如高端数控机床、数控系统 IPC 单元等硬件平台总线式数控系统,得到了普遍的应用,具有强实时性、高同步性和高可靠性等优点。

3.2 工业以太网总线

现场总线的蓬勃发展使得现场总线的种类一度超过 40 种,种类繁多且互不相容。而工业控制网络需要能够实现统一、高效、实时,需要更为开放、更为透明,工业以太网正是顺应这一需求而快速发展。

工业以太网是指在工业环境的自动化控制及过程控制中使用以太网的相关组件和技术,是以太网技术向工业控制领域渗透融合的产物,其技术上与商业以太网(即 IEEE 802.3 标准)兼容。

3.2.1 工业以太网总线特点

工业以太网具有装置互联简便、开发环境和硬件设施选择多样、数据传输能力强大、传输速率高、支持冗余连接配置等技术特点,整合集成企业的信息网络和控制网络。工业以太网总线和现在使用的局域网一致,采用统一的 TCP/IP(Transmission Control Protocol/Internet Protocol,传输控制协议/互联网协议)协议,避免了不同协议间无法通信的困扰。例如,在传统工业控制网络中,各层级互联需要通过网关进行协议转换,但通过工业以太网控制网络,基于 TCP/IP 实现互通,如图 3.3 所示。

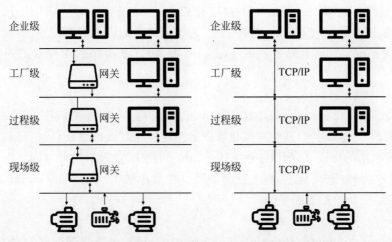

图 3.3 传统工业控制网络和工业以太网控制网络

工业以太网因其上述优势获得众多厂家的支持。具备以下优势:全开放、全数字化,只要遵照网络协议,即便不同厂商的设备也可以便捷互联;不需要额外的硬件设施,直接与局域网的计算机连接;不需要专门的软件,用 IE 浏览器访问终端数据,采用已有的基于局域网的 ERP(Enterprise Resource Planning,企业资源计划)数据库管理系统实现数据的无缝连接,实现局域网内的数据共享;采用电话交换网和 GSM(Global System for Mobile Communications,全球移动通信系统),GPRS(General Packet Radio Service,通用分组无线服务技术)无线电话网实现远程数据采集,便于远程控制;通信速率高,10M、100M 的以太网已普遍应用,千兆以太网技术也日趋成熟,10G 以太网也正在研究,满足企业应用场景的复杂化对通信速率的要求;采用网线进行数据传输,避免同时存在多种总线,降低了成本和维护难度。

工业控制对信息集成的要求不断提高。随着技术的进步、行业标准的形成,以太网技术应用于现场总线的优越性越来越突出,其市场份额已经超过了传统的工业现场总线。如同传统以太网普遍应用于信息管理、信息处理系统,工业以太网则在生产管理、现场实时监控等集成领域发挥巨大作用,在电力、楼宇等自动化领域中,替代现场总线统治地位,引发另一场巨大变革。可以说,现场总线开创了工业控制开放性的时代,以太网技术则把开放性在更高的管理与决策层上得以实现。

工业以太网总线的发展也带动了大量配套产品的开发使用。如工业以太网 HUB 集线器、工业以太网防火墙、工业以太网关、以太网转 RS232/RS485 设备、以太网 A/D(Analog to Digtial Converter,模数转换器)模块、以太网 D/A(Digtial to Analog Converter,数模转换器)模块、以太网 AI(Analog Input,模拟量输入)模块、以太网 AO(Analog Output,模拟量输出)模块、以太网 DI(Digital Input)模块、以太网 DO(Digital Output,数字输出)模块及复合功能模块等。

3.2.2 主流的几种工业以太网总线

工业以太网在发展过程中形成了多种协议标准,包括 EtherNet/IP、CIP、PROFINET、EtherCAT、MC 协议(MELSEC Communication Protocol,三菱电机通信协议)、EPA(Ethernet for Plant Automation,工厂自动化以太网)、OPC DA/UA、IEC 104 协议、IEC 61850 标准等,这些协议有不同的支持厂商。为了促进工业以太网的应用,国际上成立了工业以太网协会(Industrial Ethernet Association,IEA)。下面介绍几种常见的同业以太网协议。

1. EtherNet/IP

EtherNet/IP(Ethernet/Industrial Protocol,以太网/工业协议)是一种基于以太网和 TCP/IP 技术的工业以太网,其物理层和数据链路层使用以太网协议,网络层和传输层使用 TCP/IP 协议族中的协议,应用层使用 CIP。EtherNet/IP 能够满足对时间要求比较苛刻的环境中工业设备的数据交换,这些工业设备可以是简单的 I/O(Input/Output,输入/输出)设备,也可以是复杂的控制装置。

2. CIP

CIP(Common Industry Protocol,通用工业协议)是一种端对端的面向对象协议,它规范了简单的工业设备(传感器、执行器)和复杂的控制装置(控制器)之间的连接。CIP 作为开放性应用层协议,独立于物理媒体和数据链路层,目前被 EtherNet/IP、CompoNet、ControlNet 和 DeviceNet 四种网络共用。对于用户而言,所有 CIP 工业网络是无缝集成的"一种"网络,EtherNet/IP 利用标准以太网和 TCP/IP 技术传输 CIP 通信数据包。应该注意的是,EtherNet/IP 不是以太网(IEEE 802.3)协议,它只是通过常规 TCP/IP 连接传输。

CIP 可以传输多种类型的数据。针对不同数据类型对传输的性能要求,CIP 报文可分为两类:显式报文(Explicit Message)和隐式报文(Implicit(I/O) Message)。CIP 嵌入 TCP 用于发送显式报文,CIP 嵌入 UDP 则用于发送隐式报文。两种报文使用的封装协议不同,传输的消息类型也不同。CIP 将应用对象之间的通信关系抽象为连接,并与之相应制定了对象逻辑规范,使 CIP 可以不依赖某一具体的网络硬件技术,用逻辑来定义连接的关系,在通信之前先建立连接获取唯一的标识符(Connection ID,CID),如果连接设计到双向的数据传输,就要分配两个CID。

3. PROFINET

PROFINET由西门子公司和Profibus用户协会联合开发,是一种全新的以太网通信系统。PROFINET满足不同厂商产品之间的通信需求,并分布式智能自动化系统进行了优化,同时也可以集成其他现场总线技术,节约配置和调试费用。PROFINET系统集成了基于Profibus的系统,提供了对现有系统投资的保护。

PROFINET技术有三种类型:PROFINET1.0,基于组件的系统,主要用于控制器之间的通信;PROFINET-SRT,软实时系统,用于控制器与I/O设备之间的通信;PROFINET-IRT,硬实时系统,用于运动控制。

PROFINET除了通信功能,还包括分布式自动化概念的规范,该规范基于制造商无关的对象和连接编辑器和XML设备描述语言。对于智能设备之间通信时间要求不严格的情况,可以采用以太网TCP/IP,但对于时间要求严格的实时数据,则通过标准的Profibus-DP技术传输,数据可以从Profibus-DP网络通过代理集成到PROFINET系统。PROFINET是一种使用已有的IT标准线。它的对象模式的是基于微软公司组件对象模式(Component Object Model,COM)技术,对于网络上所有分布式对象之间的交互操作,均使用微软公司的DCOM协议以及标准TCP和UDP。

4. EtherCAT

EtherCAT(以太网控制自动化技术)是确定性的工业以太网,由德国的Beckhoff公司研发,属于开放架构,CAT为控制自动化技术(Control Automation Technology)的缩写。

通过EtherCAT,Beckhoff实现了其他以太网的技术突破。以往,需要在每个连接点接收以太网数据包,进行解码并复制为过程数据,采用EtherCAT当帧通过每一个设备(包括底层端子设备)时,EtherCAT从站控制器直接读取数据,同样,输入数据可以在报文通过时插入至报文中,在帧被传递(仅被延迟几位)过去的时候,从站会识别出相关命令,并进行处理。此过程是在从站控制器中通过硬件实现的,因此与协议堆栈软件的实时运行系统或处理器性能无关,网段中的最后一个EtherCAT从站将经过充分处理的报文返回,这样该报文就作为一个响应报文由第一个从站返回主站。

5. MC协议

MC协议对外部设备开放PLC内部寄存器,外部设备可通过MC协议来读写PLC内部寄存器的数据,实现外部设备与PLC的数据交互。通信方式有485和TCP/IP两种,采用一发一收模式,外部设备主动发起通信请求,发送特定网络帧给PLC,PLC在接收后,则根据接收帧返回数据。如果接收帧格式正确,则回发写入成功帧或对应数据帧;如果接收帧格式错误,则回发帧中提示错误类型。

6. EPA

EPA是开放性实时以太网标准,它将EtherNet、TCP/IP等商用计算机通信领域的主流技术直接运用于工业生产及自动化现场设备间的通信,并形成工业现场设备间通信的开放网络通信平台。EPA实现了工业现场设备(如控制器、变送器、执行器等)基于以太网的通信,同时确保设备层网络与主流通信技术融合和同步发展。通过这个标准,现场设备层、控制层、管理层等所有层次网络的"E网到底",各层次的信息无缝集成,促进工业的技术改造和信息化改造。EPA 是中国第一个拥有自主知识产权的现场总线国际标准,已获得国际电工委员会认可,全面进入现场总线国际标准化体系。

7. OPC DA

OPC DA(OLE for Process Control Data Access)是 OPC Classic 的一种数据读写规范,早期的 OPC 通信很多都是 OPC DA 通信。但是由于依赖微软公司平台,有平台的局限性,所以很多设备本身无法集成此种通信方式,受到一定限制。

OPC UA(OPC Unified Architecture)是将 OPC 通信的所有规范都集成到 OPC UA 中,它的出现不再依赖平台,能够使更多设备轻松集成 OPC UA 客户端或者服务器的功能。例如,西门子 SITOP 电源、RFID(Radio Frequency Identification)、变频器、分布式的 IO(Input/OutPut)等设备,这样即便是底层的设备也具有自动权,可以很方便地和 OPC UA 的其他客户端进行通信。另外,OPC UA 也有更简单的 Security 的设置,我们可以更放心地连接云,或者跨网络、跨车间进行通信。

简单来说,OPC DA 和 OPC UA 都是通信接口,OPC DA 以前应用比较广泛,本身有些局限性,OPC UA 通信慢慢变得越来越重要。

8. IEC 104 协议

IEC 104 协议普遍应用于电力、城市轨道交通等行业,它是把 IEC 101 协议的应用服务数据单元(Application Service Data Unit,ASDU)用网络规约 TCP/IP 进行传输的标准,采用 104 规约组合 101 规约的 ASDU 的方式后,很好地实现了规约的标准化和通信的稳定性。IEC 104 协议同属 IEC 60870-5 系列标准的配套标准,它们共享相同的应用数据结构和应用信息元素的定义和编码,大大方便了通信数据的处理。

9. IEC 61850 标准

IEC 61850 标准是电力系统自动化领域唯一的全球通用标准,攻克了变电站自动化系统产品的互操作性和协议转换难题,实现了智能变电站的工程运作标准化。IEC 61850 标准对变电站自动化系统所涉及的对象建立了统一的模型,定义了公共数据格式、标识符、行为和控制等,对变电站进行数字化建设提供了技术支撑。

3.3 工业无线通信技术

工业无线通信技术是一种面向工业设备之间数据传输的无线通信技术,是降低工业测控系统成本、扩展应用范畴的革命性技术,适合在高温、高噪声、偏远地区等不适宜工人操作的和恶劣的工业现场环境下使用,并以其良好的移动性成为有线技术的重要补充,是工业网络连接的一个重要发展方向。

3.3.1 工业无线通信技术特点

无线通信技术具有低成本、易部署、灵活度高的特点。据艾默生公司的测算,无线通信技术可以降低 60% 的设备成本、减少 65% 的管理时间、节省 95% 的布线空间,同时,无线网络可以消除有线网络缠绕、羁绊等风险,使环境更加整洁。

工业无线通信技术分为两大类:一类是短距离通信技术,另一类是广域网通信技术。

短距离通信技术是目前工业领域应用最普遍的无线通信技术,包括 WLAN(Wireless

Local Area Network，无线局域网）、蓝牙、RFID 等传统短距离通信技术，以及以
WirelessHART、ZigBee、ISA 100.11a、WIA-PA 等为代表的面向工业应用的专用短距离通
信技术。微功率短距离无线发射设备价格低、移动灵活、易于组网、频率宽、应用范围广、设
备数量大，广泛应用在工业生产制造，并且随着物联网的快速发展、生产制造的自动化水平
需求提升，微功率短距离无线发射技术的应用将变得越来越广泛。

随着工业领域各类无线通信技术应用的日益扩大，蜂窝移动通信技术以及基于蜂窝技
术的低功耗广域网（Low-Power Wide-Area Network，LPWAN）技术也开始应用在工业领
域中，实现低带宽、低功耗、远距离。LPWAN 又分为两类：一类是工作于未授权频谱的
LoRa（Long Range Radio，远距离无线电）、SigFox 等技术；另一类是工作于授权频谱下，
3GPP 支持的 2G/3G/4G 蜂窝通信技术，例如 EC-GSM（Extended Coverage-GSM，延伸覆
盖版的 GSM 技术）、LTECat-m、NB-IoT 等。

3.3.2　常见的工业无线通信技术

下面列出了工业互联网中较为常见的几种无线通信技术：ZigBee 技术、蓝牙技术、LoRa
技术、NB-IoT 技术、Sigfox 技术，以及最新的 Wi-Fi（Wireless Local Area Networks）技术、
HaLow（High Altitude Low Orbit Wireless，高空低轨道频段）技术等。

1. ZigBee 技术

ZigBee 被正式提出是在 2003 年，它弥补了蓝牙通信协议的高复杂、功耗大、距离近、组
网规模太小等缺陷，名称取自蜜蜂，蜜蜂（Bee）是靠飞翔和"嗡嗡"（Zig）地抖动翅膀的"舞蹈"
来与同伴传递花粉所在的方位信息。ZigBee 可工作在三个频段：868～868.6MHz、902～
928MHz 和 2.4～2.4835GHz。其中最后一个频段在世界范围内通用，是免付费、免申请的
无线电频段。三个频段的传输速率分别为 20kb/s、40kb/s 以及 250kb/s。

ZigBee 低成本、低功耗、低功率的短距离无线通信标准，是专为低速率传感器和控制网
络而设计的无线网络规范。其具有如下特点：低功耗，ZigBee 的传输速率低，发射功率仅为
1mW，自带休眠模式；复杂性低，ZigBee 协议的大小一般在 4～32kb；时延短，典型的搜索
设备时延为 30ms，休眠激活的时延是 15ms，活动设备信道接入的时延为 15ms，因此适用于
对时延要求苛刻的工业控制场合。

1）网络容量大

一个星形结构的 ZigBee 网络最多可以容纳 254 个从设备和一个主设备，一个区域内最
多可以同时存在 100 个 ZigBee 网络，一个网络中最多可以有 65 000 个节点连接，网络组成
灵活。

2）可靠

采取了碰撞避免策略，为需要固定带宽的通信业务预留了专用时隙，避开了发送数据
的竞争和冲突。MAC（Media Access Control，硬件位址）层采用完全确认的数据传输模式，
每个发送的数据包都必须等待接收方的确认信息。如果传输过程中出现问题可以进行
重发。

3）安全

ZigBee 提供了基于循环冗余校验（Cyclic Redundancy Check，CRC）的数据包完整性检
查功能，支持鉴权和认证，采用 AES-128 的加密算法，各个应用可以灵活确定其安全属性。

但 ZigBee 也有缺点,如抗干扰性差、通信距离短、协议没有开源。

2. 蓝牙技术

蓝牙技术最早始于 1994 年,由电信巨头爱立信公司研发,是在两个设备间进行无线短距离通信的最简单、最便捷的方法,不依赖于外部网络、速率快、功耗低、安全性高,只要有手机和智能设备,就能保持稳定的连接并实现固定设备、移动设备和楼宇个人域网之间的短距离数据交换。蓝牙技术被广泛用于手机、PDA 等移动设备,PC(Personal Computer,个人计算机)、GPS(Global Positioning System,全球定位系统)设备,以及大量的无线外围设备。蓝牙采用跳频技术,通信频段为 2.402~2.480GHz。截至目前,已经更新了 10 个版本,分别为蓝牙 1.0/1.1/1.2/2.0/2.1/3.0/4.0/4.1/4.2/5.0,通信半径从几米到几百米延伸。

相比之前的蓝牙 4.2 甚至更老的版本,蓝牙 5.0 有如下特点:更快的传输速度,速度上限为 2Mb/s,是之前 4.2LE 版本的 2 倍;更远的有效距离,有效距离是上一版本的 4 倍,理论上,蓝牙发射和接收设备之间的有效工作距离可达 300m;导航功能,添加了更多的导航功能,可以作为室内导航信标或类似定位设备使用,结合 Wi-Fi 可以实现精度小于 1m 的室内定位;更多的传输功能,增加了更多的数据传输功能,硬件厂商可以通过蓝牙 5.0 创建更复杂的连接系统,例如 Beacon 或位置服务;更低的功耗,大大降低了功耗,人们在使用蓝牙的过程中再也不必担心待机时间的问题。

但是蓝牙技术不能直接连接云端,传输速度较慢,组网能力较弱,网络节点少,不适合多点布控。

3. LoRa 技术

LoRa 是美国 Semtech 公司开发和推广的一种基于扩频技术的超远距离、低功耗无线传输方案,为用户提供了一种能实现远距离、长电池寿命、大容量的简单系统,进而扩展传感网络。目前 LoRa 主要在全球免费频段运行,工作频率在美国是 915MHz,在欧洲是 868MHz,在亚洲是 433MHz。其典型范围是 2~5km,最长距离可达 15km,具体取决于所处的位置和天线特性。

LoRa 技术具有如下特点:低功耗,通信距离可达 15km,接受电流仅 10mA,睡眠电流 200nA,延长了电池的使用寿命;大容量,在建筑密集的城市环境可以覆盖 2km 左右,而在密度较低的郊区覆盖范围可达 10km;支持测距和定位。LoRa 对距离的测量是基于信号的空中传输时间,定位则基于多点(网关)对一点(节点)空间传输时间差的测量,定位精度可达 5m(假设 10km 的范围)。因此,LoRa 技术非常适于要求低功耗、远距离、大量连接以及定位跟踪等的物联网应用,如智能停车、车辆追踪、智慧工业、智慧城市、智慧社区等。由于其传输速率慢,通信频段易受干扰,芯片供应被 Semtech 垄断,从底层开发周期较长,以及自组网的网络机制较为复杂,因此一般公司不愿研究 LoRa 技术,更愿意购买模块直接使用。

4. NB-IoT 技术

NB-IoT(窄带物联网)技术起源于一家英国新创公司 Neul,聚焦于低功耗广覆盖物联网市场。与使用标准 LTE 的全部 10MHz 或 20MHz 带宽不同,NB-IoT 使用包含 12 个 15kHz LTE 子载波的 180kHz 宽的资源块,数据速率为 100kb/s~1Mb/s。NB-IoT 使用授权频段,可采取带内、保护带或独立载波等三种部署方式,与现有网络共存。

作为一项应用于低速率业务的技术,NB-IoT 的优势如下:低功耗,NB-IoT 牺牲了速率,却换回了更低的功耗,采用简化的协议,更合适的设计,大幅提升了终端的待机时间,部分窄带(Narrow Band,NB)终端的待机时间号称可以达到 10 年;低成本,与 LoRa 相比,NB-IoT 无须重新建网,射频和天线基本上都可以复用。低速率、低功耗、低带宽同样给 NB-IoT 芯片以及模块带来低成本优势,模块价格不超过 5 美元;海量连接,在同一基站的情况下,NB-IoT 可比现有无线技术提供 50~100 倍的接入数,一个扇区能够支持 10 万个连接,支持低延时敏感度、超低的设备成本、低设备功耗和优化的网络架构;广覆盖,NB-IoT 室内覆盖能力强,在同样的频段下,NB-IoT 比现有的网络增益 20dB,相当于提升了 100 倍覆盖区域的能力,虽然 NB-IoT 具有很多优点,但其低速数据传输、隐私和安全、IT 系统的转换时间等问题,都将限制其发展。

5. Sigfox 技术

Sigfox 源自法国的 Sigfox 公司以超窄带(Ultra Narrow Band,UNB)技术建设的无线网络,既是一种无线技术,也是一种网络服务,Sigfox 工作在 868MHz 和 902MHz 的 ISM 频段,消耗很窄的带宽或功耗。Sigfox 无线电设备采用一种被称为超窄带(UNB)调制的技术,偶尔以低数据速率传送短消息,消息最长是 12 字节,一个节点每天可以传送的消息数量最多为 140 条。由于是窄带宽和短消息,因此除了其 162dB 的链路预算外,还可以达到数千米的长传输距离。对于仅需发送较小的不频繁数据的突发应用,Sigfox 是绝佳选择。Sigfox 的缺点是数据发送回传感器或设备(下行链路能力)受到严重限制,信号干扰也可能成为问题。

6. HaLow 技术

HaLow 是适合工业物联网应用的新版 Wi-Fi,代号是 802.11ah,它使 Wi-Fi 可以应用到更多场景,如小尺寸、电池供电的可穿戴设备,也适用于工业设施内的应用。HaLow 采用 900MHz 频段,适合小量数据负荷以及低功耗设备。美国使用 902~928MHz 的免许可频段,其他国家使用 1GHz 以下的类似频段。大多数 Wi-Fi 设备在理想条件下最大只能达到 100m 的覆盖范围,但 HaLow 在使用合适天线的情况下可达 1km,信号更强,且不容易被干扰。HaLow 号称传输距离是标准 2.4GHz Wi-Fi 的 2 倍,而且穿墙能力更强。克服了传统的 Wi-Fi 连接不稳、效率不高、时段时续的问题。但 HaLow 不适合快速传输数据,也不适合网页浏览。另外,900MHz 是未经授权的频段,容易受到干扰。

3.3.3　无线通信技术的典型应用

无线传感器已成为工业领域无线技术的主要应用。工业无线传感器可将工业物理量转化为可度量的数据,现代工业生产中,越来越多的工厂和企业需要实时获取设备状态并进行监控分析,这个需求带动了工业无线传感器的飞速发展。据 Grand View Research 公司的一份最新报告显示,全球工业无线传感器网络(Industrial Wireless Sensor Network,IWSN)的市场规模预计在 2025 年达到 86.7 亿美元,2018—2025 年的年复合增长率将达到 14.5%。

根据不同的应用场景,工业无线传感器可以分为流量、温度、压力、气体等几大类。从市场研究机构 Research and Markets 的研究报告可知,冶金、石油和天然气、金属热加工等行业应用工业无线传感器非常多,需要频繁读取现场设备关键参数,且由于现场环境恶劣,高温、高湿、高噪声等,工人作业或部署有线通信网络不便,无线传感器可便捷实现实时数据采集,并对所采集的数据进行监测分析,实现设备的实时监控,对设备运行性能进行预判和预诊断,从而延长设备正常运行时间,提高生产效率和安全性。

1. 物联网发展带动广域网技术应用到工业领域

NB-IoT 和 eMTC(Enhanced Machine Type Communication,增强型机器类型通信)成了低功耗广域网技术发展应用的最主要推动力。为了提高车间智能排产调度能力、加强异常报警和节能减排水平,有企业开展了基于 NB-IoT 的车间能耗管理平台测试床建设,降低车间能耗。试验验证平台对车间内的电表、蒸汽表的信息进行采集和汇总,在云平台对所有数据进行存储、分析,为车间用户提供报表、曲线、能耗统计、指标监控、异常报警等功能,在数据统计和分析的基础上进行辅助排产和降低单位产品能耗。

2. 智能工厂带来更多无线技术的应用需求

在数字化的基础上,智能工厂利用先进的技术和手段加强信息管理和服务,提供生产过程的可控性、减少生产线上的人工干预、合理计划排程,这些都将带动无线技术应用在工业领域中。典型的应用案例有以下两个。

1)物料运输

在工厂内规划固定线路部署 RFID 标签,应用 AGV(Automated Guided Vehicle,自动导向车)来进行厂房内的物料配送,实现物料运送无人化,提高生产效率。

2)移动检测

通过使用带有无线传输模块的手持终端,工人在大面积的厂区内巡检或维护时可以更加灵活地获取相关设备信息,通过远程传回控制中心获得准确分析数据,大大提高了工作效率。

目前,无线技术在工业领域的应用场景主要集中在数据采集、实时监控等非关键环节,而关键环节的通信一般采用有线技术。在应用各类无线技术的过程中,面临以下困境。

一是现有无线技术还无法满足工业领域关键通信需求的严苛条件。尽管无线技术发展日新月异,但是传输时延大、数据丢包率高等问题导致无法满足关键环节的时间高度敏感、高准确率、严格传输保密性等要求,因此现有的无线技术还无法取代有线技术在工业领域的主要地位。

二是频率资源紧缺,不利于无线技术在工业领域的应用发展。工业领域最主要的无线应用为微功率短距离设备,使用的频率为 ISM(Industrial Scientific Medical,工业科学医疗)频段,主要集中在 2.4GHz 的免许可频段。但是,免许可频段上有大量的民用无线设备,信道数量有限加之设备数量多,导致带宽消耗大,拥塞现象严重,对工业无线设备的使用存在干扰风险。

3.4 5G+工业互联网通信技术

"5G+工业互联网"是指利用以 5G 为代表的新一代信息通信技术,构建与工业经济深度融合的新型基础设施、应用模式和工业生态。通过 5G 技术,实现人、机、物、系统等的全面连接,建立覆盖全产业链、全价值链的全新制造和服务体系,为产业数字化、网络化、智能化发展提供了新的实现途径,助力企业实现降本、提质、增效、绿色、安全发展。

3.4.1　5G+工业互联网的特点

5G 传输带宽更大。下行理论峰值数据速率高达 3Gb/s,上行理论峰值数据速率达 1.5Gb/s 甚至更高;大规模机器类型通信(massive Machine Type of Communication,mMTC)和超可靠的低延迟通信(Ultra-Reliable and Low Latency Communications,URLLC)。国际电信联盟指出,5G 的目标性能指标包括高达数 Gb/s 的数据速率,每平方千米一百万个节点的广域覆盖和深度的室内穿透,端到端时延接近1ms以及 99.999% 的数据包传输可靠性。随着 5G 技术和产品的不断成熟,能够满足上述目标性能,为工业和制造业的广泛应用提供低时延高可靠连接。

5G 提升移动通信的低时延高可靠性能,但网络冗余仍然是提高网络连接可靠性的普遍解决方案。为了满足 5G 在工业互联网中的应用,提出双路 5G 冗余主从网络、双路 5G 冗余并行网络、5G+工业以太网冗余主从网络和 5G+工业以太网冗余并行网络 4 种网络冗余方案。根据生产实际,充分考虑 5G 和现有工业以太网的相对优势,选择最优的 5G+工业以太网融合高可靠网络部署方案。

5G+工业以太网方案将 5G 网络连接与现有的工业以太网连接有机结合,充分利用两种技术的比较优势,提高了网络连接的可靠性。5G 的低时延高可靠特性能够完全满足工业控制的时间关键数据的传输需要,并且具有高移动性和灵活性,而工业以太网的有线连接受到生产现场复杂环境影响相对较小,但生产设备必须固定或部署长线缆,缺乏灵活性,可根据实际需要选择 5G 或者工业有线以太网作为主连接网络,另一路网络作为备用连接网络。一般来说,对原有具备工业以太网通信能力的设备进行改造时,通常选用 5G 网络作为备用连接网络,以最大限度避免对实际生产产生干扰,但在部署新的大型工业设备时,5G 网络通常被推荐作为主连接网络。目前,一些厂商生产的大型工业设备已经直接集成了 5G 接入能力,可以利用 5G 无线通信优势,进行应用扩展部署。

工业控制终端通过交换机与无线网关设备和工业以太网网关设备相连接。5G 网络发生网络阻塞或数据丢失等情况时,交换机可以动态切换到工业以太网进行数据传输,从而保证可靠性。终端设备同时具备接入 5G RAN 和工业以太网通信的能力,工业以太网和 5G 核心网互通,并通过核心网与工业企业服务器交互。

同样,5G+工业以太网冗余并行网络连接实现了两个节点间采用 5G 通信和工业以太网并行传输数据帧的高可靠网络连接场景。此类冗余连接方式可以降低单一网络连接对工业控制数据传输效率影响,确保万一发生故障可实现无时延切换。但是,由于两种网络连接技术在时延和传输速率的差异,可能会导致接收节点接收到的数据帧产生混淆,因此,IECSC 65 委员会制定的 IEC 62439 标准提出了并行冗余协议(Parallel Redundancy Protocol,PRP),设计了并行冗余网络的机制和算法。根据 PRP 的设计,接收节点侧常需要配置汇聚网关对数据帧进行筛选和忽略,该汇聚网关需要具备较强算力和处理速率,以保证数据的高效分发。另外,与双路 5G 冗余并行网络连接场景相似,并行场景意味着双倍的网络流量,传输成本将有所增加,同时汇聚网关处理压力将会加大。因此,数据量较小的传输信号(例如工业控制信号)适用于冗余并行网络连接,其对网络带宽造成的影响较小。

3.4.2　5G+工业互联网典型应用场景

党中央、国务院高度重视5G和工业互联网发展。习近平总书记多次做出重要指示,要求加快5G、工业互联网等新型基础设施建设,强调5G与工业互联网的融合将加速数字中国、智慧社会建设,加速中国新型工业化进程,为中国经济发展注入新动能。《国民经济和社会发展第十四个五年规划和2035年远景目标纲要》明确提出构建基于5G的应用场景和产业生态,积极稳妥发展工业互联网。5G与工业互联网的融合创新发展,将推动制造业从单点、局部的信息技术应用向数字化、网络化和智能化转变,也为5G开辟更为广阔的市场空间,从而有力支撑制造强国、网络强国建设。

湖南省大力实施"三高四新"战略,推广5G技术深入实施工业互联网创新发展战略,着力打造国家重要先进制造业高地。

当前,我国产业界推进5G与工业互联网融合创新的积极性不断提升,"5G+工业互联网"内网建设改造覆盖的行业领域日趋广泛。工业和信息化部深入实施"5G+工业互联网"512工程,协同工业企业、信息通信企业、高校、科研院所等产业各方打好"团体赛",推动"5G+工业互联网"在制造强国和网络强国建设、经济高质量发展进程中发挥重要作用。

2021年5月,工业和信息化部发布了第一批"5G+工业互联网"十个典型应用场景和五个重点行业实践。首批十个典型应用场景分别是协同研发设计、远程设备操控、设备协同作业、柔性生产制造、现场辅助装配、机器视觉质检、设备故障诊断、厂区智能物流、无人智能巡检、生产现场监测。而五个重点行业实践分别是电子设备制造业、装备制造业、钢铁行业、采矿行业、电力行业。

1. 协同研发设计

协同研发设计主要包括远程研发实验和异地协同设计两个环节。远程研发实验是指利用5G及增强现实(Augmented Reality,AR)、虚拟现实(Virtual Reality,VR)技术建设或升级企业研发实验系统,实时采集现场实验画面和实验数据,通过5G网络同步传送到分布在不同地域的科研人员,科研人员跨地域在线协同操作完成实验流程,联合攻关解决问题,加快研发进程;异地协同设计是指基于5G、数字孪生、AR、VR等技术构建协同设计体系,即时形成工业部件、设备、系统、环境等数字模型,通过5G网络同步传输设计数据,实现设计人员异地对设计方案的协同修改与完善。

例如,中国商飞与中国联通合作,开展了"5G+工业互联网赋能大飞机智能制造"项目建设,搭建了5座宏基站和150余套室分小站,基于5G网络服务,通过AR、VR数据实时上传,支持产品研发实验阶段的跨地区实时在线协同与远程诊断,实现了协同研发设计与现场辅助装配场景的应用。

2. 远程设备操控

远程设备操控,在工业设备、摄像头、传感器等数据采集终端上内置5G模组或部署5G网关等设备,实现工业设备与各类数据采集终端的网络化。5G网络将生产现场全景高清视频画面及各类终端数据远程实时上传,技术人员又可以通过5G网络,实现对现场工业设备的实时精准操控,有效保证控制指令快速、准确、可靠执行。

例如,中联重科在某工地上首次成功示范搭建了5G塔机远程智控系统,完成了华东师范大学附属郑州江山学校工地的首次吊装。该5G塔机远程智控系统在中联重科无人化塔机项目的基础上,依托 5G 技术,实现了从"塔机高空操作变地面操作"到"远程智能控制"的跨越。

3. 设备协同作业

设备协同作业通过在生产现场的工业设备以及数据采集终端上内置 5G 模组或部署 5G 网关,通过 5G 网络实时采集生产现场数据,并综合运用统计、规划、模拟仿真等方法,将生产现场的多台设备按需灵活组成一个协同工作体系,对设备间协同工作方式进行优化,根据优化结果对制造执行系统(Manufacturing Execution System,MES)、可编程逻辑控制器(PLC)等工业系统和设备下发调度策略等相关指令,实现多个设备的分工合作。

例如,三一重工与中国电信、华为合作,在北京市三一重工南口产业园通过 5G 技术搭建车间自组网,实现了设备协同作业场景的应用,基于大带宽低时延的 5G 网络传输 3D 图像和状态信息,利用 5G MEC(Multi-Access Edge Computing,多接入边缘计算)平台和 GPU(Graphic Process Unit,图形处理器)算力集成能力,采用视觉导航替代传统激光导航,有效实现多台 AGV 协同控制。

4. 柔性生产制造

柔性生产制造,主要是将自动化工艺设备、物料自动储运设备接入 5G 网络,减少网线布放成本、缩短生产线调整时间。通过 5G 网络与 MEC 系统结合,部署柔性生产制造应用,支持生产线根据生产要求进行快速重构,实现同一条生产线根据市场对不同产品的需求进行快速配置优化。

例如,华为与中国移动合作,利用 5G 技术,把生产线现有的 108 台贴片机、回流炉、点胶机通过 5G 网络实现无线化连接,实现了柔性生产制造场景的应用。

5. 现场辅助装配

现场辅助装配通过内置 5G 模组或部署 5G 网关等设备,实现 AR、VR 眼镜、智能手机、平板等智能终端的 5G 网络接入,采集现场图像、视频、声音等数据,通过 5G 网络实时传输至现场辅助装配系统,系统对数据进行分析处理,生成生产辅助信息,通过 5G 网络下发至现场终端,实现操作步骤的增强图像叠加、装配环节的可视化呈现,帮助现场人员进行复杂设备或精细化设备的装配。

例如,海尔与中国移动合作,利用 5G 技术,实现了精密工业装备的现场辅助装配场景的应用。工人佩戴 AR 眼镜采集关键工业装备的现场视频,后台系统调取产品安装指导推送到 AR 眼镜上,工人可一边查阅操作指导一边装配,还可以通过 5G 网络联系远程专家,实现实时远程指导。

6. 机器视觉质检

机器视觉质检是指在生产现场部署工业相机或激光器扫描仪等质检终端,通过内嵌 5G 模组或部署 5G 网关等设备,实现工业相机或激光扫描仪的 5G 网络接入,实时拍摄产品质量的高清图像,通过 5G 网络传输至部署在 MEC 上的专家系统,专家系统对比系统中的规则或模型要求,判断物料或产品是否合格,实现缺陷实时检测与自动报警,并有效记录瑕疵信息,为质量溯源提供数据基础。

例如,湖南华菱涟源钢铁有限公司开发的 5G+AI(Artificial Intelligence,人工智能)钢板表面检测系统,基于 5G+AI 机器视觉钢板缺陷智能检测系统,用于检测钢板表面的不连续缺陷,利用机器视觉技术构建钢板表面测量方案,使用 5G 网络传输数据结合边缘云处理能力能够降低现场部署的难度,对钢板表面在线检测,一次性完成对各种表面缺陷的识别和测量,并完成钢板的分级。

7. 设备故障诊断

设备故障诊断是指在现场设备上安装功率传感器、振动传感器和高清摄像头等,并通过内置 5G 模组或部署 5G 网关等设备接入 5G 网络将实时采集的设备数据,传输到设备故障诊断系统。设备故障诊断系统负责全周期监测、故障诊断和定位、设备动态智能分析预测,并通过网络实现报警信息、诊断信息、预测信息、统计数据等信息的智能推送。

例如,宝钢与中国联通合作,开展"流程行业 5G＋工业互联网高质量网络和公共服务平台"项目建设,通过 5G 网络实时传输设备运行状态至设备故障诊断等相关系统,实现了连铸辊、风机等设备故障诊断场景的应用。

8. 厂区智能物流

厂区智能物流场景主要包括线边物流和智能仓储。线边物流是指从生产线的上游工位到下游工位、从工位到缓冲仓、从集中仓库到线边仓,实现物料定时定点定量配送;智能仓储是指通过物联网、云计算和机电一体化等技术共同实现智慧物流,降低仓储成本、提升运营效率、提升仓储管理能力。通过内置 5G 模组或部署 5G 网关等设备可以实现厂区内自动导航车辆(AGV)、自动移动机器人(Autonomous Mobile Robot,AMR)、叉车、机械臂和无人仓视觉系统的 5G 网络接入,部署智能物流调度系统,结合 5G MEC＋超宽带(Ultra Wide Band,UWB)室内高精定位技术,可以实现物流终端控制、商品入库存储、搬运、分拣等作业全流程自动化、智能化。

例如,三一重工与中国移动、中兴通信签署战略合作协议,以三一重工长沙产业园区为试点,共同打造湖南省首个 5G 智能制造产业园区,通过部署 5G＋MEC 专网,实现厂区内AGV 智能调度。

9. 无人智能巡检

无人智能巡检是指通过内置 5G 模组或部署 5G 网关等设备,在巡检机器人或无人机等移动智能安防设备内接入 5G 网络,替代巡检人员进行巡逻值守,采集现场视频、语音、图片等各项数据,自动完成检测、巡航、数据记录、远程告警等。采集的数据通过 5G 网络实时回传至智能巡检系统,智能巡检系统利用图像识别、深度学习等智能技术和算法处理,综合判断得出巡检结果,提升安全等级、巡检效率。

例如,庞庞塔煤矿与中国联通合作,开展"5G＋智能矿山"项目建设,增加安装 5G 模组的巡检机器人,通过 5G 网络高清视频回传、机器人监测数据回传和机器人实时控制,实现运输机、皮带等设备的无人巡检。

10. 生产现场监测

在工业园区、厂区、车间等现场,各类传感器、摄像头和数据监测终端设备接入 5G 网络,采集环境、人员动作、设备运行等监测数据,回传至生产现场监测系统,对生产活动进行高精度识别、自定义报警和区域监控,实时提醒异常状态,实现对生产现场的全方位智能化监测和管理。

例如,鞍钢与中国移动合作,开展了"基于 5G 的机器视觉带钢表面检测平台研发与应用"项目建设,部署 4K 高清摄像监控系统,利用 5G 网络实时回传,实现了生产现场监测场景的应用。

2021年11月，工业和信息化部发布了第二批"5G＋工业互联网"十个典型应用场景和五个重点行业实践。第二批典型应用场景分别是生产单元模拟、精准动态作业、生产能效管控、工艺合规校验、生产过程溯源、设备预测维护、厂区智能理货、全域物流监测、虚拟现场服务、企业协同合作。五个重点行业分别是石化化工行业、建材行业、港口行业、纺织行业、家电行业。

11. 生产单元模拟

在生产单元各类设备上设置5G模组或部署5G网关等，采集海量生产数据、设备数据、环境数据等实时上传至边缘云平台。边缘云平台利用三维(3D)建模技术建设与物理生产单元对应的虚拟生产单元，实现生产制造状态实时透明化、可视化，将实际的生产结果与5G虚拟生产单元的预期结果进行比对，根据比对差异对物理生产单元进行优化。

例如，中国铁建重工集团股份有限公司建设"面向地下工程装备智能制造的数字孪生及应用"项目，研发了行业首套基于混合现实的地下工程装备数字孪生系统，基于5G数据采集，实现基于数字孪生的装备运行模拟、运维决策、健康预测和迭代优化。通过在川藏铁路、广州地铁14号线等重大工程上开展验证，显著降低了装备现场施工风险，提高了施工效率，首次实现数字孪生技术在我国大型地下工程装备领域的重大示范应用。

12. 精准动态作业

利用5G传输和定位的技术能力，在室外场景下配合北斗定位，精确测量大型机械的位置以及姿态数据；在室内场景下配合工业相机等设备，精确测量生产对象的高度、位移、角度等数据，通过5G网络将测量数据实时传输至控制系统。控制系统根据生产需要实时、动态调整对象的位置和姿态，提升生产作业精度和自动化水平。

例如，安徽海螺集团有限责任公司与中国电信合作，开展了"5G＋AI＋智慧装船"项目建设，通过搭建多视角相机，实时监测水泥船位置以及装船机溜筒位置和姿态，并通过5G网络将结果与预警信息传送到指挥调度中心，基于中心控制算法发送指令到装船机可编程逻辑控制器(PLC)，实时控制装船机作业。

13. 生产能效管控

生产能效管控通过内置5G模块的仪器仪表，实时采集企业能源消耗数据和污染物排放数据，实现大规模终端的海量数据秒级采集和能效状态实时监控。结合人工智能等算法分析，可对企业用能需求进行预测，智能制定节能计划，挖掘节能潜力空间。通过对用能设备进行监控告警、远程调度等操作，配合产线排程调整和设备参数设置，实现节能减排、削峰填谷。

例如，青岛港联合中国联通，将温感、电感、液压等数据通过5G网络实时回传到管理平台，实现船岸两端63个设备、350个能耗指标的实时管控。通过大数据进行节能评估并对异常耗能现象进行分析研判，实现削峰填谷、节能减排。

14. 工艺合规校验

通过5G网络将工业相机、物联网传感器、激光雷达、智能仪表等设备采集的指标、操作信息等同步传送至边缘云平台，边缘云平台利用人工智能、大数据、云计算等技术对工人实际操作工序、取料信息等进行分析，并与规定标准流程进行实时合规校对，分析找出颠倒顺序、危险操作和错误取料等现象，实现工艺检测自动告警。

例如，博世公司将电动螺丝刀接入5G局域网，螺丝刀自动记录并上传拧螺丝的转数、顺序等数据信息。借助5G,确保螺丝安装准确,在拧螺丝顺序发生错误时实时提醒改正。电动螺丝刀的转数、顺序等工业工程数据全部上传到服务器上,方便进行工业工程管理、精确分析工作状态、及时发现异常,减少工艺问题,实现了工艺合规校验场景的应用。

15. 生产过程溯源

将工序的物料编码、作业人员、生产设备状态等信息接入5G网络实时传输到云平台,实现产品关键要素和生产过程追溯。通过实时追溯批次、品质等原料信息,可动态调整后道工序参数,提升产品质量。

例如,福建良瓷科技有限公司与中国电信合作,开展了"九牧永春5G智慧工厂"项目建设,自主研发标准化四码合一系统,进行5G智能化改造,利用5G+MEC+天翼云实现云网融合,采集生产物料的一物一码、生产原料批次及过程信息等数据,实时传输至云平台,形成完整的生产过程数据链实现了生产过程溯源场景的应用。

16. 设备预测维护

通过5G网络,将设备的运行状态数据实时上传云平台,实现设备性能和状态的实时监控,形成历史监测数据库。通过故障预测机理建模等人工智能技术,实时分析监测数据,进行设备健康状态评估,智能制定设备维护保养计划,实现设备安全预测与生产辅助决策,降低设备维护成本、延长设备使用寿命,确保生产过程连续、安全、高效。

例如,中国海洋石油集团有限公司(以下简称中海油)与中国移动合作,开展了"5G智慧海油"项目建设,通过中海油独享的5G基站远距离实时采集、传输井口平台上生产设备设施的参数及零部件的磨损、耐腐蚀、密闭等实时性能状态数据至海上中心平台。海上中心平台利用人工智能等技术判断设备健康状态,提前预测设备故障,实现了设备预测维护场景的应用。

17. 厂区智能理货

在企业厂区、工业园区内部署基于5G网络的扫码枪、工业相机或网络视频录像机(Network Video Recorder,NVR)等信息采集终端,将拍摄的条码数据、高清图像或视频等信息实时上传至云平台。利用光学字符识别(Optical Character Recognition,OCR)等人工智能技术自动识别货物标识、外观、尺寸、品相等信息,实现全厂货物的实时盘点和管理。云平台与厂区业务系统实时交互,实现按需码放货物、品质定级、实时分拣等功能的自动化和智能化,助力企业提升产品全生命周期的管理能力。

例如,天津港联合中国联通,基于5G+MEC专网抓拍高清视频,利用OCR、目标检测等AI技术,对集装箱箱号、装卸提箱状态、舱位、拖车号等信息进行自动化、智能化识别。

18. 全域物流监测

将实时采集全域运输途中的运输装备、货物、人员等的图像和视频数据,通过5G网络传输至云平台,云平台对运输装备进行实时定位和轨迹回放,对货物、人员进行实时监测,实现工业运输的全过程监控,能够避免疲劳驾驶、危险驾驶等行为,有效保障冷链物流、保税品运输、危化品运输等过程中运输装备、货物和人身安全。

例如,扬子石化联合中国联通,利用5G网络对危化品运输车辆进行全过程、实时管控,基于定位数据形成行驶轨迹,进行偏离预警,确保按计划行驶和定点装载;对车载布控球的视频进行AI分析对危险行驶情况进行实时告警,保障运输车辆和驾乘人员的安全。

19. 虚拟现场服务

虚拟现场服务主要包括产品展示体验、辅助技能学习、远程运维指导等三类服务。产品展示体验服务通过对工业产品的外型数据及内部结构进行立体化建模,构建虚拟数字展厅,通过 5G 网络传输至平板电脑、增强现实/虚拟现实(AR/VR)眼镜等智能终端,与数字模型实时互动,实现产品细节的沉浸式体验和感受;辅助技能学习服务基于 5G 和 AR、VR 融合构建贴近真实场景的全虚拟场景,进行操作技能培训和自由操作练习,提高技能学习效率;远程运维指导服务通过在全虚拟场景中,叠加远端专家指导数据形成端云协同,使端侧获得实时操作指导,提升运维服务的效率和质量。

例如,海尔集团与中国移动合作,开展了"5G 全连接园区"项目建设,通过 5G 网络实现 VR 内容的云端存储。根据使用需求下载对应的 VR 内容用于现场教学,实现了虚拟现场服务场景的应用,解决了新员工培训上岗时间周期长的问题。

20. 企业协同作业

利用 5G+数采技术,纵向实现上下游企业大规模关键设备联网和数据实时采集;通过 5G+边缘计算,横向实现制造执行系统(MES)、供应商关系管理系统(Supplier Relationship Management,SRM)等互联互通,并统一集成至云平台实现数据共享。企业可实时追踪内部生产过程和进度,对委托外部生产的工序进行监控并实时跟踪协同流程,快速满足用户的个性化定制需求和多品类生产需求。通过平台连接供给侧和需求侧,实现供需对接与交易撮合。

例如,新凤鸣集团股份有限公司与中国移动合作,搭建化纤产业 5G+工业互联网平台"凤平台",利用 5G 技术和 5G 工业模组、工业网关、工业 PLC 等 5G 终端,贯穿化纤产业上下游,对生产环节关键设备实现实时监控,实现了企业协同合作场景的应用。

3.5 网络安全防护技术

传统的工控系统一直运行在一个相对封闭且可信的环境中,采用了"两层三级"的防御体系和分层分域的隔离策略,但对于网络攻击的防御能力普遍存在不足。然而,随着工业互联网的不断发展,工业设备正逐渐变得更加智能化,相关业务也在不断迁移到云端,并促使互联网与工业企业的生产组件和服务深度融合,这一融合导致了传统互联网安全威胁,如病毒、木马和高级持续性攻击等,扩散到工业企业内部。与传统互联网安全不同,工业互联网安全需要将信息安全和功能安全有机融合,同时还要考虑传统工控安全和互联网安全的交织,因此,工业互联网安全问题变得更加复杂。我国高度重视工业互联网的安全和高效发展,2021 年政府工作报告提出了发展工业互联网,并建设更多通用技术研发平台的重要举措。

3.5.1 常见网络安全威胁与防护

企业存在来自内部和外部的安全威胁。外部威胁指来自企业网络外部的安全威胁,如 DDoS 攻击、网络入侵、网络扫描、垃圾邮件、钓鱼邮件和针对 Web 服务器的攻击等;内部威胁指网络结构不可靠、网络未隔离、终端存在漏洞、员工行为不受控、信息安全违规操作、信息泄露、恶意员工、权限管理混乱、非法接入等。

1. 常见网络威胁

1）恶意软件

恶意软件是通过受损设备收集有关受害者信息的恶意软件程序,成功部署后,黑客可以挖掘设备中的机密信息(电子邮件地址、银行账户、密码等),并使用它们进行身份盗用、勒索或其他破坏业务的行为。恶意软件包括以下几种:蠕虫——利用计算机系统的弱点传播到其他设备;Rootkit——在受害者不知情的情况下,以欺诈访问权限的形式授予对系统的未授权访问;特洛伊木马病毒——一种伪装成合法程序下载到计算机上的恶意软件,通常作为电子邮件附件或免费下载文件隐藏,然后传输到用户设备上,下载后,恶意代码将执行攻击者为其设计的任务;间谍软件——收集有关设备所有者如何使用设备的信息。

2）DDoS 攻击

通过大规模的互联网流量淹没目标服务器或其周围的基础设施,以破坏目标服务器、服务或网络的正常运行。这种攻击利用多台受感染的计算机系统来协同攻击一个目标,可能是服务器、网站或其他网络资源,以中断正常的数据流量,从而导致目标资源的用户无法正常访问和使用。

3）高级持续性威胁

高级持续性威胁(Advanced Persistent Threat,APT)是一个广义术语,用于描述入侵者或入侵者团队在网络上建立非法的长期存在以挖掘高度敏感数据的攻击活动。APT 通常针对高价值目标,例如大型企业或政府网络,这种入侵的后果是巨大的,包括知识产权盗窃、泄露敏感信息、关键组织基础设施破坏、总站点接管等。

4）中间人攻击

中间人攻击是一个通用术语,它描述了攻击者将自己插入用户和应用程序之间的通信过程中的情况。这种攻击可以包括窃听或伪装其中一方,以便让通信看起来像是正常的信息交流。攻击者的目标通常是获取个人信息,例如登录凭据、账户详细信息和信用卡号等敏感信息。在攻击成功的情况下,攻击者可以利用这些信息进行各种不法活动,包括身份盗用、未经授权的资金转移或非法更改密码等。此外,中间人攻击还可能用于高级持续性威胁攻击中,以在渗透阶段内保持在安全网络内部的立足点。

5）内部威胁

内部威胁指源自组织内部的网络安全风险。它通常发生在拥有合法用户凭据的现任或前任员工、承包商、供应商或合作伙伴滥用其访问权限以损害组织的网络、系统和数据,最终损害企业系统和数据的机密性、可用性或完整性。

6）网络钓鱼

网络钓鱼是一种试图以欺诈方式获取敏感信息(例如用户名、密码和信用卡详细信息)的方法。它本质上是让用户单击链接的行为,该链接允许恶意行为者访问个人信息或将恶意软件下载到用户的设备上。网络钓鱼攻击通常通过将恶意通信伪装成来自可信赖的实体(如银行或电话提供商)来发挥作用。

7）物理攻击

物理攻击指攻击者利用物理手段破坏物联网设备或网络设施,如破坏传感器、切断电源等。

8）远程执行代码

攻击者利用系统中的漏洞,远程执行恶意代码,进而获取对系统的完全控制权。

9）无线网络攻击

无线网络攻击指攻击者通过 Wi-Fi、蓝牙、ZigBee 等无线协议攻击物联网设备或网络,如入侵无线网络、劫持数据流等。

10）命令和控制攻击

攻击者通过入侵工控系统,获取对工业设备的控制权,并操纵其操作或干扰生产过程。

11）软件漏洞

由于工业系统中的软件或固件存在漏洞,攻击者可以利用这些漏洞来获取系统控制权、执行恶意代码或破坏系统。

12）弱密码和凭证攻击

攻击者通过猜测、破解或盗取密码和凭证,获取对系统的访问权限。

13）社会工程学攻击

社会工程学攻击指攻击者利用社会工程学手段欺骗用户、管理员等,从而获得机密信息或者实现攻击目的。

2. 防护措施

可以采用多种措施来保护工业互联网设备免受各种网络安全威胁。

1）网络分段和隔离

将工业设备和控制系统从普通企业网络分隔开,使用物理或逻辑隔离来限制外部访问,这样可以减少攻击面和传播风险。

2）强化身份认证和访问控制

使用强密码策略,并采用多因素身份验证来确保只有经过授权的人员能够访问系统,限制用户的权限,只授予其所需的最低权限。

3）更新和漏洞修复

及时更新设备的操作系统、应用程序和固件,以修补已知的安全漏洞,确保及时应用厂商发布的安全补丁。

4）加密通信

使用加密技术来保护设备之间的通信,包括使用虚拟专用网络(Virtual Private Network,VPN)建立安全的远程连接。

5）通过代理服务器管理对 Internet 的访问

不允许网络用户未经检查就访问 Internet,通过透明代理传递所有请求,并用它来控制和监视用户行为,确保出站连接实际上是由人而不是机器人或其他自动化机制执行的,将域列入白名单以确保企业用户只能访问明确批准的网站。

6）正确放置安全设备

在网络区域的每个交界处放置防火墙,而不仅仅是在网络边缘。如果不能在所有地方部署成熟的防火墙,可以使用交换机和路由器的内置防火墙功能,在网络边缘部署抗 DDoS 设备或云服务。

7）使用网络地址转换

网络地址转换(Network Address Translation,NAT)可将内部 IP 地址转换为可在公

共网络上访问的地址,可以利用它使用单个 IP 地址将多台计算机连接到 Internet。这提供了额外的安全层,因为任何入站或出站流量都必须通过 NAT 设备,并且 IP 地址较少,这使得攻击者很难了解他们正在连接的主机。

8)监控网络流量

确保安全管理人员完全了解传入、传出和内部网络流量,并能够自动检测威胁并了解其背景和影响。结合来自不同安全工具的数据,以清楚地了解网络上正在发生的事情,认识到许多攻击跨越多个 IT 系统、用户账户和威胁向量。

9)使用欺骗技术

没有任何网络保护措施是 100% 成功的,攻击者最终会成功渗透网络,认识到这一点并部署欺骗技术,这会在网络中制造诱饵,诱使攻击者"攻击"他们,并观察他们的计划和技术。可以使用诱饵(数据文件、凭据和网络连接)来检测攻击生命周期所有阶段的威胁。

10)使用网络安全软件

网络安全软件会持续监控网络流量,并在发生可疑活动时向管理员发出警报,这有助于快速响应并在攻击造成太大损害之前停止攻击。

3.5.2 工业通信协议安全与防护

1. 存在的安全威胁

工业控制网络是用于监视和控制工业环境中物理设备的互联设备系统。由于这些网络的具体操作要求,它们与传统的企业网络有很大的不同。尽管工业网络和企业网络之间存在功能上的差异,但两者之间的融合越来越明显。信息物理系统(Cyber-Physical Systems,CPS)集成了网络和通信功能,以连接网络和物理世界,从而增加了攻击面的数量。攻击分为两种类型,针对有线通信的攻击和针对无线通信的其他攻击。

1)有线通信

有线通信包含现场总线和工业以太网,有很多协议在最初的设计中过于强调开发和便利性,很少考虑安全性,存在缺少认证、授权、加密等安全问题。因此,许多具有固有安全漏洞的网络协议容易受到攻击,更糟糕的是,协议漏洞中的一些安全漏洞将被黑客直接用来攻击受害者系统。以下是有线通信中常见的安全漏洞。

(1)窃听。攻击者截取传输在有线通信线路上的数据流量,以获取敏感信息。这可以通过物理访问线路或使用特殊设备进行窃听。

(2)数据篡改。攻击者修改传输的数据,以改变设备状态或产生错误结果。这可能导致对工业控制过程的干扰或损坏生产设备。

(3)未经授权的访问。未经授权的读写允许黑客进行以下操作,报告服务器信息或设备识别、强制控制设备进入仅监听模式、清除计数器和诊断寄存器以及远程重新启动系统等。未经授权的访问有很多类型,如重放攻击、暴力攻击和字典攻击。

(4)拒绝服务攻击。它是一种使网络资源不可用的资源耗尽型攻击,可以通过在 Modbus TCP 中建立大量网络连接作为易受攻击的协议来发起。

(5)中间人攻击。攻击者插入自己作为通信的中间人,拦截并篡改传输的数据,这可以通过欺骗双方以为其与合法通信端通信,或者对通信链路进行拦截和篡改实现。

(6)数据包修改攻击。通过扫描 EMS(Energy Management System,能量管理系统)/

RTU(Remote Terminal Unit,远程终端单元)和 SCADA 之间发送的 DNP3(Distributed Network Protocol 3,分布式网络协议 3)数据包,黑客可以知道某些数据包的功能代码是否少于正常功能代码,然后可以引入异常操作。同样在控制中心之间基于 ICCP(Inter-Control Center Communications Protocol)的广泛通信中,通过修改制造消息规范数据包可能会导致系统崩溃和缓冲区溢出。

(7)病毒。基于病毒的攻击操纵合法用户绕过身份验证和访问控制机制,以执行攻击者注入的恶意代码。在实践中,病毒攻击通常没有针对性,并在易受攻击的系统和用户之间传播,病毒攻击通常会消耗过多的处理能力或网络带宽,从而直接或间接地降低受感染系统的可用性。

(8)特洛伊木马。特洛伊木马是一种病毒,其中恶意功能隐藏在用户所需和使用的功能后面,特洛伊木马通常用于规避机密性或访问控制目标。

(9)蠕虫。蠕虫是一种恶意代码,其传播机制依赖于自动探索和利用目标系统中的漏洞,蠕虫感染没有针对性,通常会为受影响的系统甚至整个互联网造成可用性问题。此外,该蠕虫还可能携带恶意代码,对所有受感染主机发起分布式、有针对性的攻击。

(10)物理层攻击。攻击者可能针对有线通信线路进行物理破坏,如剪断、短路或插入恶意设备,导致通信中断、干扰或数据泄露。

2)无线通信

工业通信中使用的无线网络同样也会存在安全漏洞,攻击者利用这些漏洞实现对受害者系统的攻击。

(1)干扰攻击。这种攻击是一种通过中断信号传输来阻断整个通信的 DoS(Denial of Service,拒绝服务)攻击,包括将电磁能量导向网络基础设施组件。

(2)碰撞攻击。这种攻击通过修改已发送消息的校验和来使目的地请求重新传输。

(3)虚假位置注入。当恶意用户在网络节点中注入虚假位置坐标时,会导致节点轨迹混乱。

(4)女巫攻击。恶意节点可以使用多个虚假身份,使用一些设备,它们可以生成额外的节点身份,从受害者节点接收和转发数据。

(5)节点复制攻击。这种攻击将一个或多个克隆节点插入网络,使用重放攻击建立对网络的信任,获得访问权限。

(6)虫洞攻击。攻击者在网络中的两个地点之间建立了一个虫洞通道,这个通道可以迅速传输数据。这种攻击通常涉及两个或多个恶意节点,它们捕获从一个区域传入的数据包,然后迅速将这些数据包传输到另一个区域,以便欺骗网络中的其他节点。

(7)Sinkhole 攻击。攻击者创建了一个虚假的网络节点(称为 Sinkhole),并试图引导网络流量到该节点,从而控制、监视或干扰通信。这种攻击可能对网络的性能、可用性和安全性造成严重威胁。

(8)虚假路由信息攻击。在这种攻击中,恶意节点可以改变整个网络的拓扑结构,耗尽节点资源或增加延迟。

(9)选择性转发攻击。在这种类型的攻击中,恶意节点会丢弃一些来自选定节点的数据包,并转发剩余的流量。

(10)信息过境攻击。攻击者可以收集和监听节点之间交换的数据流。这种攻击使系统容易受到嗅探、修改、注入等的攻击。

2．防护方法

由于工业自动化系统的特殊性,其通信协议往往存在安全问题,可能会受到各种攻击,因此需要采取一些防护措施来保证工业通信协议的安全性。以下是一些工业通信协议安全与防护方法。

1）网络隔离

将工业自动化系统与其他网络分隔开,减少攻击面,同时采用合适的网络拓扑结构和访问控制策略来保证工业通信协议的安全性。

2）数据加密

对于重要的数据通信,可以采用加密算法来保护数据的安全性,例如使用 SSL（Secure Sockets Layer,安全套接层）协议或 TLS（Transport Layer Security,安全传输层）协议对数据进行加密传输。

3）认证授权

工业自动化系统中的通信设备应该进行身份认证和授权,以防止未经授权的设备访问工业通信协议。

4）安全协议

针对特定的工业通信协议,可以采用一些专门的安全协议,例如 Modbus TCP 可以使用 Modbus Security 协议来保证通信的安全性。

5）采用安全产品

选择有专业安全能力的产品,如网络防火墙、入侵检测系统等,来加固工业自动化系统,提高其安全性。

6）安全培训

对工业自动化系统相关人员进行安全培训,提高其安全意识和技能水平,以便及时发现和防范安全问题。

综上所述,工业通信协议的安全问题需要采取一系列综合性的措施来进行防护,这样才能保障工业自动化系统的安全性。

3.5.3 边缘设备可信接入与安全管控

1．边缘设备可信接入技术

在工业互联网领域,设备层所收集的数据的可信度直接影响到平台层大数据的处理和分析,以及应用层的稳定性和可靠性。由于边缘设备种类繁多、数量众多,工作环境复杂,因此容易成为攻击目标。当不可信的终端设备接入工业互联网时,可能会导致数据的错误采集、丢失、窃取等问题。一旦恶意设备节点接入,就会引发多种安全问题,如注入攻击、隐私泄露、分布式拒绝服务攻击、越权访问操作等。因此,数据的安全存储、敏感数据处理和隐私保护等相关安全问题也变得更加紧迫,当边缘设备或者边缘服务器遭受攻击时并被恶意篡改时,系统中的节点需要具备鉴别对方是否可信的能力。所以需要对边缘设备可信接入展开研究,以减少安全问题的发生,主要包括身份认证协议设计、信任度评估模型设计等。

边缘设备可信接入技术是指保证边缘设备（例如传感器、物联网设备等）能够安全、可靠地接入网络和云服务的技术。这种技术包括多种安全机制和协议,旨在确保设备的身份验证、数据的机密性、完整性和可用性。常见的边缘设备可信接入技术如下。

1) 安全引导

通过验证设备启动时的固件、操作系统和应用程序的完整性,防止未经授权的修改和攻击。

2) 身份验证和访问控制

使用各种身份验证机制(例如密码、生物识别等)验证设备和用户的身份,并基于这些身份信息实施访问控制,确保只有授权用户可以访问设备和数据。

3) 数据加密和隔离

使用加密算法对数据进行加密,确保数据在传输和存储过程中不被窃取和篡改。此外,还可以使用隔离技术将不同的设备和数据隔离开,以确保设备和数据之间的安全隔离。

4) 安全协议和通信

使用安全协议和通信机制(例如 TLS、VPN 等)确保设备与云服务之间的通信是加密、安全和可靠的。

5) 安全监控和管理

通过监控设备和数据的行为和状态,及时发现异常和攻击,并采取适当的措施进行管理和响应。

2. 接入设备安全管控技术

随着工业系统的发展,工业系统的人工管理变得越来越困难。由于部分边缘设备部署在野外,因此可能会在硬件和软件级别破坏机密性、完整性和可用性。攻击包括欺骗、修改、拦截、冒充、替换、窃听、会话劫持、窃听等,攻击者甚至可能捕获许多已部署的边缘设备并将它们变成"流氓"设备,从而从内部破坏系统或其数据。手动监控数百甚至数千个边缘设备,将耗费大量成本,也很难实现。这时需要一种新的方法,能够将越来越多的流程委托给平台本身,增加其自主权。为此,可以利用人工智能和机器学习的最新进展来减少安全监控所需的人力,对平台接入设备安全管理、监控展开研究,自动化监控系统的通信网络,以防止用户滥用并检测入侵者。当系统受到安全威胁时,监控系统应向系统发出警报并提供即时响应。

接入设备安全管控技术是指对接入网络的设备(包括传统设备和物联网设备)进行安全管控的技术。其目的是保护网络不受到来自未经授权或恶意设备的攻击和入侵,并提高网络的安全性、稳定性和可靠性。

以下是一些常见的接入设备安全管控技术。

1) 网络接入控制

采用诸如 802.1x 等技术,对接入网络的设备进行认证和授权。只有经过认证和授权的设备才能接入网络,从而防止未经授权的设备进入网络。

2) 流量监测和过滤

监测网络流量,识别和过滤恶意流量,包括针对 DDoS 攻击、入侵、恶意软件等的攻击和入侵行为。

3) 操作系统和应用程序管理

对接入设备的操作系统和应用程序进行管理,包括安全补丁的及时更新、限制不安全的应用程序的使用,以及识别和防止未经授权的软件安装等。

4)无线网络安全

对于无线网络,采用 WPA2 等安全协议加密无线信号,限制无线网络的覆盖范围,并限制连接设备的数量和类型。

5)安全策略和访问控制

制定安全策略和访问控制机制,限制网络资源的访问权限,包括用户、设备和应用程序的访问权限。同时,采用网络隔离技术,确保不同网络之间的安全隔离。

接入设备安全管控技术可以保护网络不受到未经授权的设备和入侵行为的影响,提高网络的安全性和可靠性。在现代化的网络环境中,这些技术是非常重要的。

3.5.4 平台网络跨域信任

不同域设备之间的跨域协作已成为工业互联网的发展趋势,但不同域设备之间的信任问题已成为跨域安全交互的障碍。不同域采用独立的身份管理系统,其中身份信息不兼容。因此,无法在其他域中对设备标识进行身份验证,并且域之间的设备不相互信任,因为域不想将其敏感数据暴露给其他人。除此之外,工业互联网拥有大量异构的有线和无线通信系统。这些系统的通信协议标准各不相同,难以实现高效的跨域协同和统一管理。此外,域间通信可能会为工业生产带来隐私泄露的风险。因此,工业互联网中异构系统协同调度时如何保障工业个体隐私的问题受到业界关注。针对以上问题,需研究平台网络跨域信任技术,包括节点完整性验证、用户身份认证、接口安全、API(Application Programming Interface,程序接口)调用安全、域间隔离审计等,避免单节点受损后跨域访问导致的网络威胁扩展问题,保障节点平台网络跨域访问时面临的域间相互信任和网络连接上下文安全。

在工业互联网中,跨域信任技术是一种用于建立和维护平台网络中不同参与方之间信任关系的技术。由于工业互联网平台涉及多个组织、企业或机构的参与,各方之间的数据共享、交互和合作需要建立信任框架,确保数据的安全性、可靠性和隐私保护。平台网络跨域信任是指不同网络之间建立信任关系,允许在不同网络之间传递和共享数据和资源,这种信任关系建立在相互认证和授权的基础上,可以使不同网络之间的数据交换更加安全和可靠。

以下是一些常见的平台网络跨域信任技术。

1. 区块链技术

区块链是一种去中心化的分布式账本技术,可以记录和验证跨域数据交换的不可篡改的交易记录。通过使用区块链,平台网络中的各方可以共享和验证数据,而不依赖额外的第三方管理机构或硬件设施。

2. 可信计算

可信计算是一种基于硬件和软件的安全技术,用于保护计算设备的可信性。通过使用可信计算技术,平台网络中的参与方可以验证其他参与方的身份、数据完整性和代码的可信性,从而建立跨域信任。

3. 云安全技术

云安全技术包括数据加密、身份认证、访问控制等一系列措施,用于确保云平台上的数据和资源的安全性。在平台网络中,云安全技术可以帮助建立跨域信任,保护数据不受未经授权的访问和篡改。

4. 标准化和合规性

制定和遵守标准化与合规性要求是建立平台网络跨域信任的关键。通过制定统一的数据格式、接口标准和安全规范,可以促进各方之间的互操作性和信任,降低数据交换和合作的风险。

平台网络跨域信任技术可以实现不同网络之间的数据和资源共享,使得数据交换更加便捷和可靠。但是在实现这些技术时需要考虑安全性,以确保数据传输和共享是安全的。

3.5.5 IoT 统一态势感知

态势感知最早来自军事学术界的研究。1988 年,Endsley 将态势感知定义为态势因素获取、态势理解和态势预测的三层模型,并于 1995 年提出态势感知在动态决策中的应用框架。工业控制系统中的威胁形势正在爆炸式增长并变为动态,这使得工控系统成为攻击者的有吸引力的目标。管理员必须了解,例如网络连接、访问权限和正在进行的攻击尝试。态势感知有助于获取此信息。简而言之,态势感知了解人们周围发生的事情,并了解这些信息对人们的现在和将来意味着什么。对于工业控制系统保护,态势感知可以提供系统安全状况的分析视图,系统管理员可以根据态势感知信息做出决策并修改安全机制。

IoT 统一态势感知是指通过收集、分析和可视化物联网环境中的各种数据和信息,对整个物联网系统进行全面、实时的监控和管理,从而实现对物联网环境的整体把控和风险控制。

工业互联网中常用的 IoT 统一态势感知技术如下。

1. 传感器网络

通过在工业设备和环境中部署传感器,实时监测和采集各种数据,如温度、湿度、压力、振动等。这些传感器网络可以覆盖整个生产过程,提供实时数据支持。

2. 数据采集和传输

使用各种通信技术和协议,将传感器和设备采集到的数据传输到数据中心或云平台进行处理和分析。常见的通信技术包括 Wi-Fi、蓝牙、以太网、LoRaWAN 等。

3. 云计算和大数据分析

将采集到的数据发送到云平台,利用云计算和大数据分析技术,对数据进行存储、处理和分析。这些技术能够实时监测设备状态、预测故障、优化生产过程,并提供实时报警和决策支持。

4. 边缘计算

在工业现场部署边缘计算设备,将数据处理和分析的功能靠近数据源,减少数据传输延迟和网络负载。边缘计算可以在现场进行实时数据处理和决策,提高响应速度和效率。

5. 可视化展示

将统一态势感知的结果以可视化的方式呈现给用户,例如实时监控面板、数据报表、图表等。通过直观的界面展示,用户可以快速了解工业系统的运行状况和关键指标。

6. 预测与优化

基于历史数据和机器学习算法,进行故障预测和生产优化。通过对数据进行建模和分析,可以提前预测设备故障、优化维护计划、提高生产效率和质量。

7. 实时告警和响应

当监测到物联网环境中出现异常情况时,及时发送告警信息并进行相应的响应,以防止事故的发生。

8. 统一管理平台

提供一个统一的管理平台,对整个物联网环境进行管理和控制。该平台需要支持设备管理、数据管理、告警管理、安全管理等功能,以实现对物联网系统的全面管理和控制。

物联网统一态势感知技术的应用可以帮助企业实现设备的智能监控、故障预警、生产优化等目标,提高生产效率、降低成本和风险。同时,它也为企业提供了更好的决策支持和管理手段,促进工业互联网的发展。

3.5.6　区块链安全协作

工业互联网平台接入的边缘设备资源有限,无法承担大量需要算力的业务,也无法存储大量数据。由于边缘设备的资源有限,需要将大量需要高算力的业务上传到服务器进行处理。一方面,服务器承载了太多的计算任务,导致每个业务的等待时间很长;另一方面,一旦服务器受到恶意攻击者的攻击,将导致整个网络服务中断。工业互联网平台的安全问题主要包括缺乏认证机制和数据隐私保护,大量的边缘节点通常会隐藏自己的身份信息,以防止自己的隐私信息泄露。隐藏个人身份信息会使身份无法验证,节点无法相互信任,一旦发生恶意攻击,就无法判断攻击者的身份,也无法及时阻止攻击。

区块链本质上是一个共享数据库,所存储的数据或信息具有不可伪造、全程留痕、可追溯、公开透明、集体维护等特点。通过引入区块链,边缘服务器集群可以取代中央服务器的替代品,其将与边缘设备协作构建区块链并完成计算任务,然后区块链的所有节点将存储结果。这样,当单个服务器发生故障时,计算任务可以由其他服务器完成,此外,分布式存储还降低了恶意攻击和数据丢失的可能性,该功能的存在增强了工业互联网平台的鲁棒性,因此可以应用于具有高安全性要求的场景。

在工业互联网中,区块链可以用作安全协作的工具,以确保数据和交易的安全性和可信度。区块链在工业互联网中安全协作方面的应用包括以下 4 种。

1. 身份验证和访问控制

区块链可以用于建立可靠的身份验证和访问控制系统。通过将用户的身份信息和权限记录在区块链上,可以确保只有经过授权的用户才能访问特定的工业互联网系统或数据。

2. 数据完整性和可追溯性

工业互联网中的数据完整性和可追溯性对于确保设备和过程的安全至关重要。区块链可以用于创建不可篡改的数据记录,使得任何数据的修改都能够被追溯和检测到。这对于审计、故障排查和确保数据的可信度非常有价值。

3. 供应链管理

区块链可以改进工业互联网中的供应链管理。通过将供应链的各个环节和交易信息记录在区块链上,可以实现供应链数据的透明度和可信度,减少信息不对称和欺诈行为。此外,区块链还可以提供可追溯的供应链信息,使得消费者能够追溯产品的来源和制造过程。

4. 智能合约

智能合约是区块链的一种功能,可以在工业互联网中提供安全协作的机制。智能合约是一种自动执行的合约,其中的规则和条件被编码在区块链上。通过智能合约,不同参与方可以安全地进行交易和合作,无须依赖第三方中介机构,从而提高效率和降低成本。

总而言之,区块链在工业互联网中的安全协作方面具有潜力。它可以提供身份验证、数据完整性、供应链管理、智能合约等功能,以增强工业互联网系统的安全性和可信度。

题库

第4章

工业互联网标识解析

标识解析作为工业互联网的基石,不仅为其互联互通提供了坚实的基础,而且还为实现数据的共享与使用提供了强大的支持,它可以将万维网、应用协议等技术与网络互联体系有效结合,从而有效地处理从标识到标识、从地址到数据的映射与转换过程。标识赋予产品、零部件、智能设备等对象唯一的"身份证",通过"身份证",我们可以为各种产品、零部件、智能制造设备和物联网系统提供个性化的标识,并通过深入的解析把它们的特性、行为、企业背景等多种要素融合到一起,从而实现精准、高效的定位、检索和分析。通过标识,"我是谁"和"我在哪里"的问题得到了有效的解决,而且通过解析可以将最终的结果传达给"我能干什么"。

在工业互联网中,标识解析体系涵盖了标识编码、标识载体、标识解析、标识数据服务四部分。采用标识编码,我们能够识别出各种物理资源,例如机器、产品,以及算法、工序、标识数据等虚拟资源,并且能够有效地进行身份验证。标识载体提供标识的标签或存储位置,有主动标识载体和被动标识载体。利用标识解析技术,我们可以迅速准确地定位机器和物品的网络位置,从而更加高效地完成全球供应链系统与企业生产系统的匹配,同时还可以更好地支持产品全生命周期管理。标识数据服务采用标识编码技术和解析系统,可以有效地实现企业、行业、地区和国家之间的数据共享与交流,大大提高了工业标识管理的利用效率。

本章主要介绍工业互联网标识解析体系架构、标识载体、标识编码、标识异构互操作、标识解析的典型应用及威胁与防护。

4.1 工业互联网标识解析体系架构

我们发现,在互联网和制造业领域,不同的环节和不同的主体对于标识解析的理解存在差异,这会影响到技术的选择、标准的实施以及产业的发展。因此,本章列出了工业互联网标识解析体系架构,以便更好地指导各级标识服务节点的部署,并促进产业生态的健康发展。

4.1.1 节点部署架构

通过采取分层、分级的部署模式,能够更好地覆盖工业互联网的各个环节,包括国际根节点、国家顶级节点、二级节点、企业节点和递归节点,如图4.1所示。

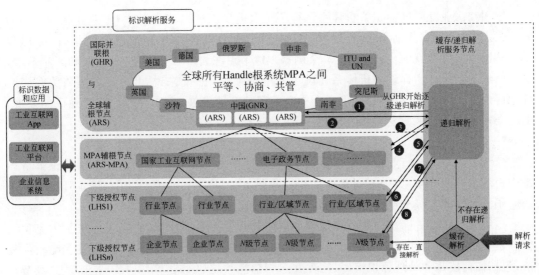

图 4.1 工业互联网标识解析节点部署架构

1. 国际根节点

国际根节点是一个跨越地域、最高等级的国际性标识服务节点,它对于整个标识管理体系来说起到了极其重要的作用。国际根节点由全球并联顶级前缀管理机构(Multi-Primary Administrator,MPA)等多组管理者来负责。在全球范围内,有许多根节点,它们彼此独立且相互平等。

DONA 是一家位于瑞士日内瓦的非政府组织,致力于维护 Handle 系统的全球性运营,并通过授权、协调和管理 MPA 来实现其全球性目标,受到 ITU(International Telecommunication Union,国际电信联盟)的认可。中国 MPA 联合体作为 DONA 的四大创始人之一,为中国 DOA 技术的进步做出了重要贡献。

2. 国家顶级节点

作为国家工业互联网标识解析体系的核心枢纽,国家顶级节点负责标识的注册、解析和托管,并提供标识的安全保障。顶级节点管理平台由解析、管理、监测 3 个区块组成,如图 4.2 所示。

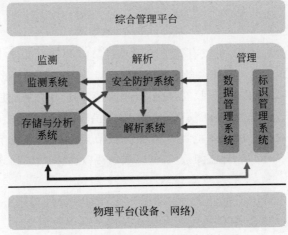

图 4.2 顶级节点平台逻辑架构视图

中国在工业互联网标识解析体系取得了重大进步。2022 中国 5G＋工业互联网大会的开幕式上,工业互联网标识解析体系——国家顶级节点全面建成发布仪式举行,标志着"5＋2"国家顶尖节点的全面建成。5 个国家顶级节点在北京、广州、重庆、上海和武汉落成,这些枢纽的建设将为标识解析体系建设注入新的活力。总的来说,北京的发展将为我国北部地区的标识解析提供推动力,广州会推动南部地区的发展,重庆会推动西部地区的发展,上海会推动东部地区的发展,武汉则会推动中部地区的发展。

3. 二级节点

二级节点专为各行业提供标识注册及分析服务。二级节点在工业互联网标识解析体系中扮演着重要的角色,为不同行业的企业提供专业、高效的服务。2019 年 4 月 23 日,南通电子信息行业二级节点成为全国首个成功对接国家顶级节点的二级节点。

二级节点在促进标识产业的大规模发展中起到了重要的作用,它不仅连接了国家顶级节点,还连接了企业和相关的应用系统,起到了承上启下的重要功能。其建设实施较为复杂,包括如何安排和管理标识编码、构建并运行信息系统、标识应用对接与推广。二级节点也由三个基本组成部分:管理、功能和应用。省信息通信管理局信息是二级节点的行政管理机构,负责监督和管理这些节点。二级节点总体框架如图 4.3 所示。

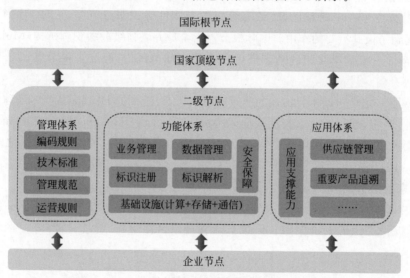

图 4.3　二级节点总体框架

通过制定完善的管理体系,可以有效地确保二级节点的建设和运营符合编码、技术、管理以及运营的各项规定;从功能体系的角度出发,二级节点必须拥有的关键功能,包括标识注册、标识解析、业务管理、数据管理、安全保障等;完整的应用体系,使二级节点、工业互联网平台、企业信息系统、企业节点能够有效对接,促进供应链管理、重要产品追溯、产品全生命周期管理等领域的效率。接口规范旨在确保二级节点与国家顶级节点和企业节点之间的交互性,包括但不限于运营管理监测接口、网络通信接口、数据传输格式等方面的标准化。

4. 企业节点

企业节点致力于为特定工业企业提供标识注册、解析、管理等服务,并能够根据企业的实际情况,量身定制内部标识解析系统组网形式及内部标识数据格式。

5. 递归节点

采用公共递归解析节点，构建公共查询与访问入口，使指标识解析体系更加高效，并且利用缓存技术有效地提高系统的整体服务性能。

4.1.2 体系架构

工业互联网标识解析体系架构如图 4.4 所示。业务视图明确了面向不同角色提供联网对象唯一标识、数据管理和信息共享服务的业务过程；功能视图给出了解析体系支撑标识服务需提供的功能；实施视图给出了企业端、公共平台端和应用端应当部署的标识软、硬件设施及其相互关系；安全视图主要考虑标识服务过程的身份安全、数据安全和行为安全。

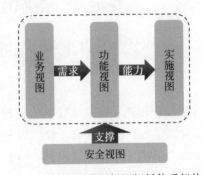

图 4.4　工业互联网标识解析体系架构

1. 业务视图

工业互联网标识解析基本业务流程如图 4.5 所示。当客户端向服务器发送标识解析请求时，递归节点会从本地缓存中查询数据，如果没有查询到，它们将按照服务器的指示，继续搜寻，最终确定与标识有关的位置及其相关的信息息，并将结果及时传回客户端，以便其可以查阅，同时将查询结果进行缓存。

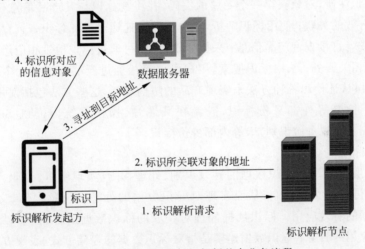

图 4.5　工业互联网标识解析基本业务流程

2. 功能视图

从底层到顶层，工业互联网标识解析体系包括编码层、解析层、数据层以及应用层 4 层，形成一个完整的功能框架，如图 4.6 所示。

1）标识编码层

标识编码层定义工业制造中各类对象进行数字化标识的技术手段和相关管理规范。根据这些规范，赋予各类对象唯一的身份标识，包括命名空间规划、标识编码申请、标识编码分配、标识编码赋予、标识载体管理、读取设备管理、标识编码回收等。为了确保标识编码资源的可持续发展，管理者必须建立一个完善的、具有长远意义的规划，综合考虑标识编码命名空间的整体性、长期性、基本性；标识编码管理者根据标识编码规则向标识编码申请

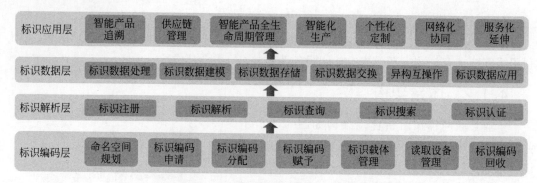

图 4.6　工业互联网标识解析体系功能视图

者分配标识编码；利用可赋码标识设备对能载带标识的介质进行赋码的过程称为编码赋予；对载带标识的介质进行管理称为载体管理；对可以读写标识编码的设备进行管理称为读取设备管理；已分配的标识编码中分离出过期或者失效的标识编码，使其成为可以再次分配的标识编码称为编码回收。

2）标识解析层

标识解析层提供根据标识编码查询对象网络位置或者相关信息的服务。通过标识解析层，用户可以精确定位、安全查询，包括标识注册、标识解析、标识查询、标识搜索和标识认证。通过标识注册，对象获得一个专属的编码，并将其标识与其产品信息（或者储存信息的位置）进行有效的关联；使用标识解析，用户能够快速通过产品标识查询存储产品信息的服务器地址，或者直接查询产品信息；采用标识查询，可通过标识检索相应产品的历史信息和状态信息及相关服务；采用标识搜索，用户可以轻松通过产品标识查询多个不同来源的产品信息；标识认证使用各种方法来实现产品的防伪认证，这些方法包括使用条形码、二维码、RFID 电子标签等外部身份标识，或者在其芯片、操作系统内嵌入 SIM（Subscriber Identity Module，用户身份识别）卡等内部身份标识。

3）标识数据层

标识数据层定义了对标识数据的有效识别、处理，并且实现组织、企业、工厂等不同单元之间的信息传输和交互机制，从而实现对标识数据的处理、建模、存储、交换、异构互操作，并实现数据的有效应用。标识数据处理对获取的标识数据进行组织和加工，达到标识建模、交换和应用的目标；标识数据建模是指对标识数据的存储方式、表现方式、传输手段、转换手段进行系统分析后抽象出概念模型，并将概念模型转化为物理模型；标识数据存储是指在存储介质中记录标识信息；标识数据交换是指将在源模式下构建的标识数据转换为在目标模式下可应用的标识数据的过程，以便源标识数据能够在目标模式下准确表示和应用；通过异构互操作，可以实现 GS1、Handle、OID、Ecode（Entity Code for IOT，国家物联网标识体系）以及其他多种标识体系之间的跨系统交互，从而实现数据的共享和共享。

4）标识应用层

标识应用层为多领域提供高级的智能化解决方案，包括但不限于智能产品追溯、供应链管理、智能产品全生命周期管理、智能化生产、个性化定制、网络化协同、服务化延伸等。

3. 实施视图

工业互联网标识解析体系实施视图如图 4.7 所示。

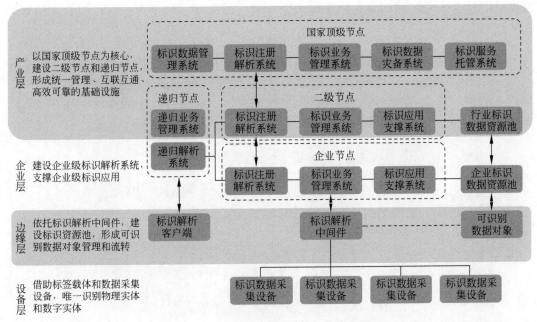

图 4.7　工业互联网标识解析体系实施视图

1）设备层级建设部署

借助标签载体和数采设备,依托标识解析企业节点标识注册功能,对产业链全流程中唯一识别的物理实体和虚拟实体进行"一物一码"标识,形成企业底层数据资源池。物理实体如原材料、设备、人员、产成品,虚拟实体如订单、仓单、物流单、模型算法等。

2）边缘层级建设部署

部署标识解析中间件,形成可识别数据对象的管理和流转能力,同时与企业工业软件实现接口对接,协助企业提供标识注册、解析功能,快速实现工业互联网标识应用能力。

3）企业层级建设部署

产业链上下游及相关企业应以独立建设或托管建设的方式建设标识解析企业节点并接入标识解析二级节点。标识解析企业节点应依托设备层与边缘层建设的能力,与企业内部工业软件、工业互联网平台实现横向对接打通,为企业提供工业互联网标识应用所需的注册、解析、统计、数据存储等基础能力。

4）产业层级建设部署

产业链头部企业或具备相关服务能力的行业企业可申请建设标识解析二级节点,充分发挥行业龙头的带动作用,以及其在上下游产业链中的影响力,推动行业级工业互联网标识应用。通过这些节点,面向企业和个人提供标识注册、解析和数据管理等服务,与国家顶级节点对接,实现分层管理和全网解析。

4. 安全视图

工业互联网标识解析安全框架如图4.8所示。以业务流程为主线,从防护对象、安全角色、脆弱性与威胁、防护措施、安全管理等角度,从架构、协议、身份、数据、运营和应用6方面,结合脆弱性和威胁性的分析,明确防护对象,清晰界定安全角色,制定出有效的防护措施,以确保运行环境、身份、服务运营和数据的安全,并加强安全管理,以此来提升工业互联网标识解析体系的安全性,确保用户的安全性和可靠性,从资产识别、风险评估、监测预警和应急响应4方面进行安全管理。

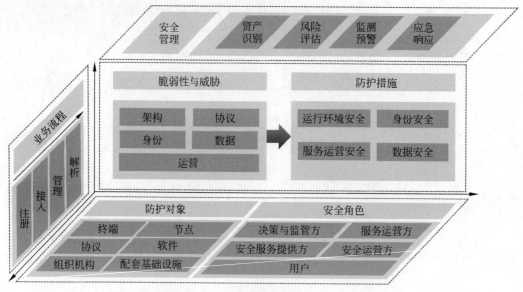

图 4.8 工业互联网标识解析安全框架

4.2 工业互联网标识载体

标识载体,就是指承载标识编码资源的标签。根据标识载体是否能够主动与标识数据读写设备、标识解析服务节点、标识数据应用平台等发生通信交互,可以将标识载体分为主动标识载体和被动标识载体两类。

主动标识载体通常将工业设备中的特定标识编码、安全证书、算法和密钥嵌入该设备中,并且能够主动向标识解析服务节点或标识数据应用平台等发起连接请求,不需要单独的标识读写设备。如图 4.9 所示,主动标识载体的例子包括 UICC(Universal Integrated Circuit Card,通用集成电路卡)、通信模块和 MCU(Microcontroller Unit,微控制单元)等。

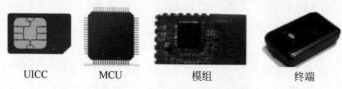

| UICC | MCU | 模组 | 终端 |

图 4.9 常见的主动标识载体

主动标识载体可以牢牢地嵌入工业设备中,使得它们很难被偷窃或错误安装,拥有强大的网络连接能力,可以主动发起标识解析请求,实现信息的解析,此外,标识及相关信息还能进行远程增删改查。

主动标识载体还拥有完善的安全机制,包括安全区域存储必要的证书、算法以及密钥,并且可以实现对工业标识符及其相关数据的加密传输,同时也支持接入认证等多种可信相关功能。

　　被动标识载体通常会粘贴在工业设备或产品的外壳上，这样可以使读卡器更容易地进行读取。被动标识载体一般只包含标识编码，没有远程网络连接能力（某些被动标识载体，如 RFID、NFC，只具备短距离网络连接能力），需要通过表示读取器才能发起标识解析请求，如图 4.10 所示，被动标识载体包括条码标签、RFID 标签、NFC 标签等。

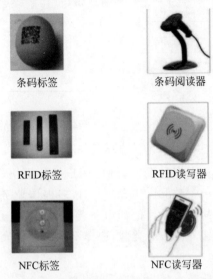

条码标签　　　　　　　　　　条码阅读器

RFID标签　　　　　　　　　　RFID读写器

NFC标签　　　　　　　　　　NFC读写器

图 4.10　常见被动标识载体及读写装置

　　标识信息虽然可以安装在工业设备和耗材上，但由于其可能会受到盗窃、篡改、滥用和错误使用的威胁，因此必须采取有效的保护措施来确保其完整性，也必须使用读写器来访问标识解析服务器，从而获得所需的数据，鉴于缺少有效的安全技术，例如认证、加密算法以及加密机制，安全性仍有待提升，但是其成本低，可以满足大规模工业产品的需求。主动标识载体与被动标识载体的区别如图 4.11 所示。

被动标识载体	主动标识载体
附在设备表面，信息易窃取	嵌在设备内部，不容易被盗取
需借助读取器读取	可自动读取
安全能力较弱，缺乏证书	安全能力强，可存证书/算法/密钥
适用于工业单品标识	适用于高价值工业设备标识

图 4.11　主动标识载体与被动标识载体的区别

4.2.1　主动标识载体关键技术

　　工业互联网的主动标识载体根据应用场景分为移动终端和固定终端两种。移动终端部件有通用集成电路卡（UICC）、移动通信模组、MCU 芯片三种；固定终端部件有通信模组、MCU 芯片两种，如图 4.12 所示。

1. UICC

UICC 是一种全球移动通信系统中使用的智能卡，它不仅用来存储用户信息、鉴权密

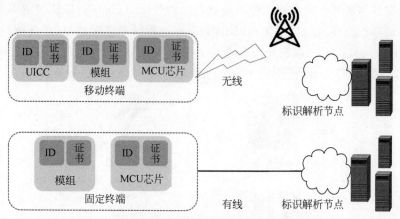

图 4.12   工业互联网主动标识载体

钥、短信、支付方式,而且还具有多种功能,例如用户标识模块(SIM)、通用用户标识模块 (Universal Subscriber Identity Module,USIM)、IP 多媒体业务标识模块(IP Multimedia Service Identity Module,ISIM),以及其他如电子签名认证、电子钱包等非电信应用模块。 移动用户终端可以根据无线接入网络的类型,选择不同的逻辑模块,以满足不同的需求,如 图 4.13 所示。

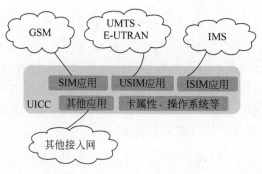

图 4.13   UICC 及其卡应用

UICC 可以与特定的移动通信网络实现高效的互联互通,从而提升用户体验,如表 4.1 所示。

表 4.1   UICC 应用与移动通信接入网

序 号	UICC 应用	接入网技术
1	SIM	GSM(2G)
2	USIM	UMTS(3G)、E-UTRAN(4G)
3	ISIM	IMS(NGN)
4	CSIM	CDMA2000(3G)
5	R-UIM	CDMA、GSM、UMTS

将工业互联网标识解析系统的接入能力封装为 UICC 的一种应用,通过工业互联网标识及其相关数据安全接入工业互联网中,有利于实现工业互联网标识的大规模应用,提升系统的运行效率,从而达到更好的管理和利用的目的,如图 4.14 所示,工业互联网标识的相关应用可打包成工业标识应用,并部署在 UICC 的卡应用区。

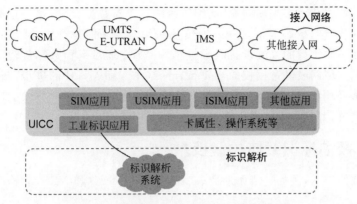

图 4.14　UICC 在工业互联网标识中的应用

传统插拔式 UICC 正朝着不可插拔式 eUICC（embedded UICC，嵌入式 UICC）发展。eUICC 的工作温度、湿度适应性更强，持续工作时间更长，可靠性、功耗和尺寸等方面性能优于传统插拔式 UICC，更适合在工业环境下使用。eUICC 具备远程写卡应用，更适合工业业务流程与运营商卡流程融合，从而实现多种商业场景的灵活性。

2. MCU 芯片

MCU 芯片，又称微电路或集成电路、微芯片，是终端系统的关键组件。芯片有基带芯片、射频芯片、存储芯片等。

基带芯片（通信芯片）负责处理信息，整个终端中最重要的部分，是系统的大脑。通过数字信号处理器和控制器对外界输入信息进行加工处理，控制终端各种功能执行、数据采集、数据处理和运算等，如图 4.15 所示，基带芯片由两个独立的模块组成。主功能模块包括 CPU（Central Processing Unit，中央处理器）、编解码器、数字信号处理器，它是基带的核心组件，用于处理信号，实现基带芯片的主要功能；扩展功能模块可以容纳各种工业标识和密钥信息。

射频芯片将复杂的无线电信号通信转化为一定的无线电信号波形，并通过天线谐振发送出去。

存储芯片技术主要集中于企业级存储系统的应用，为访问性能、存储协议、管理平台、存储介质，以及多种应用提供高质量的支持。

3. 通信模组

模组作为感知层和网络层之间的桥梁，属于底层硬件，具备不可替代性。无线通信模块与终端存在一一对应关系。无线模组按功能分为通信模组与定位模组，如图 4.16 所示。

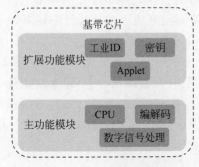

图 4.15　基带芯片功能模块

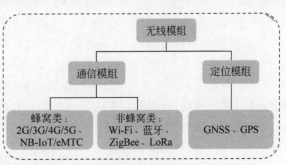

图 4.16　模组分类

通信模块的作用在于实现端到端、端到后台的服务器数据交互,是用户数据传输通道,也是工业互联网终端的核心组件之一。通信模块的主要功能是提供接口和通信功能。标准接口可以满足不同类型的终端设备的数据传输需求;通过远程数据传输,可以将工业互联网终端连接到广域网或经过授权的专属私有网络中。随着科技的进步,新一代的通信模块已经具备了多种功能,包括感知、前端数据处理和远程控制。这些技术的出现,为工业界带来了巨大的变革,并且为人们提供了更多的便利。

4.2.2 被动标识载体关键技术

被动标识载体技术,例如一维条形码、二维条形码、RFID 和 NFC,能够有效地收集、存储、传输、分析、处置数据。

1. 一维条形码

一维条形码是一种独特的数字标识符,它由黑白条纹构成。条形码是一种由黑色和白色组成的二进制码,它们可以通过编码形成不同粗细的黑白图案,从而表示数字、字符和符号信息,如图 4.17 所示。一维条形码已经被广泛地应用于商场、仓库、邮政、物流和其他行业。

图 4.17 一维条形码示例

通过使用一维条形码,我们可以获取商品的基本信息,例如名称和价格。然而这种方法无法为我们提供更全面的商品信息,因此我们需要依赖数据库来支持这些信息。采用一维条形码可以显著提高信息传输的效率,同时有助于减少错误的发生。由于一维条形码的容量有限,它只能容纳 30 个字节,这意味着它只能容纳字母和数字,因此一旦条形码受到损坏,它将无法继续使用。

2. 二维条形码

二维条形码是在一维条形码技术的基础上衍生而来的,在水平和垂直方向的二维空间存储信息的条形码,既记录横向信息也记录纵向信息,也是按照"0""1"的比特流原理进行设计。二维条形码技术已经被广泛应用于各个领域,从军事到民航、交通、医疗、农业、商业,都有它的身影,其中支付领域应用最为普遍。二维条形码作为一种经济、实惠的自动识别技术,不仅拥有一维条形码的显著优势,而且其信息容量更大,信息密度更高,拥有出色的纠错功能,可以表达多种多样的多媒体和文本,翻译更精确,安全可靠,防伪性强。

在世界各地,人们普遍使用的二维条形码包括 PDF417、QR Code、DataMatrix 以及 Maxi Code 等。根据技术特征,二维条形码可以大致划分为行排式和矩阵式两种形态。行排式二维条形码(又称堆积式或层排式二维条形码)的编码原理建立在一维条形码基础之上,按需要堆积成二行或多行,代表性的行排式二维条形码有 PDF417、Code16K、Code 49 等。但由于行数的增加,需要对行进行判定,其译码算法与软件也不完全相同于一维条码。矩阵式二维条形码是平常见得最多的二维条形码,通过黑白(其他颜色也有)像素在矩阵中不同的分布进行编码,在矩阵元素区出现的点(方、圆等形状)表示二进制的"1",不出现则表示"0",通过点排列确定其信息,常见的矩阵式二维条形码有 Maxi Code、QR Code、Data Matrix、Aztec Code 等,如图 4.18 所示。

3. RFID

RFID 是一种非接触式自动识别技术,它可以通过无线电信号快速、准确地识别特定目

Maxi Code　　QR Code　　Data Matrix　　Aztec Code

图 4.18　典型矩阵式二维条形码

标对象并读写相关数据,无须与识别对象建立机械或光学连接,可以在复杂的环境中实现自动化的识别,从而极大地提高了工作效率和安全性。RFID 技术能够迅速识别高速移动的对象,而且能够同时识别多个标签,大大提升了操作的便利性和效率。这种技术已经被广泛应用于各行各业,其中最具代表性的是仓储管理、防伪标记、智能交通、身份认证、食品安全追溯等。RFID 是电子标签,信息保存在芯片中,芯片可以读写。

RFID 由标签、识读器和计算机网络系统三部分组成,如图 4.19 所示。一般来说,识别器会在某个特定的范围内释放出一种以射频能量为基础的电磁场,标签通过这一区域时被触发,发送存储在标签中的数据,或根据识读器的指令改写存储在标签中的数据。识读器可接收标签发送的数据或向标签发送数据,并能在解码后通过标准接口与计算机网络进行通信。

4. NFC

NFC,又称近距离无线通信,是一种极具效率的短距离无线通信技术,它能够实现电子设备之间非接触式点对点数据传输,覆盖 10cm 的距离,适用于手持设备之间的数据交换,如图 4.20 所示。NFC 是搭载在手机内部的一块芯片,它主要是用来当作手机与其他设备交换数据的通道,可以用于电子门禁系统,也可以用于移动支付,它由非接触式射频识别(RFID)演变而来,并向下兼容 RFID。NFC 与 RFID 看似相似,但其实有很多区别,因为RFID 本质上属于识别技术,而 NFC 属于通信技术。

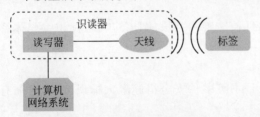　　　　

图 4.19　RFID 系统原理图　　　　　　　图 4.20　NFC 通信方式

4.3　工业互联网常见标识编码

标识编码作为物理与虚拟资源的唯一识别身份符号,是标识解析体系的核心基础资源。当前处在多标识体系并存的发展阶段,其中包括公有标识和私有标识。公有标识适用于开环应用,国内外的主流公有标识包括 GS1、Handle、OID、Ecode 等。其中,GS1 主要用于产品与服务的贸易流通;Handle 主要用于数字资产管理;OID 主要用于网络资源管理;Ecode 主要用于标识物联网单个物品。私有标识是行业内部或者中小型企业内部使用的自定义私有标识,适用于闭环应用,例如追溯码、防伪码、营销码、企业内部标识等。

通常,公有标识编码方案都具有统一的逻辑架构,通常由三部分组成:前缀、后缀和可供选择的安全字段。通过将多种编码结合在一起，构建一个兼容性强的标识编码规范，以便为不同级别的节点提供多样化的标识解析和寻址服务。在工业互联网中，标识编码规则通常由两部分组成，前缀表示唯一的企业主体，而后缀表示唯一的标识对象，如图 4.21 所示。

图 4.21   工业互联网标识编码结构

4.3.1   标识编码体系基本原则

为了更好地实施工业互联网战略，有必要从国家层面建立一个统一、兼容的标识编码体系，以确保其有效性和可持续性。应当遵守以下五项基本准则。

1. 兼容性

既要兼容 Handle、OID、Ecode 等现有标识系统，也要积极应对未来可能出现的新型标识系统；既要兼容已经分配的标识，也要兼容统一规则后分配的标识。

2. 语义原则

编码总体体现一定的语义特征，例如国家、地区、行业等含义表征，在行业企业的内部编码中，不明确规定是否包含语义体征，例如若待标识对象达到海量级别，则最好采用连续标识，反之则可以使用带有语义的标识。

3. 匹配性原则

通过分层分段设计，实现标识编码与国内工业互联网标识解析体系匹配，由根管理机构负责分配和解析顶级标识，注册管理机构负责分配二级标识。

4. 扩展性原则

随着标识数量的快速增加、标识体系的日益完善和字段的日益丰富，标识编码体系需要拥有更强大的可拓展能力。

5. 安全性原则

通过采用循环冗余校验技术，并将签名、证书等多种安全措施融入标识编码，更加有效地实现标识的完整性和可靠性。

通过遵循上述统一、完备的工业互联网标识编码体系，在我国境内的国家顶级节点、二级节点部署相应的解析系统来完成符合我国编码规范的标识解析能力。同时，通过在国家顶级节点与 Handle、Ecode、OID 等异构的标识解析体系进行对接，完成全球化的带有不同标识编码的万物互联效果，实现跨越地域的多种标识编码体系互联。

4.3.2   GS1

GS1 即全球统一标识，由国际物品编码协会负责管理和维护。GS1 包括编码、数据载体、数据交换等部分。面向不同应用场景，GS1 定义了不同的编码类型，典型代表有 GTIN（Global Trade Item Number，全球贸易项目代码）、SSCC（Serial Shipping Container Code，系列货运包装箱代码）、GLN（Global Location Number，参与方位置代码）等，如图 4.22 所示。这些编码分别适用于零售结算、物流、资产管理、服务业等领域。

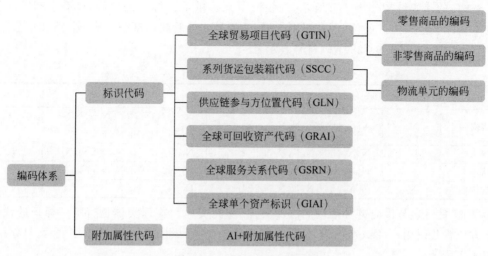

图 4.22　GS1 系统编码体系

GTIN 是编码系统中应用最广泛的标识代码,贸易项目是指一项产品或服务,GTIN 是为全球贸易项目提供唯一标识的一种代码(称为代码结构)。GTIN 有四种不同的代码结构:GTIN-14、GTIN-13、GTIN-12 和 GTIN-8,如图 4.23 所示。这四种结构可以对不同包装形态的商品进行唯一编码。标识代码无论应用在哪个领域的贸易项目上,每一个标识代码都必须以整体方式使用。完整的标识代码可以保证在相关的应用领域内全球唯一。

GTIN-14 代码结构	包装指示符	包装内含项目的GTIN(不含校验码)	校验码
	N_1	$N_2 N_3 N_4 N_5 N_6 N_7 N_8 N_9 N_{10} N_{11} N_{12} N_{13}$	N_{14}

GTIN-13 代码结构	厂商识别代码 商品项目代码	校验码
	$N_1 N_2 N_3 N_4 N_5 N_6 N_7 N_8 N_9 N_{10} N_{11} N_{12}$	N_{13}

GTIN-12 代码结构	厂商识别代码 商品项目代码	校验码
	$N_1 N_2 N_3 N_4 N_5 N_6 N_7 N_8 N_9 N_{10} N_{11}$	N_{12}

GTIN-8 代码结构	商品项目代码	校验码
	$N_1 N_2 N_3 N_4 N_5 N_6 N_7$	N_8

图 4.23　GTIN 的四种代码结构

以零售领域的 GTIN 编码为例,其由三部分组成:厂商识别代码、商品项目代码和校验码。例如某零售商品的 GS1 标识为 6901234567892,"6901234"为厂商识别代码,其中"690"为前缀码,由国际物品编码协会分配给中国;"56789"为商品项目代码;末尾数字"2"为校验码。GTIN 编码结构示例如图 4.24 所示。

图 4.24　GTIN 编码结构示例

SSCC 的代码结构如表 4.2 所示，为物流单元提供唯一标识的代码，具有全球唯一性。物流单元标识代码由扩展位、厂商识别代码、系列号和校验码四部分组成，是 18 位的数字代码。它采用 UCC/EAN-128 条码符号表示。

表 4.2　SSCC 的代码结构

结构种类	扩展位	厂商识别代码	系 列 号	校验码
结构一	N_1	$N_2 N_3 N_4 N_5 N_5 N_7 N_8$	$N_2 N_3 N_4 N_5 N_5 N_7 N_8 N_9 N_{10}$ $N_{11} N_{12} N_{13} N_{14} N_{15} N_{16} N_{17}$	N_{18}
结构二	N_2	$N_2 N_3 N_4 N_5 N_5 N_7 N_8 N_9$	$N_{10} N_{11} N_{12} N_{13} N_{14} N_{15} N_{16} N_{17}$	N_{18}
结构三	N_3	$N_2 N_3 N_4 N_5 N_5 N_7 N_8 N_9 N_{10}$	$N_{11} N_{12} N_{13} N_{14} N_{15} N_{16} N_{17}$	N_{18}
结构四	N_4	$N_2 N_3 N_4 N_5 N_5 N_7 N_8 N_9 N_{10} N_{11}$	$N_{12} N_{13} N_{14} N_{15} N_{16} N_{17}$	N_{18}

GLN 是对参与供应链等活动的法律实体、功能实体和物理实体进行唯一标识的代码。参与方位置代码由厂商识别代码、位置参考代码和校验码组成，用 13 位数字表示，具体结构如表 4.3 所示。

表 4.3　GLN 的代码结构

结 构 种 类	厂 商 识 别 代 码	系 列 号	校 验 码
结构一	$N_1 N_2 N_3 N_4 N_5 N_6 N_7$	$N_8 N_9 N_{10} N_{11} N_{12}$	N_{13}
结构二	$N_1 N_2 N_3 N_4 N_5 N_6 N_7 N_8$	$N_9 N_{10} N_{11} N_{12}$	N_{13}
结构三	$N_1 N_2 N_3 N_4 N_5 N_6 N_7 N_8 N_9$	$N_{10} N_{11} N_{12}$	N_{13}

4.3.3　Handle

Handle 即数字对象标识符，由 TCP/IP 联合发明人罗伯特卡恩于 20 世纪 80 年代初率先提出，其主要功能在于赋予信息系统中存在的数字对象（Digital Object）唯一身份。Handle 系统是一个分布式信息系统，包括开源协议、名称空间和协议的引用实现。其协议使分布式计算机系统能够存储数字资源的名称或标识（Handle，或称句柄），并将这些 Handle 解析为定位、访问和以其他方式使用资源所需的信息。这种标识方法的特点是可以根据需要来更改 Handle 的关联值，以反映已标识资源的当前状态，而无须更改 Handle 命名本身。这允许标识的名称在位置和其他当前状态信息更改期间保持不变。每条 Handle 可以有自己的管理员，可以在分布式环境中进行管理。该系统还可以在客户端请求时提供数据机密性、数据完整性和不可否认性等安全服务。

Handle 系统定义了一个分层服务模型。顶层由一个 Handle 服务组成，称为全球 Handle 注册中心（Global Handle Registry，GHR）。底层由所有其他处理服务组成，通常称为本地处理服务（Local Handling Service，LHS）。GHR 用于管理任何 Handle 名称空间。由于它提供用于管理命名权限的服务，其中所有的命名权限都作为 Handle 进行管理，因此 GHR 在 Handle 服务中是唯一的。命名权限 Handle 提供的信息可以被客户端使用，以完成访问或者使用本地 Handle 服务来解析命名权限下属的 Handle。LHS 由组织托管，这些组织在特定的命名权限下负责 Handle 的管理。本地 Handle 服务可以负责任意数量的本地 Handle 名称空间，每个名称空间由唯一的命名机构标识。本地 Handle 服务及其负责任的本地 Handle 名称空间集必须在 GHR 注册。

每个 Handle 由两部分组成：命名权限（也称为前缀）和命名权限下唯一的本地名称（也

称为后缀）。具体标识如下：

< handle > = < handle name authority >"/"< handle local name >

命名权限和本地名称由 ASCII 字符"/"分隔。从一级前缀开始，从左向右依次拓展，后缀可直接使用本地化标识。命名权限下的本地名称集合为该命名权限定义本地 Handle 命名空间。任何本地名称在其本地名称空间下都必须是唯一的。命名权限和该权限的本地名称的唯一性确保任何 Handle 在 Handle 系统上下文中都是全局唯一的。如某品牌奶粉的 Handle 标识前缀是"86.1000.12"，其中一包奶粉的 Handle 标识编码是"00121336401058520109"，编码结构示例如图 4.25 所示。

<u>86.1000.12/</u>　<u>00121336401058520109</u>
　　前缀　　　　　　　　后缀

图 4.25　Handle 标识编码结构示例

目前，由数字对象网络架构（DONA）基金会负责运营、管理、维护和协调 Handle 全球注册及解析服务。DONA 下设全球并联顶级前缀管理机构（MPA）负责分配、管理 Handle 一级前缀下的子前缀。我国国家工业信息安全发展研究中心、北京中数创新科技股份有限公司和北京西恩多纳信息技术有限公司组成联合体（中国 MPA）获得了 86. 一级前缀的管理权。

4.3.4　OID

OID 即对象标识符，由 ISO、IEC（International Electrotechnical Commission，国际电工委员会）和 ITU 共同提出，用于对任何类型的对象、概念或者"事物"进行全球无歧义、唯一命名。OID 根节点下分为 ITU 分支（0）、ISO 分支（1）、ITU&ISO 联合分支（2）三个分支，分别由 ITU、ISO 以及 ITU&ISO 联合管理，如图 4.26 所示。

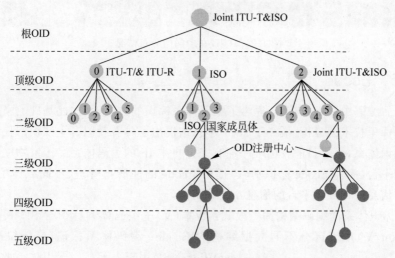

图 4.26　OID 树形编码结构

OID 体系包括一套完整的命名机制、分发机制、编码机制以及一套有效的解析管理机制，这些机制均建立在互联网域名系统之上。使用树状编码结构，由一系列数字、字符或符号组成，不同层次之间用"."分隔，标识编码为由树根到叶子全部路径上的节点顺序组合而

成的字符串。例如,制造业领域的 OID 前缀是
"1.2.156.3001",OID 编码结构示例如图 4.27
所示。

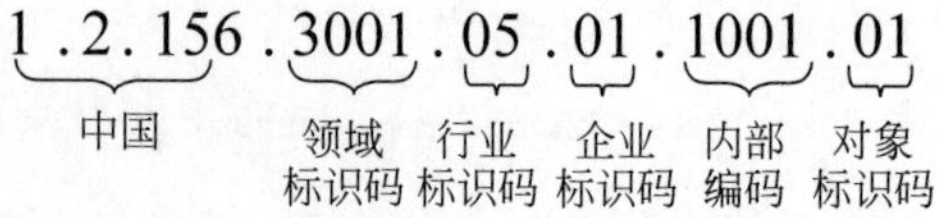

$$\underbrace{1}_{\text{中国}}.\underbrace{2.156}.\underbrace{3001}_{\substack{\text{领域}\\\text{标识码}}}.\underbrace{05}_{\substack{\text{行业}\\\text{标识码}}}.\underbrace{01}_{\substack{\text{企业}\\\text{标识码}}}.\underbrace{1001}_{\substack{\text{内部}\\\text{编码}}}.\underbrace{01}_{\substack{\text{对象}\\\text{标识码}}}$$

图 4.27 制造业领域的 OID 编码结构示例

与其他标识机制相比,OID 具有面向多种
对象、与对象的相关特性信息相关联、兼容现有的各种标识机制、分层灵活、可扩展性强等
特点,目前已广泛应用于信息安全、电子医疗、网络管理、自动识别、传感网络等计算机、通
信、信息处理等相关领域,具备很好的应用基础和发展前景。

我国于 2007 年组建了国家 OID 注册中心,负责管理 ISO 分支和 ISO-ITU 联合分支下
的中国 OID 分支(前缀为 1.2.156 和 2.16.156),负责国内 OID 注册、管理、维护以及在国
际上的备案工作。目前,由我国主导研制的"OID 在物联网中应用指南"已成功在 ITU-T
(ITU-T for ITU Telecommunication Standardization Sector,国际电信联盟电信标准分局)
等国际标准机构立项。这是首个由中国提出的标识方面的国际标准提案。OID 在中国的
分布情况如图 4.28 所示。

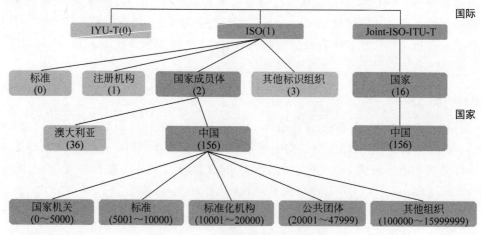

图 4.28 OID 在中国的分布情况

4.3.5 Ecode

中国物品编码中心于 2007 年提出了编码体系标识的方法论,在此基础上经过多年的国
内外编码与标识技术的分析,最终于 2011 年总结提出了具有我国自主知识产权的 Ecode 国
家物联网标识体系,也是目前我国唯一拥有完全自主 IP 的编码体系。国家物联网标识管理
与公共服务平台(简称 Ecode 标识平台)提供 Ecode 的注册与管理、不同载体的数据解析、
多种方式的信息查询及跨平台的信息互联等功能。

Ecode 标识体系的编码结构为三段式:版本(V)+编码体系标识(NSI)+主码(MD)。
版本(Version,V)用于区分不同数据结构的 Ecode;编码体系标识(Numbering System
Identifier,NSI)用于表示某一标识体系的代码;主码
(Master Data code,MD)用于表示某一行业或应用系
统中标准化的编码,编码示例如图 4.29 所示,编码结
构如表 4.4 所示。

$$\underbrace{0}_{\text{前缀}}\quad\underbrace{0001}_{\substack{\text{编码体系标}\\\text{识(NSI)}}}\quad\underbrace{690123456789}_{\text{后缀}}$$

图 4.29 Ecode 标识体系的编码示例

表 4.4　Ecode 编码结构

物品编码 Ecode			最大总长度	代码字符类型
V	NSI	MD		
$(0000)_2$	8 比特	≤244 比特	256 比特	二进制
1	4 位	≤20 位	25 位	十进制
2	4 位	≤28 位	33 位	十进制
3	5 位	≤39 位	45 位	字母数字型
4	5 位	不定长	不定长	Unicode 编码
$(0101)_2$ 至 $(1001)_2$			预留	
$(1010)_2$ 至 $(1111)_2$			禁用	

注 1：以上 5 个版本的 Ecode 依次命名为 Ecode-V0、Ecode-V1、Ecode-V2、Ecode-V3、Ecode-V4。

2：V 和 NSI 定义了 MD 的结构和长度。

3：最大总长度为 V 的长度、NSI 的长度和 MD 的长度之和。

Ecode 编码作为物联网的统一编码，广泛应用于制造业、服装业、图书馆、农产品、物流、防伪、交通、医疗等行业。拥有以下突出优势：卓越的统一性、前瞻性、革命性以及实际应用价值；强大的可扩展性，为物联网上的所有物体提供独特的、个性化的编码；全新的编码技术，支持多种系统，实现跨平台的数据交换和共享；极强的灵活性，可安全地存储在一维条形码、二维条形码、射频标签等多种介质上。

基于 Ecode 标识的应用，可以实现跨系统、跨领域的信息互联互通和信息交换，对防止假冒伪劣产品，实现精益化管理具有重要意义。开展基于 Ecode 标识体系的工业互联网集成创新应用，可以保障工业企业多信息系统融合，提升企业智能制造水平、提高产品质量、降低生产成本、优化供应链上下游协同。

4.3.6　标识异构互操作

面向制造业的标识解析涉及制造业设计、采购、生产、物流、销售、服务各环节标识解析应用系统、公共标识解析系统以及跨环节标识应用，各环节中的物、人、事件通过网络进行数据交换时，需对相应的对象进行标识，不同类型的对象可采用不同的标识，不同标识数据之间需通过工业互联网标识解析系统进行数据解析以满足各环节的应用需要。

异构互操作主要用于保障采用不同标识编码和解析方案的系统之间能够有效地进行信息交互。实现互操作功能的节点需要实现编码和解析两个层次的互操作，编码层次需要支持异构标识的识别及编码转化，异构标识系统的编码转换包括私有标识到公有标识、异构公有标识之间；解析层次需要支持对异构标识解析请求的正确响应。

某解析系统（以下用 A 编码表示）在收到标识解析请求时，首先要识别该标识是否属于 A 编码，如果不属于 A 编码，应需要先判断属于何种编码。当编码数据自带编码类型标识时，可以直接识别编码类型；否则，需要根据编码识别规则进行识别，如起始符等。

当 A 系统与其他标识体系交互，需进行编码转换时，可通过分配前缀、保持原有标识部分不变作为后缀的方式生成 A 编码，将原有编码转换为 A 编码，实现编码转换。无法转换时，可重新为其分配 A 标识，而将原有标识作为 A 编码的属性记录。

4.4 标识解析在工业互联网的典型应用

标识解析在工业互联网各层中的典型应用如图 4.30 所示。

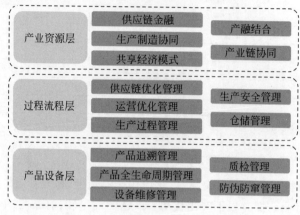

图 4.30 工业互联网标识应用图谱

4.4.1 产品设备层

产品设备层围绕产品、设备、车间等各种场景,为对象提供唯一的标识,将实体和虚拟对象映射到数字身份,从而实现有效的数据收集和积累。面向产品的全生命周期实施标识管理,以便更好地实现产品的追溯、质量控制、设备的维护和监控、产品的数字化交付以及设备的预测性维护。

发动机制造行业中,发动机的基本信息、生产装配信息、质量信息分散在装配企业的 ERP、MES、WMS 等各种信息化系统中,数据的查询和反馈链条长、时间慢、数据不完整、信息不对称,产品质量追溯不精准,给优化产品品质带来较大挑战。通过标识解析将 ERP、MES、WMS 等不同生产环节信息进行关联与锚定,实现问题产品追溯时的精准定位,并通过问题产品追溯的大数据分析,针对性定位缺陷生产环节并进行优化改善,短时间内提高生产效率和产品质量。

重庆忽米网络科技有限公司为宗申集团做产品质量全流程追溯,以前需要为整车组装厂及原材料供应商的 ERP、MES、WMS 等各种系统做接口服务,协议和数据规范各不相同,使得产品信息分散在不同系统,追溯效率非常低,产品质量问题长期积累,尤其是问题定位非常困难,如图 4.31 所示。结合忽米沄析标识解析二级节点平台,通过对摩托车发动机赋码,使用标识解析关联产品基本信息、生产装配信息、工艺控制信息、质量管理信息、物流存储信息等,提供全流程的数据关联和管理。在售后环节,摩托车主机厂通过扫描发动机上的标识码不仅可以快速获取所购产品的基本信息,同时通过售后互动服务,实现产品的故障快速报修和意见反馈,提升客户对产品的满意度;其中基于标识解析的质量追溯应用帮助企业快速定位产品问题点,锁定问题范围,使问题产品不遗漏、不外流、不扩散,提高质量分析效率并节约人工成本。通过标识解析进行产品质量追溯大数据分析,精准定位问题环节,针对性改善产品质量,使得产品质量精度提升 40%;解决了宗申集团与供应商之间因信息不对称、物料标识不统一导致生产效率低下等问题,降低了追溯与质量分析环节人力成本15%以上;形成全生命周期管理大数据分析系统,有效提升经销商及客户对产品质量追溯的满意度15%以上,如图4.32所示。

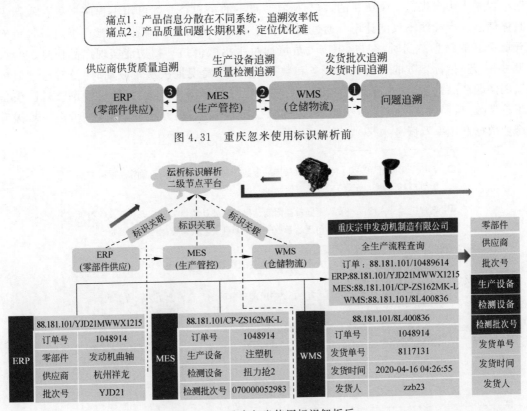

图4.31 重庆忽米使用标识解析前

图4.32 重庆忽米使用标识解析后

4.4.2 过程流程层

过程流程层主要围绕生产过程、生产运营、生产协同、供应链协同等场景,依托工业互联网标识应用,通过对厂内及不同厂间的生产流程所涉及的模型、算法、进程逻辑等进行标识,并结合产品设备层形成的企业底层数字资源池,通过标识实现点状数据互通解析,保障过程数据动态连接汇聚,面向生产过程管理、运营管理优化、生产与运营协同、仓储物流管理等开展工业互联网标识应用。

标识解析跨企业、跨区域数据共享的能力,能够打通产业链上下游销售通道,为供给侧和需求侧提供精准对接的桥梁。通过标识解析将企业业务管理与流动管理有效结合起来,通过改善供应链准交率、供货速度、库存周转率等流动性指标,来改善企业的经营效果、降低经营成本、降低断链风险。

桐乡市五疆科技发展有限公司为新凤鸣集团打造基于标识的生产平台,提供精细化供应链交付应用。以前,在化纤行业制造与销售流程中,客户购买产品丝需要了解公司产品基础信息,需要业务员提供样品丝和对应的检测报告,客户根据提供样品的工艺参数判别是否需要购买,从联系业务员到明确样品丝审批需要3~5天。客户批量买入产品在制造过程中出现工艺波动,进行相应工艺调整时没有实时的原材料工艺参数,如图 4.33 所示。通过使用标识解析,在生产预取向丝(POY)时,采用统一的标识编码规则,即品牌+产品名称+包装日期+EOS 流水号(唯一性),每个生产环节详细工艺参数关联标识码,并通过微信小程序为用户提供一个统一的入口,所有节点下的用户企业都可用小程序扫码获取标识具体信息。小程序不仅能让用户通过注册申请权限来获取更多信息,还能直接扫码付费来获取更多的信息。同时,客户、生产人员可通过手机微信扫一扫功能实现产品信息、参数、型号、工艺、指标参数的分类解析服务和数据共享,在发现批次质量波动时,及时通过解析追溯问题产品批次,获取该批次详细生产参数,客户可根据生产参数,针对性调整自己设备工艺参数,从而省去明确样品丝环节,大幅减少销售成本,提升销售响应速度,进一步提升企业数据利用率及服务水平,如图 4.34 所示。

图 4.33 五疆科技使用标识解析前

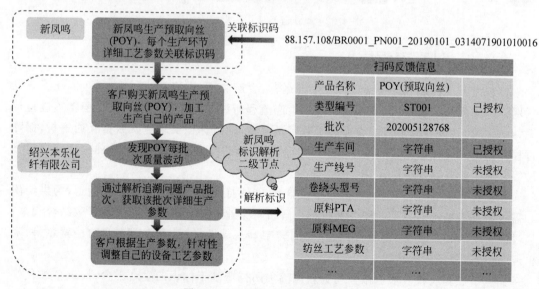

图 4.34 五疆科技使用标识解析后

4.4.3　产业资源层

产业资源层围绕产业链协同、产业资源共享、跨企业数据互通等场景,依托工业互联网标识应用,通过在产线、车间、企业层级形成的数据资源池,以数据互通为驱动,实现产业资源跨界互通和数据整合变现,从实现简单的供需对接、资源共享到实现产融结合、跨行业、跨企业资源整合等多跨应用。基于数据协同的产业链各环节互通,围绕产业协同、资源配置的网络化维度实现工业互联网标识应用价值。

对于石化、钢铁等流程行业,工厂建设周期离散,供应商众多、设备采购、使用工况复杂。一方面,设备供应商希望获取工厂现场设备使用的一手数据,如设备工况、运行参数、现场维保数据等,有助于供应商后续产品的持续改进及服务工作,提升产品质量、客户黏性;另一方面,设备使用企业需要不断优化设备采购、维保、设备更新配置等工作,实现企业的提质增效,创生收益。以化工行业企业为例(长庆油田),长庆油田工区范围广,关联企业众多,同厂家、同型号的产品在不同工况下的使用效果可能不同。例如同一品牌设备供应商生产的抽油机在陇东油区和姬塬油区的使用情况就存在偏差,面临的问题、需求点均不同,这些数据无法通过实验室模拟产生。例如,陇东油区经常调试抽油机的位移参数,姬塬油区则经常遇到抽油机的振动问题。但石化企业通常内网安全管理严格,不允许企业接入工厂内网,而抽油机的生产数据均放在企业内网,无法实时反馈给供应商。

长庆油田对采购进厂的抽油机,按照数据采集类型需求,匹配振动、压力、温度等传感器并配置采集点位,传感器与 PLC 建立通信,传输数据给 SCADA 系统。工厂部署的 MES 系统也会存储相关的生产数据、维保数据。来自不同系统的数据最终反映出抽油机的运行情况。长庆油田会根据这些数据对抽油机进行参数修订、工艺优化及维护,从而提升生产效率,降低设备停机率造成的损失。由于上述数据均存储在长庆油田内网环境,且分布在不同的系统中,加之化工企业为了满足生产安全性要求,无法给外部供应商提供内网数据访问权限,即使有技术解决方案,也迫于成本及缺乏数据开放的动力,导致抽油机供应商无法获取实时的抽油机使用数据。标识应用后模式:长庆油田通过接入标识解析体系,部署二级节点起到统筹作用,在各个设备供应商、分厂(油田)部署企业节点形成数据资源池。在外网环境,依托标识解析节点在企业间形成完备的数据流通机制,基于标识解析节点分布式架构,以灵活的方式促进不同企业间的数据流动、共享,如图 4.35 所示。

在设备供应商、分厂(油田)部署企业节点,依托标识解析企业节点,对设备、传感器、参数等赋予唯一的工业互联网标识,写入数据并形成关系清晰的数据资源。设备层通过传感器采集抽油机(为例)的运行数据和 MES 系统沉淀的生产数据,部署在各个分厂(油田)的企业节点与 SCADA、MES、ERP 等系统做接口打通,按照抽油机运行的位移、载荷、平衡、机采效率等参数及必要的生产数据字段,建立数据模板,定时从上述企业协同数据库中抽取对应字段数据,调取企业节点接口注册成为抽油机运行参数标识,并与抽油机标识进行关联。标识解析企业节点可以部署在长庆油田私有云上,通过建立数据交换区,以工业互联网标识为桥梁,供抽油机设备供应商按照一定的时序,定时解析抽油机标识,从而获取实时的抽油机运行数据。例如,某抽油机供应商生产的同一型号的抽油机,供应到陇东油区现场,经常遇到异常位移的问题,供应到姬塬油区的抽油机经常遇到异常震动的问题,抽油机供应商通过工业互联网标识解析系统,从标识解析企业节点解析抽油机标识获取对应的

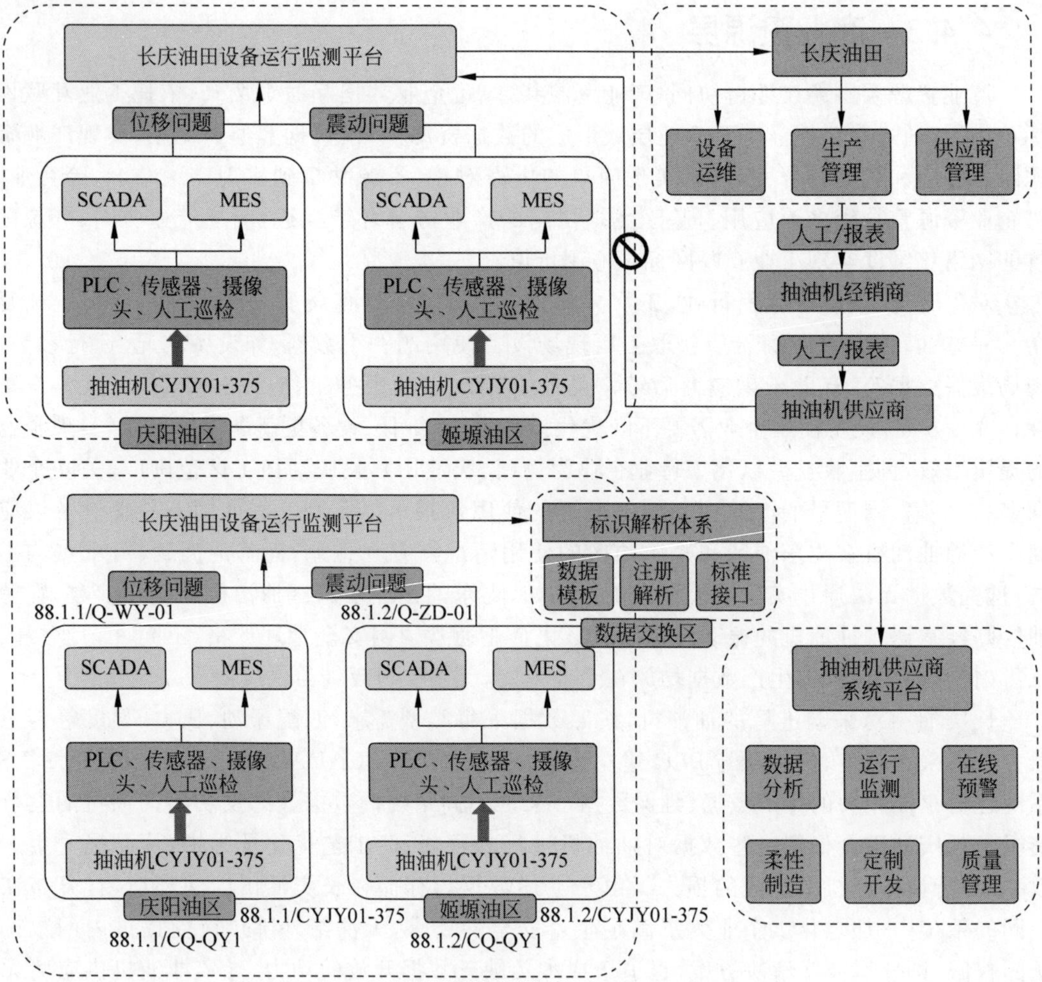

图 4.35　工业互联网标识应用案例（产业资源层）

设备运行数据，结合大数据分析技术，对抽油机进行定制化质量改进、针对不同油田的预测性维护计划，并根据不同油田反馈的问题，根据销售订单对抽油机进行柔性化生产。

通过工业互联网标识应用，一方面提升了设备运维效率，改进了生产效率，降低了运维成本，极大降低了停产率；另一方面也赋能供应商，助力企业产品改进与优化，对供应商进行精益化管理。同时，长庆油田也依托工业互联网标识应用实现了数据的资产化，通过向供应商反馈数据，获取收益，通过数据资产化提升利润率。

4.5　标识解析常见威胁与防护

随着工业互联网的飞速进步，标识的数量将攀升至千亿级别，同时并发解析请求也能达到惊人的千万量级。这种大规模的标识解析服务需求，对我国的安全保障能力构成了严峻挑战，标识解析安全已经悄然成为工业互联网安全领域中不可或缺的关键环节。为了保障工业互联网的稳定运行，标识解析系统在数据传输过程中必须确保数据的完整性和一致性，这就好比是一座桥梁，将数据的传输过程无缝衔接，防止数据的丢失或损坏。同时，对于那些涉及敏感信息的数据,我们的标识解析系统还需要提供保密性和隐私保护措施,这就像是给数据穿上了一层防护服,确保其在传输过程中的安全。此外,标识解析系统的数据更新也是一个重要的环节,这就像是一个不断更新的知识库,能够为我们的工业互联网提供最新的信息。在这个过程中,我们必须具备数据源认证机制,确保数据的来源是可靠的,防止恶意数据的入侵,同时还需要对标识解析数据的访问实施控制,只有经过授权的人员才能访问这些数据,防止数据被非法获取,这样才能确保工业互联网的稳定运行,为我国的工业发展提供强大的支持。所以,我们需要采用全面的方法,结合各种安全技术,对标识解析的开放式架构和协议进行强化和优化。这包括加强工业互联网标识解析服务节点的大规模跨域认证,以及保护标识数据和服务的信息;支持工业互联网标识解析业务单位的身份管理、访问控制、安全认证和安全防护功能,确保其安全稳定;确保工业互联网标识解析节点具有大规模接入认证的能力,这就像为这些节点装备了一台强大的认证引擎,使其能够应对大量的接入请求,从而保证整个网络的稳定性和安全性;具备对标识的隐私保护、数据源认证、可查询性、数据完整性校验以及密钥管理等功能,确保其安全性能得到全面提升;支持对标识解析请求端的基于身份、属性等不同方式的细粒度访问控制,确保只有经过授权的请求才能得到响应,从而提高整个系统的安全性。

工业互联网标识解析系统的建立,需要国家顶级节点、各行业二级节点、企业节点以及工业互联网应用等多个环节的协同合作。这些要素相互配合,形成了一个强大且完善的标识解析体系,为工业互联网的持续发展提供了有力的技术保障。这个体系通过标识码为实体和虚拟对象分配唯一的身份码,该标识码是数据连接的载体与枢纽,从企业自身利益、行业安全、国家监管角度对其安全工作提出严格要求。相关技术中,各节点以及各应用可以遵循国家政策和行业标准,并基于云端基础防护来构建安全管理模块,以对访问请求进行安全鉴别。但是各节点以及各应用由不同单位承建,安全防护能力不同,无法形成牢固安全屏障,导致工业互联网标识解析体系的整体安全防护水平低;各节点以及各应用彼此孤立、信息隔绝,只能被动防守;攻击者可以用同一攻击方法对其逐个击破,导致整个工业互联网标识解析体系瘫痪。

4.5.1　RFID 与二维码安全

射频识别(RFID)是一种无线通信技术,其与传感器、二维条形码和条码共同构成物联网的感知层,为上层网络提供数据服务。RFID 能够利用无线电波辨别特定目标并操作相关数据信息,无须建立机械或光学接触。RFID 技术具备一系列优良特性,包括抗磁性、防水性、耐高温性、大容量存储能力、数据加密功能、远距离读取、长久的使用寿命以及方便的信息更改等。在物流和零售等领域,RFID 的应用引起了革命性的变革。接下来,我们将深入探讨 RFID 的演进过程、组成结构、运作原理、工作频率、数据保护、应用场景以及研究状况和未来发展趋势,并简要介绍二维条形码。

RFID 被广泛称为无线射频识别或电子标签,其发展历程可以追溯到多个阶段:在20 世纪 40 年代,雷达的改进和应用为 RFID 技术的诞生提供了契机;1948 年,Harry Stockman 的"利用反射功率进行通信"的研究,为 RFID 技术的发展奠定了坚实的理论基础;20 世纪 50 年代初,RFID 技术还处于起步阶段,主要在实验室内进行探索研究;20 世纪 60 年代,RFID 技术的理论基础得到了进一步发展,开始尝试将其应用到实际中;进入

20 世纪 90 年代,RFID 技术的标准化问题开始受到广泛关注,RFID 产品开始被广大用户所接受;进入 21 世纪,RFID 产品种类繁多,包括电子标签、无源电子标签以及半无源电子标签等,成本不断降低,应用领域也在持续扩大。如今,RFID 技术的理论已经得到了极大的丰富和完善。

RFID 技术主要由三部分构成:标签、读取器以及天线。标签由耦合元件和芯片构成,每个标签都拥有独特的电子编码,将其粘贴在物体上以识别特定目标。读取器是负责读取(有时也可以写入)标签信息的设备,可以设计成便携式或固定式;天线则负责在标签和读取器之间传输射频信号。

RFID 技术的基本运作原理并不复杂。当标签进入读取器范围后,它会接收到解读器发出的射频信号,并利用感应电流产生的能量将存储在芯片中的产品信息发送出去(对于无源标签或被动标签),或者主动发送某一频率的信号(对于有源标签或主动标签)。接着,解读器会读取这些信息并进行解码,然后将其传输至中央信息系统进行相关数据处理。

在当前社会中,射频识别(RFID)技术根据频率的不同,可以分为低频和高频以及超高频等多个标准。不同频段的射频识别技术都拥有独特的特性,接下来我们将对它们进行详细介绍。

低频 RFID 技术是最早被大规模应用和推广的射频识别技术。这种技术主要是通过电感耦合的方式来运行的,也就是说,在读写器的线圈和感应器的线圈之间,存在一种变压器的耦合作用。当读写器的交变场作用于感应器的天线时,会产生电压,这个电压在经过整流后,可以被用作供电电压。尽管磁场的区域可以被很好地定义,但是场强的衰减速度却比较快。低频 RFID 技术通常具有以下特点。

(1)工作频率。

感应器通常在 120~134kHz 的低频段工作,例如,德州仪器(TI)的运行频率为 134.2kHz。这个频段的波长在 2500m 左右。

(2)穿透性。

除了金属影响外,低频 RFID 可以穿透任何材料物品,而不会降低读取距离。

(3)全球使用许可。

工作在低频的读写器在全球范围内无须特殊许可限制。

(4)产品封装。

低频 RFID 产品有多种封装形式,优质的封装形式虽然价格较高,但使用寿命可长达 10 年以上。

(5)读写区域。

虽然磁场区域的衰减速度相对较快,但它能产生较为均匀的读写区域。

(6)性能特点。

与其他频段的 RFID 产品相比,在数据传输速度上低频较慢,同时感应器的价格也相对较高。

低频 RFID 技术主要的应用领域包括畜牧业的管理、汽车的防盗措施,以及自动停车场的收费系统等领域。

高频 RFID 技术是基于低频技术进一步发展的成果。它省去了线圈绕制的步骤,转而可以利用腐蚀或印刷的方式来制作天线。在感应器的运作方式上,通常采取负载调制的模式,也就是说,通过连接或断开负载电阻,通过在读写器天线上产生电压变化,远距离感应器可以对天线电压进行振幅调制。如果通过控制负载电压的连接和断开来传输数据,那么读写器就可以接受这些数据。

这种技术具有以下特点:工作频率为 13.56MHz,且对应的波长大约为 22m。除了金属材料,这个频率的波长能够穿透大部分材料,但可能会影响到读取距离。为确保感应器的正常工作,需要与金属保持一定的距离。在全球范围内,这个频段得到了广泛的认可,且没有任何特殊的限制。

感应器一般以电子标签的形式出现。尽管这个频率的磁场区域衰减速度较快,但是可以形成相对均匀的读取范围。系统具有防冲突的特性,可以同时读取多个电子标签。可以将部分数据信息写入标签,而且数据传输的速度比低频的要快,成本也在可接受范围内。高频 RFID 技术的主要应用场景包括大型会议的医药物流系统管理和人员通道系统以及智能货架管理等。

超高频 RFID 技术是近年来崛起的一种新技术。它依赖电场进行能量传递。尽管电场能量衰减速度适中,但确定读取范围较为困难。在这个频段,读取距离相对较长,无源状态下可达 10 米。主要是通过电容耦合来实现的。

超高频 RFID 技术的特性如下:在这个频段,全球的定义并不完全相同——在欧洲和部分亚洲地区,频率被定义为 868MHz;在北美,频段定义在 902～905MHz;而日本建议的频段为 950～956MHz。该频段的波长大约是 30cm。

目前,这个频段的功率输出有一定的统一规定(在美国被定义为 4W,而在欧洲被定义为 500mW)。在欧洲,这个限制可能会提升至 2W EIRP(Effective Isotropic Radiated Power,等效全向辐射功率)。该频段具有较好的读取距离,但读取范围的界定较为困难;超高频电波在许多材料面前都无法穿透,特别是水、灰尘、雾等悬浮颗粒物。相比于高频电子标签,这个频段电子标签不需要与金属进行隔离。超高频系统具有高速数据传输能力,短时间内可阅读众多电子标签,主要运用于航空包裹和生产线自动化管理等领域。

1. 有源 RFID 技术

有源 RFID 的工作频率范围在 2.45～5.8GHz,它以其低发射功率、大传输数据量、长通信距离、高可靠性以及良好的兼容性等优势,脱颖而出,相比无源 RFID,其技术优势更为突出。这也使其在公路收费、港口货运管理等众多领域得到广泛应用。

在 RFID 系统的前端数据收集过程中,标签与识别器之间的通信是依赖无线射频信号进行的。尽管这种方式为系统的数据收集提供了极大的灵活性和便利性,但也使传输的信息暴露在外,对信息安全形成了威胁。随着 RFID 技术在我国的广泛推广和应用,其数据安全问题已引起了普遍关注,其安全漏洞如下。

1) 工作环境简陋

在现有的 RFID 系统应用中,许多 RFID 设备的工作运行环境比较简陋,有些甚至工作在极端恶劣的偏远地区,该地区 RFID 设备缺乏有效的物理防护,经年累月的遭受恶劣环境的侵蚀,从而对 RFID 系统的运行造成一定的影响。

2) 标签资源限制

标签可以根据调制方法的差异划分为被动式、半主动式和主动式三种类型。而其中被动式标签在工作时需要从读写器发出载波信号中获得能量,而其余两种所携带的能量也只能满足标签芯片发送信号的需要。这一特点决定了 RFID 标签必须是低功耗的,从而使得电子标签中电路系统的功耗和存储等资源都受到很大的限制,现有复杂的认证和加密体系无法适应资源受限的 RFID 系统环境,这使得 RFID 通信系统的安全性、有效性以及低耗性受到了严重挑战。若不采取相应措施保证 RFID 标签的安全性,标签中存储的隐私信息可能会被恶意读取、更改,严重影响了 RFID 标签的应用。

3)无线射频通信

RFID 系统采用无线射频通信技术实现读写器与 RFID 标签之间的非接触式通信,而由于该无线信道缺乏有效的安全协议保护,因此传输的载波信号非常容易被窃听或者被干扰,严重威胁着传输信息的机密性和可靠性。此外,这种开放式的通信链路也容易让非法用户伪造 RFID 标签,以实现恶意欺骗用户的目的。

2. RFID 系统安全威胁

尽管 RFID 技术得到了广泛的应用,但由于 RFID 系统存在上述的安全漏洞,这使得该系统依然面临着多种安全威胁,下面分析几种主要的安全威胁。

1)物理攻击

实施物理攻击的前提是攻击者能够直接触摸到标签或 RFID 读写器。物理攻击有多种形式,如故意破坏标签,利用射线破坏标签内容,或使用相近波段的电磁波干扰标签与阅读器间的通信信号。

2)RFID 标签伪造

由于 RFID 标签的存储空间较小,其资源受到很大限制,通常情况下,这些标签缺乏有效的安全协议保护,因此它们很容易被伪造。例如,攻击者可以利用未写入数据的空白 RFID 标签,伪造成具有合法身份的电子标签,或者直接修改现有的合法标签信息。通过这些被篡改过的标签,攻击者可以侵入 RFID 认证系统。一旦攻击者成功通过认证,他们就可以非法获取相应的访问控制权限,从而对现有的 RFID 系统造成破坏,或者窃取用户的隐私信息。这种情况严重威胁着 RFID 系统的有效性和可靠性。

3)RFID 嗅探

RFID 嗅探主要是 RFID 认证系统的单向性造成的。由以上对 RFID 系统的基本工作流程分析可知,RFID 读写器会向标签发起认证请求,标签收到请求后发送认证信息给读写器,然后读写器将这些认证信息转发给后端的数据库服务器,从而由后台服务器验证标签身份的合法性。但值得注意的是,以上步骤仅仅实现了数据库对标签的单向认证,标签无法判断服务器的合法性。这一漏洞就使恶意攻击者可利用非法的 RFID 读写器窃取标签的隐私内容,严重威胁着 RFID 系统隐私性。

4)跟踪攻击

跟踪攻击是指恶意攻击者通过跟踪分析每个标签特有的自身信息,从而对特定的事物实施跟踪攻击。这是因为读写器可读取当前处于其射频磁场范围内的所有标签信息,同时可实时记录每个标签的所处位置。这就使恶意攻击者可以通过移动的便携式读写器,跟踪携带贴有 RFID 标签物品的主体人的位置。

5)欺骗攻击

在欺骗攻击中,攻击者利用某种伪装手段将自己伪造成一个合法用户,从而实施恶意攻击。如在仅实现单向认证的 RFID 系统中,由于缺乏对后台数据库的合法性认证,攻击者可以伪装成合法的后台数据库服务器,从而对 RFID 系统进行破坏性操作。

6)重放攻击

重放攻击指的是攻击者捕获标签与读写器间的交互信息,同时保存标签与读写器间的通信序列,然后在标签与数据库再次进行通信时,将捕获到的消息重新发送给读写器或数据库端,以达到伪装成合法标签或数据库的目的。

3. RFID 系统的安全方案

针对 RFID 系统部署环境和物理攻击问题,主要考虑加强 RFID 设备的物理防护,为在恶劣环境工作的大型 RFID 系统提供完备的防护和遮挡工事;同时研发特殊的耐磨性、防辐射性材料以替代现有的标签材质。

对于除物理攻击外的其他安全威胁,相关研究提出可以通过物理方法对 RFID 系统进行有效的防护,如法拉第罩法、主动干扰法等。但是物理方法在实际操作过程中,涉及的物理设备过于烦琐庞大,实施较为不便,所以我们更多考虑通过基于密码技术的安全协议体系为 RFID 系统提供一定的安全保护。而适用于 RFID 系统的认证和加密技术需要满足以下几种安全需求。

(1)可用性。RFID 认证协议和加密算法等安全协议能够在 RFID 系统中应用,并能有效防止恶意攻击者的一般性恶意攻击。

(2)机密性。标签中所存储的隐私信息以及认证和通信中的隐私信息不能被泄露。

(3)完整性。在通信过程中,保证接收方收到的信息在信道传输中没有被破坏和篡改。

(4)隐私性。现在的 RFID 标签大都容易遭受跟踪攻击,从而使得标签位置泄露,无法达到用户对隐私性的要求。

在 RFID 系统的前端数据采集环节,主要的信息安全威胁包括非法读取和篡改标签信息、非法追踪标签、冒用有效身份以及欺骗等。为了解决这些问题,我们可以采取一些措施,例如实施物理隔离、停止标签服务、设置读取访问控制、实施双标签联合验证等措施。这些策略能够有效地增强 RFID 系统的安全性,保护用户数据和隐私。

1)实施物理隔离

这种方法的基本思想是在电磁波的传播路径上采取物理手段进行阻断,从而防止标签信息被读取。举例来说,假设某人购买了含有 RFID 标签的物品,在回家的过程中,他可以使用一种特殊的包装袋,这种包装袋具有抑制电磁波的功能,从而有效地防止其个人隐私被泄露。在信息安全领域,RSA 公司贡献极大,该公司已经成功研发了能够阻断 RFID 信号的包装袋,为保护个人隐私提供了一种有效的解决方案。

2)停止标签服务

停止标签服务的含义是在 RFID 标签的使用寿命到期后,对部分或全部的标签信息服务进行结束。这种方法主要针对的是仅保存标签 ID 的无源标签。这类标签的 ID 号码具有唯一性,通常由两部分构成,产品分类码和局部唯一序列号。

3)设置读取访问控制

读取访问控制是一种通过哈希函数实施加密与验证的技巧。在这个流程中,RFID 标签仅会对通过验证的读取器产生反应。除了 RFID 读取器和标签外,还需要数据库服务器的协助。这种方法能够实现全方位的数据安全防护,也是近年来受到广泛关注的解决方案。

4）实施双标签联合验证

双标签联合验证是一种适用于低端、无源且计算能力相对较弱的 RFID 标签的安全验证方式。当两个相匹配的 RFID 标签同时被读取器扫描时，它们通过读取设备作为中介进行相互确认。即便在读取器不可信的情况下，标签也能实现脱机验证。

由于一维条形码的存储能力有限，例如商品上的条形码仅能存储几位或几十位的阿拉伯数字或字母，因此，商品的详细信息需借助数据库提供。如果没有预先构建的数据库，一维条形码的应用将会受到限制。因此，人们迫切需要一种新的编码方式，在保留一维条形码优点的同时，还具备大信息容量、高可靠性、强保密性和防伪性。为了满足这一需求，美国的 Symbol 公司经过多年的研发，于 1991 年推出了名为 PDF417 的二维条形码，简称 PDF417 条形码。

二维条形码通过在平面上分布特定几何形状的黑白图案来存储数据符号信息。在编码过程中，巧妙地运用计算机内部逻辑基础的"0""1"比特流概念，以与二进制相对应的几何形状来表示文字数值信息，并通过图像输入设备或光电扫描设备自动识别以实现信息自动处理。二维条形码具有一些共性，例如每种码制有特定的字符集，每个字符占有一定的宽度，并具有一定的校验功能等。此外，它还具备自动识别不同行信息和处理图形旋转变化的特性，由于二维条形码能在横向和纵向同时传递信息，因此能在较小的区域内表达大量信息。

二维条形码可以分为堆叠行排式和矩阵式二维条形码。堆叠行排式二维条形码是由多行短截的一维条形码层层叠加构成的；而矩阵式二维条形码是以矩阵形式组织，矩阵中的对应元素位置用"点"表示二进制的"1"，用"空"表示二进制的"0"，通过"点"和"空"的排列来构成代码。接下来，我们简要介绍一下二维条形码的分类。

（1）堆叠行排式二维条形码。

堆叠行排式二维条形码，又称堆积式二维条形码或层排式二维条形码，是一种基于一维条形码技术的二维条形码。它的编码原理是在一维条形码的基础上，按照一定的需求将多个一维条形码进行堆叠或排列，形成一个二维空间。具体来说，堆叠行排式二维条形码是通过在一维条形码上方添加多个相同或类似的一维条形码来实现的。

这种二维条形码的形态上是由多行一维条形码堆叠而成，每一行都代表了一个一维条形码。堆叠行排式二维条形码具有一定的抗干扰能力和容错能力，因为它们在二维空间上分布，可以同时记录多个信息。然而，它们的信息密度相对较低，因为每个二维条形码都由多个一维条形码组成，而一维条形码本身的信息密度较低。

堆叠行排式二维条形码在应用上具有一定的优势，例如在物流、仓储、制造业等领域。它们可以用于记录商品信息、物流信息、生产过程信息等，帮助企业实现高效管理。同时，由于堆叠行排式二维条形码在一维条形码的基础上发展而来，因此在技术实现和应用推广上具有一定的成熟性和便利性。

（2）矩阵式二维条形码。

矩阵式二维条形码是一种二维条形码，它利用矩阵中的黑、白像素分布来编码信息。在矩形空间中，这些像素的分布代表了二进制数字，点的出现表示二进制的 1，而点的不出现表示二进制的 0。这种编码方式使得矩阵式二维条形码能够表示大量的信息，同时具有较高的可靠性和抗干扰能力。

矩阵式二维条形码的类型有很多,其中最具代表性的包括以下几种。

① Code One。

这是一种线性矩阵式二维条形码,主要用于一维条形码和二维条形码的转换。

② Maxi Code。

这是一种大型矩阵式二维条形码,可以表示大量的数据,同时具有较高的容错能力。

③ QR Code。

这是目前应用最广泛的矩阵式二维条形码,它可以表示文字、图片、链接、联系方式等多种信息。QR Code还有超高速识读和全方位识读的特点,适用于工业自动化生产线管理等领域。

④ Data Matrix。

这是一种紧凑型的矩阵式二维条形码,可以用于表示大量的数据,同时占用的空间较小。

⑤ HanXin Code。

这是一种汉字矩阵式二维条形码,主要用于表示汉字信息。

⑥ Grid Matrix。

这是一种基于网格的矩阵式二维条形码,主要用于表示图形和图像信息。

总的来说,矩阵式二维条形码是一种新型的编码技术,具有信息容量大、可靠性高、抗干扰能力强等特点,广泛应用于物流、制造、零售、金融等领域。

下面简单介绍二维条形码的特点。

(1)高密度编码。二维条形码可以容纳大量的信息,其信息容量比普通条形码要高几十倍。一个二维条形码可以容纳多达1850个大写字母或2710个数字或1108字节或500个汉字。

(2)编码范围广。二维条形码能够编码各种类型的信息,包括文字、图片、声音、文档、链接、联系方式等。此外,它还可以表示多种语言文字,以及图像数据。

(3)容错能力强。二维条形码具有纠错功能,即使因穿孔、污损等引起局部损坏,仍然可以正确识读。损毁面积达30%仍可恢复信息。

(4)全方位识读。二维条形码可以被从不同角度和方向进行识读,这使得它在某些特殊应用场景下具有优势,如在移动设备上展示信息时。

(5)高速识读。二维条形码的识读速度相对较快,可以在短时间内完成大量信息的读取。

(6)应用场景丰富。二维条形码广泛应用于物流、仓储、零售、金融、广告、生产管理等领域。它不仅可以用于存储和传递信息,还可以用于实现电子商务、物联网等新兴应用。

(7)与手机等移动设备的兼容性。二维条形码可以轻松地与手机等移动设备配合使用,用户只需在手机上安装二维条形码扫描软件,即可轻松实现二维条形码的扫描和信息读取。

总之,二维条形码具有信息容量大、编码范围广、容错能力强、识读速度快等特点,因此在众多领域得到了广泛应用,其形状、尺寸大小比例可根据需要调整。

4.5.2 轻量级认证与加密

RFID技术,作为物联网感知层的重要组成部分,以其抗污染、强穿透识别、无障碍阅读和快速传输等优点,在众多领域得到了广泛应用。然而,RFID系统环境面临着窃听、跟踪和仿冒等安全威胁。由于其系统环境资源有限,带宽、能量等方面存在许多限制,现有的安全协议难以适应恶劣环境。因此,研究适用于RFID环境的轻量级认证和加密技术显得尤为重要,这将对推动物联网和RFID技术的广泛应用产生积极影响。

针对这一系统环境的特殊性,国内外出现了许多轻量级安全协议的研究。然而,由于RFID环境资源有限,现有的研究在保证安全性与实现效率的平衡方面存在不足,所提出的认证和加密协议难以适应RFID系统环境。因此,针对RFID系统的轻量级认证和加密技术仍具有巨大的研究潜力。接下来,我们将简要介绍RFID环境中的轻量级认证技术。

对于适用于RFID环境的轻量级认证和加密技术研究,国内外研究者给予了高度关注。相较于国外对EPC(Evolved Packet Core,演进分组核心网)网络模型中轻量化安全协议的研究不足,国内研究者已取得了一定成果。例如,曾会等提出了一种基于PKI(Public Key Infrastructure,公开密钥基础设施)的改进EPC网络模型。在该模型中,引入了PKI机制来管理权威数字证书。所有连接到EPC网络的标签对象和数据库服务器等都需要在PKI模块中注册并获得身份数字证书,从而确保网络安全。然而,这也在一定程度上增加了网络负担。同时,由于RFID节点在实际应用中较为分散,为这些分散的节点提供一个固定的管理域进行证书注册和发放工作存在困难。引入第三方认证无法适应相对分散的RFID标签节点网络,一些研究在认证协议过程中结合相关计算或者函数来实现认证。其中SARMA等提出了一种经典的前向认证协议Hash-Lock协议,该协议保证了前向安全性,利用Hash单向函数将标签的标志信息进行替换,避免标志信息泄露或被追踪,旨在防范标签被恶意追踪。但标签的ID(Identity Document,身份标识号)没有动态刷新,其中metaID与ID一一映射的关系始终保持不变,恶意追踪者依然可以通过metaID来追踪标签,从而使得标签受到跟踪攻击。同时,由于认证信息通过明文传输,无法防范重传攻击和假冒攻击。有鉴于此,Henrici等对标签ID采取了动态刷新机制,同时引入了Hash函数对存储在后台数据库服务器端的认证消息进行简单加密计算,从而保证了ID的机密性。但是,经过分析后发现,当标签发送ID之后,若突然中断标签与读写器之间的通信,而后对标签发起持续访问,依然会使得标签陷入追踪。与此同时,该协议中仅实现了单向认证,无法验证后台数据库身份的合法性,容易遭受假冒攻击。丁振华等提出了一种基于单向Hash散列函数的RFID认证方案,其中标签端仅仅是做了两次哈希运算,比较符合RFID环境对轻量级的需求,但是通过分析发现该方案不具有前向安全性,攻击者在获取当前ID信息后,可以通过分析得出之前的认证信息,从而对标签实施跟踪攻击和重放攻击等。由于Hash函数运算量较小,同样地,张兵等对前人提出的RFID认证方案进行分析,并针对其缺陷进行了改进研究,引入了时间戳和一个任意数两个随机变量,通过进行异或运算实现标签和数据库的双向认证,但是在认证过程中,时间戳是通过明文进行传输的,作为认证口令的一个重要因子,明文传输很容易受到恶意攻击者的篡改和中间人攻击。

总结以上基于Hash函数的国内外研究发现,SARMA、丁振华等没有引入标签ID动态刷新机制,使得标签容易受到跟踪攻击;Henrici等基于前人研究改进引入了动态刷新机制,但依然未能防范跟踪攻击,同时还容易造成标签ID与数据库存储内容刷新不同步,从而使其面临着假冒攻击和拒绝访问攻击的威胁;张兵等引入了随机因子来防范追踪,达到了很好的效果,但是由于关键的随机因子是通过明文传递,很容易遭受恶意篡改和泄密。为了给 RFID 系统提供更高的机密性和安全性,除了在认证中考虑结合 Hash 函数,研究人员开始考虑引入公钥加密算法到 RFID 认证协议中。Jue-Sam C 等将 Rabin 公钥加密算法加入认证过程中,提出了一种基于公钥加密和 Hash 函数的 RFID 认证协议。该协议由于使用了公钥加密算法,具有很好的机密性和安全性。但是与此同时,标签需要进行多加解密运算以及迭代 Hash 运算,使得该协议实现性能大大降低,无法适应资源受限的 RFID 环境。文献中介绍了一种基于混沌加密的 RFID 认证方案,该文中通过混沌加密技术产生哈希值,强调了混沌加密的安全性和轻量型,该认证加密协议的轻量性可满足 RFID 受限的资源环境的要求。但是,在该认证方案中标签与数据库端所产生的随机数是通过明文传输,攻击者很容易进行篡改从而导致认证失败。以上研究将公钥加密算法应用到认证中,为认证信息的机密性和安全性提供了保障。但是通过分析不难发现,Jue-Sam C 等在认证协议中引入了公钥加密体制,这使得认证过程安全有效,但由于运算太过复杂,适应性太差。通过混沌加密技术来对认证信息进行哈希加密运算,但该协议加密范围有限,随机数这一重要的认证因子通过明文传递,未达到机密性的要求。在公钥加密算法中,椭圆曲线密码体制(Elliptic curve cryptography,ECC)相较于其他同类算法,具有密钥长度短、内存占用少和加密强度高等优点。因此,ECC 算法正逐渐被应用到 RFID 系统认证协议中。Lawrence 等将椭圆密码算法引入 RFID 系统的安全认证协议,并在此基础上提出了一种基于该密码算法的 RFID 双向认证协议。经过分析,该协议具有较高的安全强度,认证过程安全有效;但是该协议的运行过程太过复杂,且功耗大、硬件资源消耗多,由此该协议在 RFID 环境中的应用性受到了很大影响,而且该协议不具备前向安全性,容易遭受跟踪攻击。Y. K. Lee 等亦基于椭圆密码算法提出了一种 RFID 安全认证协议,并指出该协议在一般通用组模型下是安全的,同时计算量也较小,但随后该方案被指出易于受到跟踪攻击和重放攻击。而后作者有针对性地提出了改进方案,该方案虽可有效避免隐私泄露的问题,但是方案中只提到了单向认证,没有实现双向认证,依然无法避免数据库端遭受仿冒攻击。Tuyls 等在 Schnorr 认证协议的基础上提出了一种应用于 RFID 系统的认证协议,其中在认证过程中结合了 ECC 加密算法,虽然该协议中使用了 ECC 加密算法旨在保护认证消息的安全性,但是经过分析后得知,攻击者可对目标标签实施监听,截获其传送的交互信息,从中倒推计算可得其公钥信息,由于其利用公钥参与认证计算,所以很容易通过公钥区分出之前的消息,不具有前向安全性,同时该协议只实现了单向认证。Batina 等在前人的研究基础上,提出了一种新的结合 ECC 算法的 RFID 安全认证协议,该协议中标签的公私密钥存储在标签端,而数据库服务器端存储标签的身份信息 ID 及标签对应的公钥。该协议将 ECC 算法结合到认证计算过程中,既保证了认证消息安全性,又能实现有效认证。但由于标签身份信息 ID 是明文存储,攻击者可分析 ID 信息从而跟踪标签,同时,该协议只实现了服务器对标签的单向认证,并不能防止攻击者假冒服务器。Y. Chen 等考虑到公钥密码算法的高安全强度,提出了基于公钥加密的算法,涉及公钥加密函数、Hash 函数和随机数生成函数,使得算法占用了大量内存空间,且运算过程复杂,随后该协议被证明无法提供位置隐私保护以及容易遭受重放攻击。而康鸿雁等考虑到椭圆密码算法的高效安全强度以及具有一定的轻量性,从而提出了基于 ECC 算法的组认证协议,该协议可针对多个 RFID 标签同时验证,其中加入了时间戳和任意数,以此来防止跟踪攻击和重放攻击,分析后发现该组证明协议的安全性较高,该认证协议针对的是组处理多个标签认证,工作强度较大,认证过程也较为复杂,但其认证中引入时间戳和任意数这两个随机因子增加了认证消息的不确定性,这一做法值得研究借鉴。虽然考虑引入了具有轻量级特性的 ECC 算法,但依然存在诸多问题,其中最典型的是未实现双向认证,这说明对于 RFID 双向认证问题的研究目前还是较为匮乏。基于以上文献研究可知,针对 RFID 环境中轻量级认证问题,国内外研究都在极力寻求能够平衡安全性和适用性的认证协议,但很多都不尽如人意,而本书也正是循着前人的脚步继续开展研究。下面简单介绍 RFID 环境中轻量级密码算法。

目前,对称密码算法和非对称密码算法为主要的两大类密码算法。针对 RFID 系统这种资源有限的环境,研究者主要对成熟密码算法进行轻量化以适应这一特殊场景。

对于对称密码算法而言,轻量化主要通过以下两种途径来实现:一是适当减少密码算法中的密钥长度,可以降低算法执行时的计算复杂性和内存消耗。由于对称密码算法在加解密过程中使用的是同一个密钥,因此密钥长度与算法的安全性有着直接的联系。部分算法在缩短密钥长度的同时,还能保持一定的安全性,从而达到轻量化的目的,例如 DESL 和 A2U2 算法;二是减少密码算法中的加密轮次以降低能耗。对于分组密码算法,其安全性主要依赖于对明文的多重加密。通过降低加密轮次,可以使算法达到轻量级,如 ITUbee 和 MIBS 算法。

在非对称密码算法中,单向散列函数因计算简单而在构建 RFID 系统安全协议时得到广泛应用。例如基于 Hash 函数的安全认证机制,可实现标签与数据库服务器之间的安全认证,同时解决信息隐私保护问题。然而,其安全性不高,无法满足 RFID 系统的安全需求。

随着制造业的不断进步,RFID 标签的存储和计算能力逐渐增强。许多研究人员开始探讨将非对称密码算法中的公钥加密技术融入 RFID 安全协议中,例如 RSA 和 ECC 公钥密码体制。尽管 RSA 算法在公钥密码体制中具有较高的地位,但其密钥位数过大(通常在 1024 位以上),并不适合在 RFID 系统中应用。

相比于其他公钥密码算法,例如 DSA(Digital Signature Algorithm),ECC 算法提供了更高的每比特数安全性,同时对存储空间的需求也较小。此外,ECC 算法的密钥长度和系统参数比 RSA 更小,从而大幅度降低了对带宽和资源的需求。因此,ECC 算法在 RFID 系统的安全协议中受到了越来越多的关注。

针对 ECC 算法,已有研究提出了适用于 RFID 嵌入式设备的改进方案,通过牺牲灵活性来节省面积。此外,有研究针对 ECC 算法运算过程中的标量乘运算进行改进,通过对标量乘的运算过程进行分解计算,降低运算量。

鉴于 ECC 算法在加密强度、计算处理速度、内存空间占用以及带宽要求方面的优势,研究人员在对原有 ECC 算法进行改进的过程中,着重于轻量化其运算过程,以增强在资源极端有限的 RFID 系统环境中的适应性。结合 RFID 认证协议,旨在保证轻量性的前提下,提高认证协议的安全强度,从而更好地保障 RFID 环境的安全性。

4.5.3　物理不可克隆函数(PUF)

在高度互联且对电子产品依赖严重的世界中,安全性显得尤为重要。现代电子产品普遍使用密码学作为保护电子数据的主要方式。然而,新兴的硬件安全领域已经揭示了我们熟知的密码学并非完全安全。

物理不可克隆函数(Physical Unclonable Function,PUF)是一种硬件安全技术,用于保护电子设备的安全性。PUF 是一种数字指纹,用于识别半导体设备的唯一身份。它基于半导体器件在制造过程中的自然物理变化,使得每个半导体器件都具有独特有特征。这种特性使得区分其他相同的半导体器件成为可能。

PUF 的工作原理是,电路生成一个唯一输出值,该值可以在不同的时间、温度和工作电压条件中保持不变。这个唯一输出值被称为"物理不可克隆函数",它可以用于验证半导体设备的身份。在设备启动时,设备将 PUF 的输出值发送给验证系统,验证系统将这个输出值与预先存储的 PUF 值进行比较。如果输出值匹配,则认为设备是合法的;如果不匹配,则拒绝设备访问系统。

在现代科技的世界中,PUF 作为一种创新的技术手段,正在崭露头角。PUF 通过巧妙地利用集成电路制造过程中产生的随机工艺差异,为每一个设备量身打造出独一无二的输入-输出映射关系,我们称这种关系为激励响应对(CRPs)。

就像每一片树叶都有其独特的纹理和形状,每一颗星星都有其独特的光芒和位置,PUF 技术也是如此,它通过捕捉集成电路制造过程中的随机工艺差异,为每一个设备赋予独特的身份标识。这种身份标识,就像是一把钥匙,可以打开设备输入-输出映射关系的大门,使设备能够进行自我验证和防伪。

PUF 技术的出现,为我们提供了一种全新的思路和方法,让我们能够更好地保护和验证集成电路设备的安全性和唯一性,这是一种科技的力量,也是一种创新的智慧。在科技日新月异的今天,PUF 技术以其独特的方式,为我们打开了一个全新的世界。在理想情况下,PUF 是一个高安全性的加密单向函数,接受给定的输入(激励)并产生相应的数字输出(响应),同时不泄露激励和响应之间的映射关系。正是由于在制造工艺中存在的微小而不确定的随机变化,即使由相同的制造设施和工艺生产的同批次集成电路,也无法产生完全相同的激励-响应对。因此这种映射关系是不可复制的、难以预测的且仅和芯片器件个体相关,被广泛应用于密钥生成(如图 4.36 所示)、设备认证(如图 4.37 所示)、密钥共享及硬件计量等场景。

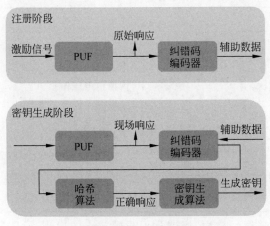

图 4.36　密钥生成

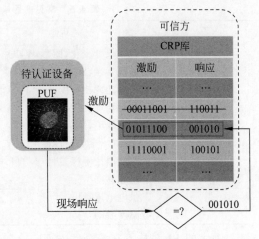

图 4.37　设备认证

　　传统的认证加解密技术一直以来都以其复杂的多轮非线性运算,以及额外的存储资源和昂贵的防篡改硬件,而被人们所熟知,然而,一种名为物理不可克隆函数(PUF)的新技术正在逐渐改变这种格局。其独特之处在于它能够直接从集成电路在制造过程中通过熵产生密钥,无须在芯片上通过注入或编程的方式添加外部密钥。这种方式就像大自然中的蝴蝶效应,初始条件的微小变化可能导致整个系统的巨大变化,从而在制造过程中产生出完全随机且唯一的密钥。

　　更为神奇的是,当设备断电时,这些密钥在设备上将变得不可见,仿佛它们从未存在过一样。这种特性赋予了PUF天然的防篡改性,让它能有效抵抗各种物理攻击。PUF技术独有的上述特性避免了传统密钥存储和基于密钥的加解密计算存在的诸多安全缺点和应用局限性,可有效解决传统硬件安全面临的挑战,尤其适用于轻量级应用场景。近年来,PUF作为一种关键的硬件安全原语在学术和工业界都受到了极大的关注,然而,将PUF技术应用到实际场景中仍然面临一系列难题。

　　运行时环境变化会对PUF响应可靠性产生影响,导致认证失败。在集成电路制造业中材料、技术以及生产制造设备不断得到改进,从工艺尺寸、处理速度、可靠性等各方面追求器件更好的性能。随着器件尺寸一再缩小,制造工艺越发精细,细微的工艺偏差等因素体现在器件性能参数上的影响会被放大,表4.5列举了工艺变化、老化与损耗机制以及工作环境等常见的影响PUF设计的IC性能参数。PUF设计正是提取这些因素作用在器件性能上造成的不同特征差异以产生响应,因此PUF响应不可避免会受到老化和运行时工作环境变化的干扰,从而引起响应输出可靠性下降。同等程度的器件老化和环境波动,工艺越精细受影响越大,性能和可靠性下降问题也更严重。即使给同一PUF实体提供相同激励信号输入,也可能产生不同响应输出,从而引起误码。而在基于PUF的认证协议中,正是以不同响应标识不同身份认证,PUF响应无法稳定输出有可能会造成身份认证的误判,为了提升PUF可靠性,常采用辅助数据纠错和可靠CRP筛选两种机制,但存在纠错过程复杂、CRP利用率不高且需要占用大量额外存储空间的缺点,在实际应用中也造成了大量的功耗负担。

表 4.5　常见的影响 PUF 设计的 IC 性能参数

	现　　象	电性能变化
工艺变化	几何尺寸变化(图形-W,L) 随机掺杂波动 布线边缘粗糙度 氧化层厚度波动 界面缺陷,陷阱 多晶硅,金属栅极粒度	阈值电压偏差 载流子迁移率退化 漏极电流变化 断态漏电流变化 漏致势垒降低效应
老化与损耗机制	偏置温度不稳定性(NBTI、PBTI)与时间相关电介质击穿 电迁移	
工作环境	供电电压噪声 温度波动	

　　强大的PUF技术在安全性方面一直备受瞩目。然而,机器学习建模攻击的出现,给强PUF带来了前所未有的安全隐患。这一问题最早在2004年由美国麻省理工学院计算机科学与人工智能实验室的研究人员提出,他们首次揭示了基于机器学习的建模攻击对强PUF

具有极大的破坏力。在建模攻击中,敌手不断监听收集强 PUF 已经发出的激励-响应对,并建立一个通用模型来模拟目标 PUF 的行为,例如将仲裁器 PUF 建模为各阶电路时延的线性叠加模型以及将环形振荡器 PUF 建模为若干比较器。机器学习训练所获得的 CRP 子集,最终可以高精度正确预测加载在 PUF 上任意激励对应的响应,图 4.38 展示了基于机器学习算法的 PUF 建模攻击过程。基于建模攻击,攻击者能对现有的基于 PUF 的身份验证和密钥生成协议成功发起中间人攻击和伪造攻击。为了抵御建模攻击,研究者通过在结构中引入非线性电路,或者将多个经典强 PUF 组合的方式以增强传统强 PUF 抗机器学习建模攻击能力。但是已有的安全强 PUF 方法依然存在种种问题,例如,可能降低 PUF 可靠性、显著增加电路开销以及无法抵御深度学习等非线性分类学习法攻击。

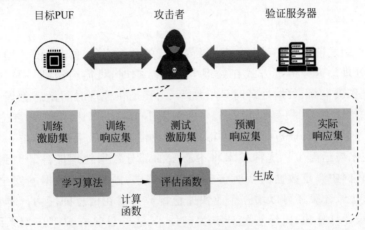

图 4.38　PUF 建模攻击过程

在硬件安全领域,PUF 的应用正逐渐成为一种趋势,其优势明显,令人瞩目。首先,PUF 的一项卓越特性就是,它是一种天生的非易失性技术,却并未真正存储任何密钥。

在传统的非易失性存储器中,密钥的存储可能会使集成电路面临硬件攻击的风险,攻击者可能成功读取存储器内容。然而,PUF 并不同。它并不预先存储密钥,而是在需要时根据需求生成新密钥,并将其作为对询问的回应。这就像你拥有一把钥匙,却永远无法看到它。即使有人试图"发现"它,试图探测 PUF 的行为,也会极大地影响其对询问的回应。

因此,密钥的"存储"变得极其安全,不会受到攻击。PUF 的另一个优势在于,它是一种真正的硬件解决方案。就像真正的随机数发生器能产生真正不可预测的比特序列一样,PUF 也能通过利用自然界的真正随机性来产生真正不可预测的 IC 标识符或加密密钥。

由于其多功能性,PUF 成为了硬件安全领域的理想选择,可应用于随机密钥生成和存储、设备身份确认、随机数生成、防伪等场景。这些特性让 PUF 在硬件安全领域受到了广泛的欢迎,并且成为了一种重要的技术趋势。

题库

第5章

工业互联网边缘计算

边缘计算出现之前,工业互联网在边缘侧生成的数据必须通过网络传输到数据中心或云端进行加工处理。这种传统方式在处理大规模数据时,可能会遇到一系列问题,例如带宽资源瓶颈、操作成本高、数据处理时延增加等,尤其是在处理时间敏感型任务或紧急情况下,可能会导致严重的后果。例如,一个人的头发不慎卷进车床主轴,需要立即关机,此类突发事件的处理要求具有极短时间的决策判断和反馈时延(以毫秒为单位),为解决上述问题,边缘计算技术应运而生。这种技术将中心云的部分数据处理任务卸载到边缘网络,可以满足工业互联网中海量数据的实时传输和处理需求,同时保证数据的安全性、可靠性和隐私性。此外,边缘计算还可以增强企业快速挖掘数据潜在信息的能力。本章将详细介绍工业互联网边缘计算架构、边缘智能计算关键技术、边缘计算在典型应用系统中的应用以及边缘计算的安全问题。

5.1 工业互联网边缘计算架构

边缘计算是一种新型的数据计算范式,它利用位于数据源和云中心之间的计算、存储和网络资源进行数据处理。采用高效的边缘设备,边缘计算可以在本地对原始数据进行初步分析和实时决策,并将处理后或经过预处理的数据传输到云中心进行更深入的处理和研究。边缘计算模式与目前采用的云计算模式相比具有以下优势:

(1)能提升系统性能。边缘计算最显著的特点在于能够实现毫秒级数据处理,这有助于减少系统的总体时延,降低通信带宽需求,并优化系统的总体表现。

(2)能保护数据安全与隐私。集中式数据安全保护方案中一旦集中存储的数据被泄露,将带来巨大风险,边缘计算在本地部署合适的安全解决方案,能降低数据传输过程中的泄露风险,并减少在云平台集中存储的数据量,最大限度地降低风险。

(3)降低运营成本。将数据直接传输至云平台需要占用大量带宽并产生时延,这将耗费大量的运营成本,边缘计算可以减少数据上传量,减少带宽消耗和传输时延,达到降低运营成本的目的。

(4)可以实现灵活的可扩展性边缘计算。企业可根据自身需求灵活配置物联网设备和边缘数据中心组合,从而减少业务拓展开销,即使需要添置新设备,也无须大规模扩大带宽需求。

不同的行业和应用领域中,边缘计算技术有不同的定位和技术侧重点,工业互联网场景下,边缘计算技术定位于将计算部署到不同的工业控制场景中,以降低网络流量和决策时延。如图 5.1 所示的功能架构图展示了边缘计算技术体系架构的三个组成部分,即设备层、边缘层以及云应用层,这些组成部分都是基于当前的边缘计算参考体系架构演进而来的。

图 5.1　边缘计算功能架构图

1. 设备层

设备层涉及多种传感设备、手持设备、智能化设备、自动驾驶车辆、机器人等。这些设备通过现场总线、工业级以太网、Wi-Fi、蓝牙、5G 等多种连接方式,将大量传感器数据发送到边缘层,并接收边缘层发出的控制指令,从而确保设备层与边缘层之间的数据流动和交互控制。

2. 边缘层

边缘层主要负责接收、处理和传输来自设备层的信息。其功能包括边缘控制、边缘网络、计算、存储、运维和智能等多个领域。

边缘控制是边缘层在工业自动化场景中的核心功能。边缘层通过将控制器、计算机、数据采集卡、现场通信协议、机器视觉、互联网等多种功能集成于一台机器上,实现对现场设备的动态控制、数据收集、计算以及与网络互联。这一技术进一步配合远程的工业云平台,即可完成智能制造流程。

边缘网络利用多种总线协议和工业以太网协议,将现场的各种设备、传感器、执行器和其他物理设备进行有效连接,实时采集现场数据。在边缘层上,通过协议分析功能对收集到的数据进行筛选、映射和转换等处理,将处理后的数据上传至上级系统。

边缘层计算主要涵盖数据分析、数据清洗和异构计算等操作。在数据采集后,需经过筛选、过滤和数据抽取等预处理过程。边缘设备对数据进行审查和校验,以删除无关数据、重复数据,并处理缺失值、异常值或离群点等。工业现场协议众多且数据量巨大,因此在边缘侧实施数据的初步整合和清洗具有必要性。同时,由于边缘设备在资源、架构和能耗等方面存在较大差异,对计算需求也不完全一致,因此需在边缘层实现异构计算,以满足不同工业场景的计算需求。

边缘层主要存储以下三种信息类型:一是时序信息,这类信息是现场实时生成并存储的,例如电力发电设备的集中观察数据和石油化工领域的油井、运输管道、运输车辆的实时观察数据等;二是业务信息,这类信息记录了操作员在现场的登入、登出信息以及其他不需要实时更新的业务数据;三是不规则信息,这类信息主要由现场视频监控捕捉的画面资料所组成。对这些信息进行备份和恢复操作,可以避免系统故障导致数据丢失。

运维工作是边缘层的基础功能,其主要涵盖日志记录、实时监控和安全管理。日志记录模块负责记录用户行为、环境状况和数据信息等边缘端运行情况,同时,信息的存储、删除以及查找管理功能通过文件或数据库等方式实现。实时监控中心负责监控边缘系统的软件和硬件状况,并以仪表盘等方式向管理层展示或交互。身份核实、网络防护和数据防护等功能,由安全管理完成。

3. 云应用层

云应用层的主要职责是深入挖掘大数据中潜在的价值,以便对各公司、各地区乃至全国范围内的资源分配进行优化。为达成这一目标,云应用层需要通过网络获取边缘层数据,同时将反馈模型及各类服务传送至边缘层。云应用层还具备与不同特性的群体(如管理层、合作伙伴、设计师及消费者等)进行基于云基础设施的合作能力,实现数据共享并更深入、多元化地挖掘数据的价值。

边缘计算目前已经形成了 5G 多接入边缘计算(Muti-access Edge Computing,MEC)、现场级以及云原生边缘计算三种主流部署方式。

1) 5G MEC 部署模式

在制造业领域中,通常依赖于现场总线和工业以太网等有线连接方式来实现工厂内部网络连接。然而,当生产区域分布较广或使用大量移动设备时,这些有线连接方式可能会面临一些挑战,如数据点采集困难以及重新部署网络的难度和成本都很高。针对上述应用环境,5G MEC 提供了一种优秀的解决方案。5G 技术将控制层与用户层进行区分,允许控制层核心网络进行集中处理,同时将用户层功能下放到边缘层。这种架构的优点是数据能够在边缘层附近进行处理,确保数据能够被及时地收集和处理。因此,5G MEC 方案具有提高数据采集便捷性、降低网络部署难度和成本的优势,对于制造业中广泛应用的现场总线和工业以太网有线连接方式来说,是一种有效的替代方案。

如图 5.2 所示,MEC 主要包含两个主要组件,即多接入边缘计算管理平台(Muti-access Edge Computing Management Platform,MECMP)和多接入边缘计算平台(Muti-access Edge Computing Platform,MECP)。MECMP 承担着核心的资源管理和业务编排功能,然而,它并不直接参与实际的边缘业务执行,因此不会导致边缘服务器资源的浪费。一方面,MECMP 通常会集中部署,位置与 5G 核心网络相同,也就是在运营商的省级中心;另一方面,MECP 可以部署在城市、区县,甚至是边缘接入端和工厂机房等更接近用户的位置,其主要功能是为用户提供网络、计算、存储等基础设施,并同时承载多种类型的应用服务。

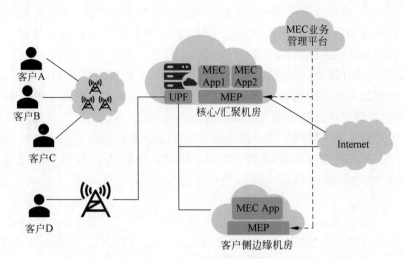

图 5.2　5G MEC 部署模式

2）现场级边缘计算部署模式

石油化工、电力和医药等行业主要采用库存、批量连续的生产方式进行生产。这些行业在生产过程中需要保证在设备单元层级部署边缘计算系统，对工艺设备、风机、水泵等单体设备进行维护、诊断、预测分析，以确保工艺参数的稳定性。此外，还需要在 DCS 系统上部署边缘计算系统，对整个生产工艺的各个连续工序进行优化计算，并闭环执行指令。这些措施有助于提高生产效率，降低能源消耗，保证产品质量和安全生产。

图 5.3 展示了适合上述场景的现场级边缘计算部署模式。在企业内部，自动化和信息化系统可分为三个层级，即过程控制层、制造执行层和管理决策层。这种边缘计算实施架构不会取代原有系统，而是与其进行紧密结合，尤其适合企业自动化与信息化程度比较高、系统建设相对比较完善的场景。边缘计算可以实时地采集现场数据，利用其本身提供的算力进行动态的数据过滤、分析和处理，或是协同中心云将数据过滤后提供给模型进行训练。此外，经过边缘处理的结果数据也可以作为源数据提供给其他系统，作为参考和决策的依据。

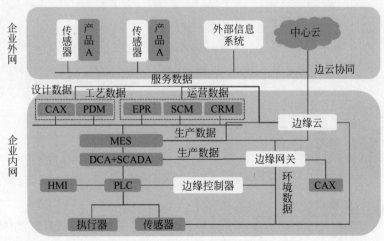

图 5.3　现场级边缘计算部署模式

如图 5.3 所示,现场级边缘计算的实施系统主要由边缘控制器、边缘网关和边缘云三大组件构成。边缘控制器处于系统的最外层,负责与各类现场设备进行连接,并且具备将工业协议进行适配和转换的能力,以实现设备对边缘计算网络的统一接入。边缘网关是一种设备,能够实现边缘计算、运动控制、过程控制、机器视觉、现场数据收集以及工业协议解读等功能。它能够适应工业现场的复杂和严苛条件,同时可以满足国内主要控制器、工业机器人、智能传感器等工业设备的接入与数据解析需求,甚至可以在边缘端进行数据计算,并将所得数据传送到工业互联网平台。边缘云由位于边缘侧的分布式服务器组成,通过本地化部署的应用程序实现特定功能,能够提供适应弹性扩展的网络、计算和存储能力,旨在满足可靠性、实时性以及安全性等要求。边缘云是信息技术和运营技术深度合作的关键节点。

3) 云原生边缘计算部署模式

云原生边缘计算部署模式在地理位置上更加接近云计算中心,故适用于需要统一管理和控制整个企业需求的应用场景。借助云原生边缘计算部署模式,可以有效地屏蔽底层资源的差异,从而确保异构边缘节点的兼容性。与传统的物理机和虚拟机部署方式相比,云原生边缘计算部署模式基于 Linux 容器技术——Kubernetes,其具有轻量级、易部署、多环境、启动快、易扩容和易迁移等优势。云端的一键部署功能可以轻松将应用程序传送至边缘节点,实现云、边、端应用一体化分发,以及对大规模边缘节点和边缘集群的统一管理。同时,通过单元化部署,可实现多地域的服务部署,且无须进行额外的适配和改造。这种部署方式允许在同一集群的不同机房或区域中部署服务,使得各个服务之间的请求能够在本地区域内得到满足,避免了跨地域访问。云原生边缘计算通常有两种不同的部署模式,如图 5.4 所示。

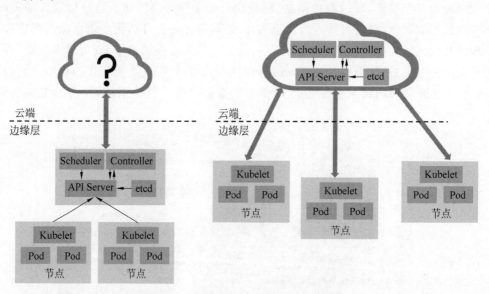

图 5.4　云原生边缘计算部署模式与架构

(1) 边缘独立集群部署模式。在此模式下,Kubernetes 的控制面板被部署在边缘设备上,云端主要充当分布式云中心的角色。这个云端平台是针对多云和多集群环境下应用管理需求而特别构建的,其目的是帮助用户将云原生应用扩展到分布式云,还能通过全局视角实现分布式云的统一操作和维护。然而,这种部署模式对于边缘的资源需求较高,一般需部署在互联网数据中心(Internet Data Center,IDC)机房级别的边缘站点。即使在云端和边缘端之间的网络连接中断的情况下,本地仍然可以保持完整的 Kubernetes 的管控和调度能力。因此,此种部署模式特别适合对本地业务完整性和可靠性要求较高的业务场景。

(2)边缘托管集群部署模式。在此模式下,Kubernetes 的控制面板被部署在云端,用于集中管理多个边缘节点,进行资源与应用分发。构建云原生边缘计算基础设施的边缘集群托管服务,可有效管理位于边缘端的计算资源。该模式能进行云端资源分配与调度,应用部署、升级及销毁等操作,并完成系统运维。此模式支持边缘计算 PaaS 开发,并可下行管理边缘计算资源接入,如边缘网关和服务器。此外,该模式还提供边缘自治、边缘安全容器及边缘智能等一系列功能。此部署模式对边缘资源要求较低,可部署在服务器或边缘网关等位置。在云端与边缘端断网情况下,该模式可保持单点自治。通常该模式适用于边缘节点相互独立且业务关联性较小的场景。

5.2　边缘智能计算关键技术

5.2.1　边缘智能

边缘智能是边缘计算技术的延伸和进化,它使人工智能技术在边缘设备上得到应用,从而使得每个边缘节点都具备了处理和决策的能力。这种技术的应用在许多领域都发挥着重要的作用,特别是那些对时延、联网设备数量以及数据安全性有极高要求的领域,边缘智能的需求越发显得重要和迫切。在一些复杂的应用场景中,如自动驾驶、智能制造、智能医疗等,通过在边缘设备上运行人工智能技术,可以大大提高系统的反应速度和处理能力,从而实现更高效、更智能的工作流程。同时,由于边缘智能技术可以在本地进行数据处理和决策,因此可以减少网络时延,提高系统实时性,并在一定程度上保护数据的安全性。随着物联网技术的不断发展,联网设备数量的不断增加,这给边缘计算带来了更大的挑战。而边缘智能技术的应用,可以使每一个联网设备都具备人工智能的能力,提高了系统的整体性能和智能化水平。同时,由于边缘智能技术可以在本地进行数据处理和决策,因此可以减少对云端计算资源的依赖,降低了运营成本。

传统集中式中心云智能与边缘智能实现方式的差异如图 5.5 所示。在传统集中式中心云智能模式中,边缘设备将数据传送至远程中心云进行模型训练或推理。中央服务器负责执行智能任务处理,并将识别或预测结果传回边缘设备。而边缘智能的实现过程则与集中模式存在显著区别,识别和预测等任务主要由边缘服务器以及相应设备在本地完成,或者通过边缘与云协作完成。相比之下,仅有少量数据被上传至云端。

边缘智能的整个过程分为四个主要环节。

1. 边缘缓存

边缘缓存主要用于存储来自边缘设备以及周围环境产生的数据,这些数据可以在云端处理后,再通过边缘设备回传到缓存服务器中。同时,它还可以从互联网接收大量数据,这些数据经过处理后,可以用于支持终端用户的各种智能应用。在存储方式上,边缘缓存采

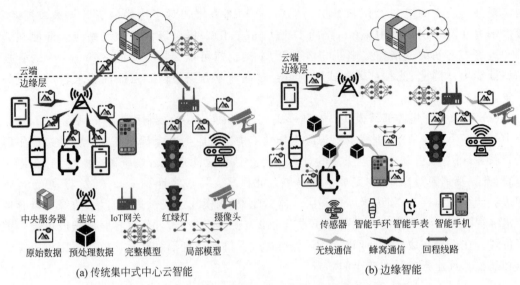

中央服务器　基站　IoT网关　红绿灯　摄像头

原始数据　预处理数据　完整模型　局部模型

(a) 传统集中式中心云智能

传感器　智能手环　智能手表　智能手机

无线通信　蜂窝通信　回程线路

(b) 边缘智能

图 5.5　传统集中式中心云智能与边缘智能实现方式的差异

用分散式存储方法,数据可以更广泛地分布在不同的缓存服务器上。当终端用户需要访问和处理数据时,请求可以在更靠近他们的缓存服务器上得到快速响应,避免了中心云智能的通信和计算冗余问题。

通信冗余,也称为数据冗余,是指输入智能应用中的数据可能存在部分重复甚至完全相同的情形。例如,在捕获的连续动态视频中,连续帧之间的像素往往存在大量相似之处,即存在大量冗余。为了减轻通信负担,边缘设备需要将收集的视频上传到边缘服务器或云端进行进一步处理。如果将完整的数据全部上传,则会造成极大的通信负担。通过引入边缘缓存,边缘设备只需要上传不同的像素或帧,对于重复的部分,边缘设备可以重用之前计算的结果,从而避免不必要的计算。计算冗余是指智能应用请求的计算任务可能是相同的。在这种情况下,边缘服务器可以直接将之前获得的计算结果返回给用户,从而显著缩短计算和执行时间。例如,来自同一区域的不同用户的相同花卉识别任务。

2. 边缘训练

边缘训练是一种分布式学习过程,其架构包括集中式、分散式和混合式三种类型,如图 5.6(a)～图 5.6(c)所示。在图 5.6(a)中,训练模型在云数据中心进行,训练所用的数据则由分布式终端设备产生和收集。在图 5.6(b)中,每个计算节点利用本地数据训练自己的模型,以便将各自的信息保留在本地。为获得全局训练模型的最佳效果,网络中的节点需要相互通信并交换本地模型的更新结果。在这种模式下,全局模型可以在没有云数据中心的干预下进行训练。在图 5.6(c)中,混合模式结合了集中式和分散式两种架构,边缘服务器负责收集附近边缘设备传输的数据,集中训练子模型,再与其他边缘服务器共享生成全局模型,或者将训练结果上传至云数据中心,再进行集中训练。

3. 边缘推理

边缘推理是指利用预先训练好的模型,在相应的测试样本上进行推断,以产生边缘侧的识别结果。如图 5.7(a)～图 5.7(d)所示,四种主要的边缘推理模式包括基于边缘模式、基于设备模式、边缘与设备协同模式以及边缘与云协同模式。

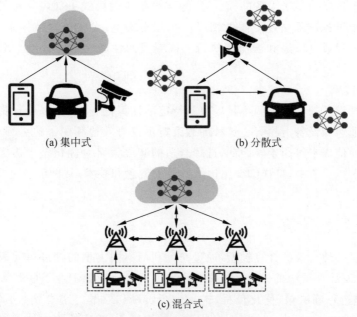

(a) 集中式 　　　　　　　　　　 (b) 分散式

(c) 混合式

图 5.6　边缘训练三种架构

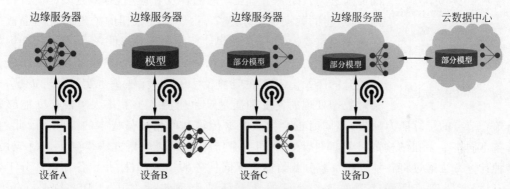

(a) 基于边缘模式　(b) 基于设备模式　(c) 边缘与设备协同模式　(d) 边缘与云协同模式

图 5.7　边缘推理四种模式

在基于边缘模式中,训练模型被部署在边缘服务器上。边缘设备负责数据采集,并将数据发送到边缘服务器,后者则负责训练模型,并对测试实例进行推理。推理完成后,结果由边缘服务器返回给边缘设备。

在基于设备模式中,移动设备从边缘服务器下载预先训练好的模型,模型的推理过程在本地进行。在此过程中,边缘层服务器无须与终端设备进行交互。因此,推理过程是相对可靠的,但这种模式需要移动设备配备足够的硬件资源,如 CPU、GPU 和存储器等。

在边缘与设备协同模式中,设备会根据当前系统环境的带宽、设备资源利用率以及边缘服务器的工作负载等因素,将训练模型分割成多部分。设备只负责执行从输入层到特定层的计算,并将中间结果传送到边缘服务器。边缘服务器则负责处理剩余层次的计算,并将最终的预测结果传递回设备。

相较于基于边缘和基于设备的模式,边缘与设备协同模式更加可靠和灵活。边缘与云协同模式适用于设备资源高度受限的情况。在此模式下,设备负责数据采集和输入,而模型训练与推理过程通过边缘和云协同执行。该模式的性能在很大程度上取决于网络连接的质量。

4. 边缘卸载

当单个边缘设备的计算资源不足以应对特定的计算任务时,可以选择将任务卸载到边缘服务器或其他边缘设备上执行。这种卸载策略不仅有效地利用了边缘环境的可用资源,还充分考虑了通信成本等因素。因此,选择合适的卸载策略对优化整个边缘计算系统性能至关重要。在5.2.4节中,将详细介绍边缘卸载的概念和技术,帮助读者更好地了解这一领域的相关知识。

5.2.2　异构计算

异构计算是一种有效的计算模型,通过充分利用不同类型的处理单元来处理不同类型的工作负载,提高计算系统的性能、效率和灵活性。充分挖掘工业互联网海量数据背后的信息,有助于进行正确决策、优化流程、提高生产质量和效率。这些数据不但数量庞大,而

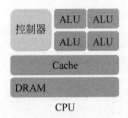

图 5.8　CPU 架构图

且来源丰富、类型多样、结构复杂,相应的数据处理方法对计算性能的需求极高。随着工业互联网的普及和应用,越来越多的设备接入网络,产生的数据也越来越多,对于这些数据的处理和管理也就变得越来越重要。CPU 是现代计算机的核心部件之一,其通用架构如图 5.8 所示,在集成电路密度、时钟工作频率等性能方面存在进一步提升的瓶颈。CPU 的计算能力有限,无法满足实际处理需求,也会对数据处理的速度和质量产生限制。虽然扩大集群尺寸能够补偿单个节点的计算能力缺失,但同时也会导致数据传输和网络通信成本的提升。因此,将具备不同指令集和结构的计算部件集成到同一系统中的异构计算方法得到了广泛应用。这种计算方法通过将各种工作负载分配给适合不同任务的计算部件,并让各个部件分工合作,以提高处理速度和能源效率。常见的计算部件类型包括 CPU、GPU、DSP(Digital Signal Processing,数字信号处理技术)、ASIC(Application Specific Integrated Circuit,专用集成电路)和 FPGA(Field Programmable Gate Array,现场可编程逻辑门阵列)等。本节将从异构处理器和异构系统编程框架两方面介绍异构计算。

1. 异构处理器

在计算机技术的发展初期,CPU 的设计主要侧重于控制功能,因此传统 CPU 芯片中约有 70% 的晶体管被用于构建控制单元和缓存。为了提高单一指令的执行效率,CPU 采用了多种设计方法,例如乱序执行、寄存器重命名、分支预测以及巨大的缓存空间等。负责逻辑运算的部分在 CPU 中的占比相对较少,这使得 CPU 更适合处理逻辑性强和串行计算任务。随着计算机技术的不断发展,需要处理的任务变得越来越复杂,计算量也急剧增加,单纯依靠 CPU 难以满足大量的计算需求。为了解决这个问题,在计算系统中增加异构加速器件的方法应运而生,这种方法在尽可能小地改动系统架构的同时,极大增强了系统的处理能力。在当前的异构计算架构中,主机端通常采用通用 CPU,而 GPU、FPGA 以及专用 ASIC 等都是常见的异构加速器选项。

目前众多的异构加速器中，GPU 无疑是最热门的选项，其通用架构如图 5.9 所示。它的设计理念是为满足高性能和大规模并行运算的需求。在并行计算过程中，每份数据都运行相同的程序，因此无须调用过于繁杂的流程控制，也不必依赖庞大的缓存存储。过多的逻辑控制，如分支计算，反而可能会阻碍计算单元的并行性。在设计 GPU 架构时，逻辑控制单位能够控制更多的计算单位，使更多的晶体管用于构造计算单位，从而构建了规模庞大的计算阵列。这一特性使得 GPU 在处理大规模并行任务时具有显著优势，从而在图像处理、人工智能等领域中得到广泛应用。

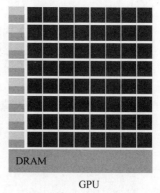

图 5.9　GPU 架构图

而 FPGA 技术作为一项低消耗、高效的可编程技术，其主要优势在于能按照客户的需求定制。该技术注重软硬件的集成，采用硬件描述语言阐述编程逻辑，这些描述可被直接转换成晶体管电路设计。有别于传统的 CPU 和 GPU，FPGA 在定制化的算法中，无须进行诸如取指令、指令译码等常见操作，而是依据特制的算法直接处理数据流。计算单位每一个时钟周期都能进行操作。于是，在处理大量数据时，相较于 CPU 和 GPU 来说，FPGA 具有更高的计算效能，其速度更接近 I/O 操作速度。FPGA 芯片的内部结构如图 5.10 所示。

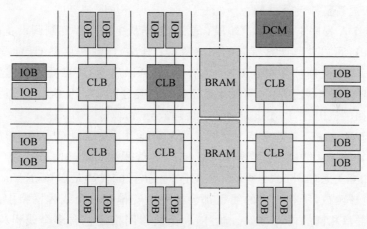

图 5.10　FPGA 芯片的内部结构图

ASIC 是一种为了满足特定应用需求而定制的芯片，通过特定的算法和设计，使其在计算能力和效率上能够做出精确的调整。因此，与通用的芯片相比，ASIC 更加小巧，功耗更低，计算性能更高，同时在大量生产时具有成本优势。然而，ASIC 的一个明显的不足是算法不可变。一旦需要更改算法，ASIC 可能不再适用，灵活性较差。常见计算部件的简单比较关系如图 5.11 所示。

2. 异构系统编程框架

异构系统编程框架是一种用于构建和优化复杂异构系统的软件开发工具，它提供了一组抽象接口和一组算法，以支持在各种不同类型的硬件和软件平台上进行高效的编程和优化。这些框架还提供了对并行计算、分布式存储、人工智能等多种技术的支持，以帮助开发者更快速地开发出更高效的软件系统。

图 5.11　常见计算部件的简单比较关系

1）计算统一设备架构

在 NVIDIA 公司开发的并行计算架构中，计算统一设备架构(Compute Unified Device Architecture,CUDA)占据了极其重要的地位。CUDA 是一种开放的编程平台，旨在让开发者能够利用 NVIDIA 的 GPU 进行高性能计算，它的出现彻底改变了并行计算的方式。在 CUDA 编程模型中，CPU 被视为连接应用程序和 GPU 处理器的桥梁，并担任主导和控制者的角色。CPU 负责协调和管理所有计算任务，以及数据在主机内存和设备内存之间的传输。它也负责启动和停止 GPU 程序，以及将数据在主机内存与设备内存之间传输。GPU 则被视为设备，拥有独立的、专门的内存。这种设计允许每个 GPU 可以独立地处理数据，无须直接访问主内存。每个 GPU 都有自己的内存空间，这样可以让更多的计算任务同时进行，从而提高整体计算性能。

典型的 CUDA 程序主要分为三阶段：首先，数据从主机内存复制到设备内存这个步骤是为了确保 GPU 可以获取计算所需的原始数据；其次，加载并启动 GPU 程序，这是一个并行处理阶段，一旦数据被复制到 GPU 内存中，就可以启动 GPU 程序，在这个阶段，CPU会协调所有 GPU 处理器的工作，确保计算任务的正确分配和同步执行；最后，将设备内存中的结果复制回主机内存，以便进行后续的处理或分析。

在硬件配置上，GPU 具备支持大量并发线程的能力。在编写 CUDA 程序时，线程的管理模式基于独特的层次结构，包含线程网格(Grid)、线程块(Block)、线程束(Warp)和线程(Thread)，其相互关系如图 5.12 所示。在 GPU 上执行的代码是以核(Kernel)函数形式来定义，一旦执行核函数，所有生成的线程都会被集中安排在一个线程网格中。此线程网格中的所有线程共享相同的内存空间。此外，一个线程网格还包含多个线程块，而每个线程块则是由多个线程聚合成一束的线程。

当启动含有核函数的线程网络时，线程模块会被分配到拥有空闲资源的流多处理器(Streaming Multiprocessor,SM)上执行任务。每个线程模块不能在多个不同的 SM 上并行执行，但不同的线程模块可同时分配到相同的 SM 上，这种分配主要取决于 SM 的资源状况。一旦线程模块被指派到特定的 SM，便会被进一步拆分为多个线程束，每个线程束包含32 个线程。所有线程都以单指令多线程(Single Instruction Multiple Thread,SIMT)方式进行工作，即线程束中的所有线程将同时执行相同的指令。虽然每个线程都有自己独立的指令地址计数器和寄存器状态，但它们处理的数据仍然是各自独立的。具有 CUDA 功能的 GPU 内存层次结构如图 5.13 所示。

寄存器是每个线程专有的，即一个线程所分配的寄存器对于其他线程是无权访问的，访问权限由编译器分配。每个流式多处理器都配备了一片可以作为 L1 缓存和共享内存的

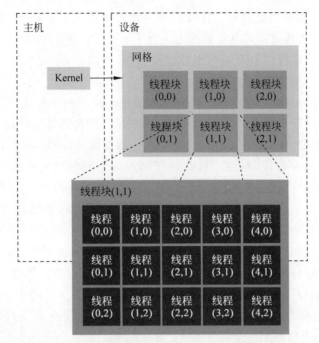

图 5.12　CUDA 线程组织结构的相互关系

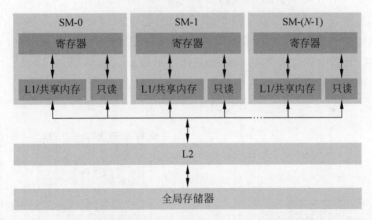

图 5.13　具有 CUDA 功能的 GPU 内存层次结构

高速片上瞬态内存。同一线程块的所有线程都可以共享该内存,且所有在同一 SM 上执行的线程块都能共享 SM 所提供的物理内存资源。只读内存包括命令缓存、固定内存、纹理内存以及只读缓存,对于内核代码来说,这种内存只能被读取而不能写入。二级缓存是所有 SM 共享的资源,因此每个线程块中的每个线程都拥有对这个内存的访问权限。全局内存实际上就是 GPU 的帧缓冲区以及位于 GPU 中的动态随机存取存储器。尽管 CUDA 只能在 NVIDIA 的硬件上进行异构编程,具有一定的局限性,但其高质量的开发环境、丰富的函数库以及良好的性能表现,仍然得到了广泛的认可。

2) 开放计算语言

开放计算语言(Open Computing Language,OpenCL)被认为是第一个能够兼容多种类型计算平台的异构编程架构。该架构可以利用计算机内的全部计算资源,例如 CPU 和

GPU,以及其他一些类型的处理器。这为软件开发者提供了更为便捷、高效使用异质处理平台的途径,充分探索所有计算设备的潜力。为了更好地适用于不同处理器,OpenCL 将平台模型、存储器模型、执行模型和编程模型抽象出来,这四个模型相互独立但又相互关联,共同构成了 OpenCL 的完整框架。

(1) 平台模型:OpenCL 将各种硬件和软件抽象成统一的框架,以适用于不同的设备,并同样采用了主机+设备的两层结构,如图 5.14 所示。主机通常指的是 CPU,而其他类型的处理硬件,如多核 CPU、GPU、DSP 和 FPGA 等,都被概括为 OpenCL 设备的形态。每种设备都由多个计算单元组成,而每个计算单元又由多个处理单元构成。在任务执行过程中,主机向设备发送数据和任务,设备进行计算,最后主机进行同步。

(2) 执行模型:规定程序如何在硬件上执行的过程,包括任务划分以及计算流程管理。OpenCL 程序包含主机端程序和设备端内核(Kernel)程序。主机端程序运行在主机处理器上,内核程序在 OpenCL 设备上执行,完成 OpenCL 应用的具体工作,内核通常是一些计算量大、逻辑比较简单的函数。执行内核的各个实例被称为工作项,通常对应于一次循环中的最内层运算。OpenCL 运行时系统会创建一个多维的索引空间用于分配待处理的任务,被称为 NDRange。每个内核实例在整个索引空间中都有一个全局 ID 来标识。这些全局 ID 是用来确定每个内核实例在全局范围内的唯一位置的。多个内核实例可以组成工作组,每个工作组都有一个全局索引用于标识。而工作组内的每个内核实例则具有局部 ID。用户需要自定义全局索引空间大小以及局部索引空间大小。同一个局部索引空间中的运算任务会被打包给到一个工作组中,由其中的内核实例并发执行,如图 5.15 所示为一个二维 NDRange 的例子,其中包含多个工作组和工作项。通过位置标识,可以确定每个工作项在整个计算任务中的位置以及需要执行的任务。

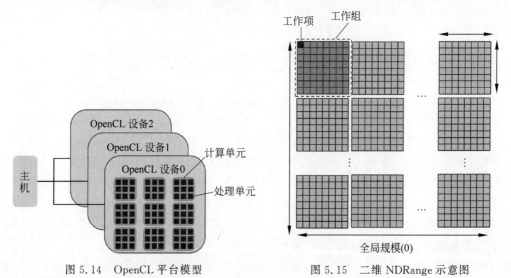

图 5.14 OpenCL 平台模型　　　　图 5.15 二维 NDRange 示意图

(3) 存储模型:对硬件的各种存储器进行抽象,将复杂的物理存储单元与简单的逻辑存储单元相对应,这种抽象降低了编程的难度。与平台的主机-设备模型对应,OpenCL 存储器区域包含主机与设备的存储,如图 5.16 所示。主机内存是主机可以直接使用的内存空间,通过 OpenCL 应用软件或共享虚拟存储界面来完成存储对象在主机和设备之间的传递。全局存储器是上下文中所有设备的工作组内的工作项都可以对其进行读写操作的存储区域。工作项拥有对全局存储器中任意元素的读写权限。常量存储器是全局存储器的特殊区域,它是只读的,并且在内核执行期间数据保持不变。常量存储器的分配和初始化由主机负责。在同一环境中,任何设备都能访问全局和常量存储器。此外,OpenCL 设备还有局部和私有存储器。局部存储器对整个工作组内部所有的工作项可见,用于同一工作组内部工作项之间的数据共享。而私有存储器则是每个工作项的私有区域,对其他工作项不可见,在硬件实现上通常映射为寄存器。这些存储器类型的定义和特性提供了灵活性和优化可能性,以适应不同的计算任务和硬件架构。

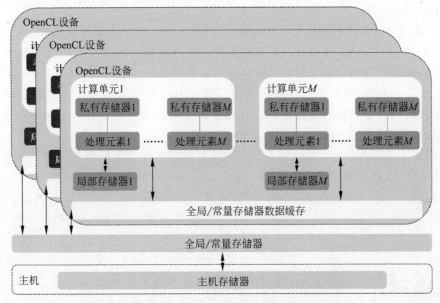

图 5.16 OpenCL 存储模型

（4）编程方式：OpenCL 构建了两个核心的编程结构,分别是数据并行和任务并行。在数据并行模式中,计算数据被划分为多部分,并分配给不同的计算单元进行同步计算,数据相互独立的计算任务能够高效地执行。这种并行模式在处理大量数据而计算步骤相对较少的情况下尤其有效。通常,OpenCL 更倾向于选择数据并行模式,能够充分利用其强大的并行计算能力。

然而,对于多核 CPU,主要使用任务并行模式。在任务并行模式中,每个计算步骤都有前后依赖关系,即后一步的计算依赖前一步的结果。这种情况下,计算任务无法并行执行,因为它们的执行顺序必须保持一致。因此,只能对每一个步骤的数据进行并行处理,之后再将整个流程进行异步/同步串行执行。尽管这种模式无法充分利用 OpenCL 的并行计算能力,但在处理计算步骤之间存在明显依赖关系的计算任务时,它仍然是一种非常有效的策略。

5.2.3　互联互通技术

在工业物联网和智能制造领域,互联互通技术是实现边缘计算的重要基础。传统 IT 技术通常需要高带宽来支持数据的传输和处理,而 OT 技术则更加关注低延迟,以确保对实时性要求严格的工业生产过程的精准控制。然而,随着边缘计算技术的不断发展和深入应用,工业互联网需要同时具备高带宽、低延迟以及大量数据传输和智能分析的能力。不同厂商和组织已经针对传统工业互联网设计和生产了各种物理介质、互联接口以及通信协议。但在构建和实施边缘计算架构的过程中,针对工业互联网中各种异构网络以及工业现场的复杂性,亟须制定统一规范与标准。在这样的背景下,OPC UA+TSN(Time-Sensitive Networking,时间敏感网络)逐渐崭露头角,受到了"工业4.0"组织、工业互联网联盟以及中国智能制造体系规范等组织机构的推崇。这种技术不仅能够满足工业互联网的需求,还具有良好的兼容性和可扩展性,可以广泛应用于各种工业自动化和智能制造领域。

1. OPC UA

OPC是用于过程控制的对象链接和嵌入技术的简称,它在工业控制领域中具有广泛的应用。在OPC出现之前,软件开发商需要为每一种现场设备开发专门的驱动程序,实现后续的连接和通信。即使硬件开发商对硬件进行了一些微小的改进,也可能会导致应用程序需要重新编写。此外,由于不同设备甚至同一设备不同单元的驱动程序可能存在差异,软件开发商难以同时访问所有设备进行优化操作。这种情况不仅增加了软件开发和维护的难度和成本,也限制了工业控制系统的发展和应用。

OPC协议规范的出现有效地解决了不同设备间数据交换和通信的问题。OPC提供了一种通用的接口,软件开发商不必为每一种设备专门开发驱动程序,而只需使用OPC接口进行设备通信。接口充当了"媒介"的功能,使通用的"读写"行为转化为具体设备的协议,反之亦然。因此,OPC的广泛应用推动了工业控制系统的发展和进步,并在各种工业自动化领域得到广泛应用。

图5.17 OPC UA规范

传统OPC仅限于Windows平台,为了更好地满足标准化和跨平台的需求,OPC基金会将之前的所有OPC通信规范集成到OPC UA中,UA代表"统一架构"。OPC UA规范如图5.17所示,给出了OPC UA标准集合,这些标准通过抽象化处理,扩大了通用性。规范中详细阐述了每一个功能应由哪些服务器和客户端接口来实现。然而,不是所有的OPC服务器和客户端都要求支持所有的规范。在实际开发过程中,需要仔细分析各种规范并结合实际应用环境,以选取合适的技术手段。

OPC UA规范主要包含以下项目:基本概念重点阐释了OPC UA服务器及客户端的基本概念;安全模型介绍OPC UA服务器和客户端之间的安全交互模式;地址空间模型阐述了服务器地址空间的结构详情;服务规定了OPC UA服务器所提供的各类服务项目;信息模型明确了OPC UA服务器所定义的标准数据类型以及它们之间的关系;服务映射解释了OPC UA所支持的传输映射和数据编码机制;协议子集包含OPC UA客户端和服务器使用的协议说明;数据访问介绍如何使用OPC UA进行数据访问;报警与条件阐述了如何通过OPC UA协议来采集、传输和处理报警与条件信息;程序介绍OPC UA对程序访问的支持;历史数据访问解释了如何使用OPC UA对历史信息进行访问;查找阐述了如何在互联网中搜索服务器,以及客户端如何获取所需数据,以完成与特定服务器的连接;聚合定义了从原始数据计算各种聚合值的方法及其操作规程。OPC UA 规范可被视为一个多层次架构,其底层由传输方式和信息模型组成,规范的第 6~9 和 11 部分关注的是数据处理,而第 3~5 部分则集中研究信息模型。

2. TSN

TSN 是一种协议标准,旨在提供具有有界时延的通信。"界"是指报文在网络中的传输时间不会超过一个确定的上限。TSN 允许周期性和非周期性数据在同一网络中传输,确保了数据传输的实时性和稳定性,尤其是解决了传输过程中可能出现的微小延时问题。下面将对 TSN 中时间同步、流量调度和网络配置三种关键技术予以概述。

1)时间同步

TSN 引入了精确的时间同步机制,以确保所有设备在网络中具有相同的时间基准。这对于协调实时应用程序非常重要。TSN 全局时间同步机制由 IEEE 802.1AS 协议(通用精确时间协议)定义。该协议主要针对车辆和工业自动化网络等特定行业应用特点。在 IEEE 802.1AS 中由主时钟(Clock Master,CM)和从时钟(Clock Slave,CS)构成分布式主从关系。通过计算路径时延,可以确定本地时钟相对于全局主时钟的偏移,并生成最佳传输路径。在 TSN 中,网桥节点负责执行路径时延规划,并将结果存储后以表格形式分发给每个端点节点。当 TSN 节点需要进行数据传输时,先查阅路径时延表,找出最短传输路径,再通过该路径将数据传递到接收节点。IEEE 802.1AS 为 TSN 网络中每个节点参与流量调度提供了时间基准,增加了对多个主时钟源的支持,使时钟同步系统具备更强的鲁棒性,并可以在主时钟源失效的情况下,无缝切换至冗余时钟源。IEEE 802.1AS 的时钟结构如图 5.18 所示。

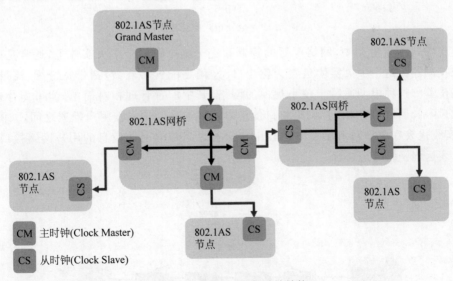

图 5.18 802.1AS 的时钟结构

2)流量调度

TSN 中的流量调度过程主要包括流分类、流整形、流调度和流抢占四个步骤。流分类负责确定信息流的流量类型和优先级,每一种类型的信息流都会被分配一个特定的优先级,从而在后续的处理过程中享受到相应的服务质量保障。流整形负责限制收发流的最大速率,防止某些信息流因为速率过大而占用过多的网络资源,从而影响其他信息流的传输。流调度通过一定的调度算法,确定每个流的转发顺序,让优先级高的信息流先于优先级低的信息流传输,确保重要信息能够及时、准确地送达目的地。流抢占的主要功能是通过帧间切片打断低优先级帧传输,避免低优先级帧占用高优先级帧的传输资源,保证高优先级的信息流不会因为低优先级信息流的传输而受到延迟或阻塞。

以上四个步骤主要通过基于信用整形机制的 IEEE 802.1Qav、基于时间感知整形机制的 IEEE 802.1Qbv,基于周期性排队与转发整形机制的 IEEE 802.1Qch 以及基于异步流整形机制的 IEEE 802.1Qcr 实现。这些机制共同构成了 TSN 中高效、精确的流量控制系统。

3)网络配置

针对时间敏感网络应用的需求,TSN 需要对发送端、接收端以及网络中的交换机进行特定的配置。IEEE 802.1Qcc 规范提供了三种配置模型:全分布式配置模型、全集中式配置模型以及混合式配置模型。

在全分布式配置模型中,每个网络节点(包括交换机、发送端和接收端)都具备独立的配置能力。节点之间可以通过协商和调整各自的配置参数满足特定需求,该模型适用于大规模 TSN 环境,如图 5.19 所示,实线代表用户网络接口协议,承担在发送方、接收方与网桥之间传递配置信息的角色。而虚线则代表网络内部传递配置信息的协议,主要负责传递特定的网络设置和 TSN 用户和网络的配置信息。

图 5.19 全分布式配置模型

全集中式配置模型中,网络配置的控制权完全集中在一个中央实体上,通常是网络管理员或控制器。这个中央实体负责为整个 TSN 网络配置参数,包括带宽分配、流量调度、时钟同步等。这种模型适用于较小规模的网络,其中配置管理相对简单,但可能存在单点故障的风险。所以,TSN 用户网络接口位于中心网络配置与中心用户配置之间,如图 5.20 所示,实线代表在中心网络配置与中心用户配置之间传输配置信息的用户网络接口协议,虚线代表远程网络管理协议。

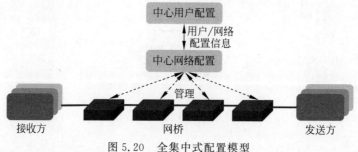

图 5.20 全集中式配置模型

混合式配置模型融合了全集中式和全分布式的特性。在此模型中,部分配置参数可由中央实体集中管理,而其他参数则由各节点自行配置。TSN 流的所有网桥配置均由中心网络配置使用远程网络管理协议来实现。中心网络配置了解网络边缘所有网桥的地址(即与端站相连的网桥)。中心网络配置将这些边缘网桥配置为代理,直接在边缘网桥与中心网络配置之间传输发送方和接收方的信息,如图5.21所示,实线代表用户网络接口协议,虚线表示在边缘网桥与中心网络配置之间传输的配置信息。

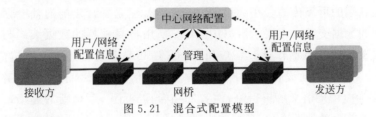

图5.21　混合式配置模型

3. OPC UA+TSN

OPC UA+TSN 将 TSN 与 OPC UA 协议有机融合,构建一套通用通信基础设施,能够实现从传感器到云端等各种设备和系统的无缝连接。该融合框架采用 OPC UA 协议,为不同设备和系统间的数据交换和理解提供了统一的规范和标准,实现了规范和语义层面的互操作性。OPC UA+TSN 的整合缩小了 OT 技术和 IT 技术之间在通信机制上的差异。工业设备和传感器可以更加无缝地与企业级信息系统集成推进 OT 技术和 IT 技术进一步融合。尤为重要的是该技术不依赖于特定厂商,用户无须担心被限制在特定生态系统中。这种灵活性和可扩展性使得 OPC UA+TSN 适用于各种不同的应用和环境。此外,OPC UA+TSN 技术还具有数据安全性。技术使用传输层安全协议进行数据传输,还支持使用不同加密算法进行数据加密,确保数据在传输过程中的安全性和完整性。OPC UA+TSN 技术支持使用插件和扩展机制,用户可以根据自己的需求添加新的功能和特性。这种可扩展性使得该技术能够适应不断变化的技术和业务需求,具有长期的竞争优势。

如图5.22所示,OPC UA+TSN 全面覆盖了 OSI 七层模型,能够同时解决底层数据采

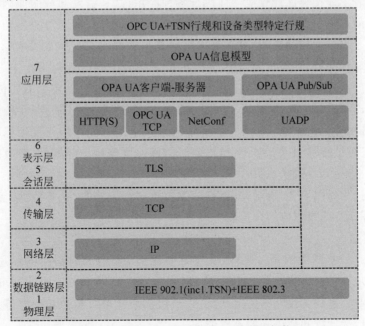

图5.22　OPC UA+TSN 工业互联网架构

集和应用层语义解析两大核心问题。TSN 在物理层提供可靠的实时通信,确保数据在网络中的稳定传输。在数据链路层上实现了时间敏感的通信机制,以保证数据的低延迟和高可靠性。在网络层,TSN 通过提供服务质量支持,确保各类通信流(包括 OPC UA 数据流)在网络上获得适当的优先级和带宽分配。在传输层,OPC UA 应用层协议利用底层的 TSN 功能来实现端到端的可靠传输。在会话层,OPC UA 建立了特定的通信会话,支持客户端与服务器之间的数据交互。在表示层,OPC UA 采用自身独特的数据编码与表示方法,确保不同平台与设备间的互操作性。在应用层,OPC UA 定义了特定的通信协议与数据模型,使得不同的工业自动化设备能够共享数据与通信信息。TSN 作为底层数据获取工具,OPC UA 则作为应用层语义解析引擎,两者的结合构建了一个全新的通信框架,该框架不仅实现了数据链路服务的标准化,还可能重塑传统工业通信格局,使其变得更加扁平化、高效化。

5.2.4　计算卸载

边缘计算通过在网络边缘部署边缘节点服务器,使计算更接近终端设备。特别是对于机器视觉质检、设备故障诊断等实时应用,必须保持相对接近现场的服务应用以确保低延迟和高带宽连接。尽管边缘计算具有诸多优点,但考虑到工业互联网中实时要求高、数据量大的特点,如何快速有效地在整个网络分配资源与任务,有效利用各边缘节点有限的计算、存储以及通信能力是目前工业互联网边缘计算所面临的巨大挑战。计算卸载把全部或部分计算任务委托给边缘节点来执行,有效突破了边缘设备在算力、能耗和存储等方面的限制。

计算卸载在不同环境中,卸载原因也各不相同。一是移动终端资源受限。在复杂的工业互联网环境中,由于终端设备的功能和制造商的多样性,计算资源差异很大。现场设备的专用性意味着不能像桌面计算机一样执行各种应用,这是引发卸载的原因之一。二是不同物理环境中的上下游企业和现场设备的网络环境各不相同,网络资源不断变化。为了弥补因网络连接不稳定产生的影响,有必要采用计算卸载方法。三是希望减少数据传输的负担。在执行计算任务时,计算节点与本地客户端之间会生成大量中间数据,这种大规模的数据传输会过度消耗网络资源。将任务转移到计算节点执行可以减少需要传输的数据量。四是可以减少设备之间的网络延迟。在用户物理网络环境不稳定或存在较大时延的情况下,将处理任务转移到边缘计算节点上执行能够解决这个问题。用户无须担心网络环境波动,因为一旦任务被转移到计算节点,可以暂时中断网络连接,直到需要接收结果时再重新连接,而不必一直保持在线状态。

计算卸载过程如图 5.23 所示,计算卸载主要包含环境感知、任务拆解、卸载策略、程序传输、执行计算以及结果回传六个步骤。

1. 环境感知

环境感知是计算卸载的预备阶段,其主要职能是生成并整理必要的信息和参考,以支持后续的操作步骤。在实施计算卸载之前,系统会在当前网络环境中查询可用计算节点,并全面评估卸载环境的无线网络信道状况、虚拟机剩余数量以及计算性能等多种因素。这些信息将作为后续计算卸载决策的重要依据。

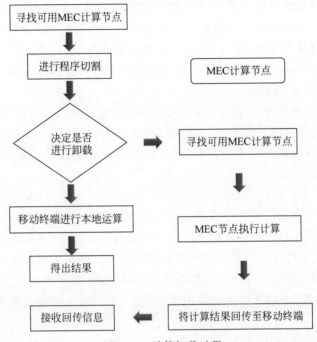

图 5.23　计算卸载过程

2．任务拆解

对待处理的任务程序进行拆分,确保拆分过程中保持每个子任务的功能独立性。分割后的子任务可以分为两种类型：本地执行任务和可迁移任务。本地执行任务主要指必须在本地设备上执行的任务,例如用户交互、设备输入和输出等,这些任务需与本地设备进行直接交互。可迁移任务通常无须与本地设备进行交互,多属于数据处理类型,计算负载较大,因此更适合迁移到边缘服务器等计算节点上执行。

3．卸载策略

在进行计算任务卸载时,会受到多种因素影响,例如用户的使用方式、无线信号传输质量、网络连接稳定性、移动设备性能以及云服务器可用性等。因此,制定合适的卸载策略是至关重要的。目前,常见的计算卸载策略包括以下5种。

1）静态卸载策略

静态卸载策略在任务执行前就确定了哪些任务应该卸载,其主要依据任务的类型、性质、计算复杂性等因素来做出决策。这种卸载策略的应用场景主要在任务特性相对稳定的情况。在制定策略时,静态卸载策略会综合考虑任务的各项属性,包括任务的类型、所需资源、执行时间等,以此来确定哪些任务可以被卸载。同时,由于静态卸载策略是在任务执行前就确定决策,因此需要具有一定的前瞻性和预测性,以应对未来可能出现的任务变化。静态卸载策略不太适用于任务特性变化较快的场景。

2）动态卸载策略

动态卸载策略是根据实时情况和系统状态来进行卸载决策的策略。通过综合考虑网络负载、设备资源利用率、用户需求等动态因素,这种策略能够智能地决定任务的迁移和执行地点,更加注重实时性和自适应性,能够更好地应对各种复杂和多变的应用场景。在实际应用中,动态卸载策略可以显著提高系统的卸载效率和任务执行效果。例如,当网络负载较高时,动态卸载策略可以及时将部分任务卸载到云端或其他远程服务器上,从而降低网络拥堵和延迟,提高用户体验。当设备资源利用率较高时,动态卸载策略可以将部分计算密集型任务分配到其他可用设备上,从而平衡设备负载,提高整体性能。

3) 基于用户偏好的策略

基于用户偏好的策略充分考虑了用户的个人偏好和使用模式。例如,某些用户可能更关心能耗,而其他用户可能更关心响应时间。根据用户的偏好,系统可以采用不同的卸载策略。这种策略不仅提高了用户满意度,还可以帮助企业更好地了解用户需求和行为,从而更好地优化产品和服务。

4) 负载均衡策略

负载均衡策略旨在确保所有边缘节点或云端服务器的负载均匀分布,以最大化计算资源的利用效率。这种策略可以有效地平衡各个节点的负载,从而避免某些节点的资源过度利用,提高整体的系统性能。良好的负载均衡策略还可以提高系统的可靠性和稳定性。当某个节点发生故障时,其他节点可以分担其任务,保证系统的正常运行,降低故障对整体性能的影响。这种容错能力对于企业级应用尤其重要,可以确保关键业务服务的可用性和稳定性。

5) 基于服务质量需求的策略

基于服务质量(Quality of Service,QoS)需求的策略需根据任务的 QoS 要求将其迁移到合适的执行地点。例如,对处理时间有极高要求的实时音视频传输、在线游戏等任务应优先分配给具有低延迟特性的边缘节点;而对数据处理能力有更大需求的科学计算、大数据分析等任务应更多地部署在具有强大计算能力的中心节点。

这些策略可以单独使用或组合使用,具体取决于应用场景和要解决的问题。选择适当的卸载策略对于提高系统性能和用户体验至关重要。

4. 程序传输

当终端设备准备卸载,就可以将已经拆分好的计算任务上传到云端。在进行程序传输时,一种方法是将服务器部署在与终端设备同一个局域网络中,然后通过 Wi-Fi 传输程序。这种方法的好处是传输速度快、稳定性高,并且可以充分利用局域网络的低延迟和高带宽优势。而且局域网络提供一种封闭、安全的传输环境,有效避免数据泄露和攻击。另一种方法是采用无处不在的移动蜂窝网络进行传输。这种方法的优点是灵活性高、可随时随地提交任务。无论用户身处何地,只要移动蜂窝网络覆盖到的地方都可以进行程序传输。

5. 执行计算

在边缘服务器上一般采用定制虚拟机执行计算任务。边缘服务器为迁移的待处理任务提供一个独立的虚拟机。边缘层虚拟机可以以多种方式执行任务,例如,在克隆云模式下,虚拟机将创建一个与终端设备完全一样的全镜像环境,其具备强大的计算能力和相似的操作环境,在这种模式下,只需要传输任务的输入和输出数据以及运行状态,无须传输程序代码。然而,这种模式需要边缘服务器和终端设备之间保持较高的同步性。而在动态任务执行模式下,终端设备会根据任务的计算复杂度、数据规模以及资源需求等因素,决定是否需要将整个任务的代码和输入数据上传到边缘节点的虚拟机上运行。此时,虚拟机充当任务执行的主机,终端设备只需上传任务的代码和输入数据。

6. 结果回传

将边缘节点计算处理后的结果回传设备终端是计算卸载流程最后一步。在终端设备接收到结果后,它可以选择对结果进行进一步的处理和使用,可能会重新启动卸载流程,或者发出断开与边缘服务器的连接的请求。这个过程标志着卸载任务的完成,并根据需要进行后续操作,调整卸载策略。

5.3　边缘计算典型应用系统

5.3.1　SCADA

数据采集与监控系统(SCADA)是一种广泛应用于各类工业生产过程中的自动化系统,其利用传感器、控制器和通信网络等技术手段实现生产过程的实时监控、数据采集及远程操作等功能。通过与各种设备、仪表和机械的配合应用,SCADA 能够实时监控生产过程中的各类参数,如温度、压力、流量及位置等,确保工业流程的稳定运行及安全生产。借助于强大的数据处理能力和高效的通信网络,SCADA 可以及时响应各种突发状况,进行相应的调整与控制,以保证工业生产的连续性和可靠性。SCADA 系统还支持远程操作与控制,从而减少了人工干预及误操作的可能性,提高了工作效率及安全性。此外,SCADA 可与其他业务系统(如 ERP、CRM、MES 等)进行集成,实现生产与管理信息的无缝对接,为企业的生产计划制定提供强有力的依据。因此,SCADA 在工业自动化领域中具有重要的地位,被广泛应用于电力、石油、化工、制药、水处理等行业中。

SCADA 系统通常由多个组件组成,这些组件协同工作以实现监控、控制和数据采集等工业自动化功能。以下是常见的 SCADA 系统组件:一是人机界面(HMI),是 SCADA 系统的用户界面,允许操作员与工业过程进行交互,它通常提供实时数据可视化与图形化表示、操作按钮和警报显示等功能;二是可编程逻辑控制器(PLC)与远程终端单元(RTU),这些硬件设备用于连接控制设备、传感器和执行器,具有工业级耐用性,能够在恶劣环境条件下运行,它们负责执行控制逻辑并将数据传输到 SCADA 系统,5.3.3 节将对 PLC 技术进行更为详细的介绍;三是数据采集和通信模块,这些模块负责从各种设备、传感器和 PLC/RTU 中采集数据通过通信协议与设备进行交互;四是数据存储和历史数据库,SCADA 系统通常包括数据存储和历史数据库,用于存储实时数据和历史数据,这些数据可供分析、趋势分析和报告生成使用;五是报警和事件管理,报警管理模块用于监视系统状态并生成报警,当系统中发生异常或达到预定阈值时,它会向操作员发出警报通知;六是集成接口,SCADA 系统提供与其他工业自动化设备和软件(如 PLC、DCS、MES 等)进行集成的接口,以实现整个工业控制系统的协调和协作。

如图 5.24 所示,SCADA 系统的五级运行架构如下:现场级(级别 0)包括各种传感器等现场设备,负责收集与现场过程相关的数据,并直接与执行器等设备交互,对现场过程进行控制;直接控制级(级别 1)包含了 PLC 和 RTU 等本地控制器,负责接收来自传感器的数据输入,并向现场执行器发送命令;工厂监控级(级别 2)是本地监控系统,汇总来自直接控制级的数据,并根据这些数据向控制器发出命令;生产控制级(级别 3)是系统范围的监控系统,负责汇总来自工厂监控级的数据并生成报告传递给生产调度级(级别 4),此外,生产控制级系统还负责警报功能；生产调度级（级别 4）用于管理正在进行的流程的业务系统，负责管理、协调和优化整个生产流程。这五个级别的架构共同构成了 SCADA 系统的基础，为生产过程的自动化提供强有力的支持。

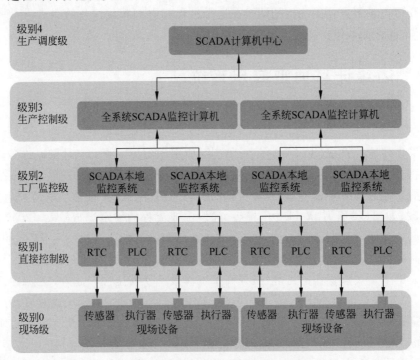

图 5.24　SCADA 系统的五级运行架构

5.3.2　DCS

　　分布式控制系统（DCS）在我国又被称为集散控制系统，它更强调对生产过程监控的实时性，通常应用于大规模工业生产，例如化工厂、电厂和机械制造厂等。DCS 由位于工厂控制区域内的众多本地控制器组成，并经由高速通信网络相互连接，实现了对工业生产过程的集中管理和分散控制。该系统一般配备一个中央控制中心或主站，允许操作员对整个生产过程进行监控和管理。中央控制中心通常提供了人机界面以及可视化工具，使操作员能观察工艺状态、查验历史数据、查看报警信息以及生成生产报告。在中央控制中心，操作员还能执行高级控制策略、设定参数以及调整生产过程。分散控制是指 DCS 系统中的控制元件（例如控制器、PLC、传感器等）分布在整个生产区域中，接近控制操作或数据采集的现场。每台机器或设备由各自专属的控制器负责。这种分布式设计能保证控制过程的稳定性和安全性，即使系统中任一组件发生故障都不会导致整个系统瘫痪。分布式控制系统架构可划分为以下四个层级。

1. 现场控制级

　　现场控制级位于 DCS 系统的底层，主要负责采集和检测信号、处理数据以及监控设备的状态和操作。在现场控制级，通常会部署 PLC 和 RTU。通过与现场设备相连接，现场控制级能够采集现场实时数据。这些数据通过网络传输到更高级别的控制层级，例如控制器和控制站，进行进一步的处理和监视。如检测到异常情况，现场控制级可以发出警报或采取自动控制措施。

2. 过程控制级

过程控制级的主要职责是监测和控制工业过程中的各种工艺参数以确保生产过程的稳定性和高效性,是 DCS 系统的中枢神经。过程控制级中的控制器接收现场控制级传输的生产过程数据,并根据预设的工艺流程和生产要求,对获取的数据进行运算处理,生成控制信号反馈回现场控制级,从而实现对生产工艺的自动调节和控制。过程控制级的设计和选型需要充分考虑各种生产工艺的特点和需求。例如,对于化工、石油等流程工业,生产过程中涉及多种复杂反应和传热过程,需要精确控制各种原料的配比、反应温度、压力等参数。而对于电力行业,需要实现对锅炉、汽轮机等大型设备的燃料、水量等参数的精准调节。过程控制级的可靠性直接关系到整个 DCS 系统的稳定性和生产线的正常运行。过程控制级在发现异常情况时生成警报和事件提供给运营人员预警。

3. 过程管理级

过程管理级主要提供人机交互界面。人机接口装置包括计算机工作站、触摸屏显示器、键盘、鼠标等设备。过程管理级以各种仪表盘、趋势图、流程图等实时图形界面以可视化方式向操作人员呈现不同类型的过程数据。系统生成的警报信息也会在界面上显示相应的警告消息。除了可以查看参数,操作人员也能根据需要通过界面进行切换操作模式、修改设定值、调整控制信号、操纵现场设备等操作。这一级常配置大容量存储设备将过程数据定期存档,便于后续分析和回溯。

4. 经营管理级

经营管理级主要关注企业的经营和管理方面。在这个级别上,DCS 系统提供了与企业管理相关的功能:支持生产计划的制订,包括订单管理、排产、物料需求计划等;管理企业的资源,包括人力资源、设备、原材料和库存;收集、存储和分析企业运营数据,帮助管理层做出决策;监控生产过程,确保产品符合质量标准;管理供应链,包括供应商关系、物流和库存管理,为管理层提供实时数据和分析,以支持决策制定;监控和管理生产成本,以提高效率和降低成本;确保企业的运营符合法规,并生成必要的报告以满足监管要求;经营管理级通常包括报告生成和分析工具,自动生成生产效率、销售趋势、成本分析等报告,帮助管理层了解企业的绩效,并做出战略性决策。该层的权限很大,可以监视各部门的运行情况,利用历史数据和实时数据预测可能发生的各种情况,从企业全局利益出发,帮助企业管理人员进行决策,帮助企业实现其计划目标。

DCS 还具有一些优点:一是复杂的结构,与同类可编程逻辑控制器不同,DCS 可以在复杂环境中访问大量信息;二是系统冗余,如果处理器出现故障,DCS 中提供的冗余可确保只有工厂流程的一部分被中断;三是可扩展性,可以在需要时添加更多的控制或处理单元,向控制器添加更多 I/O 模块也扩展了 I/O;四是安全,在工程师和操作员级别启用安全和网络安全功能。然而,该技术面临的挑战是一个控制器的故障可能影响多个回路,还会增加软件开发成本,并且诊断问题可能是一个复杂的过程。

5.3.3 PLC

可编程逻辑控制器(PLC)是一种以微处理器为基础的数字逻辑控制器,主要用于工业自动化控制,它采用可编程存储器存储程序,并通过 I/O 接口与工业生产过程中的开关、传感器、马达等设备进行交互。PLC能够通过预先编程的逻辑,自动控制工业生产过程中的各种流程和设备,实现自动化和智能化。PLC具有高度的可编程性,用户可以使用梯形图、指令表和结构化文本等多种编程语言方便地编写和修改程序。通过模块化设计,PLC可以实现自我检测和修复故障,确保高可靠性和高稳定性。此外,PLC能够根据不同的工艺和流程进行定制化配置和控制,实现智能化的实时监控、数据采集和能源管理,提高生产效率并降低成本。在现代工业中,PLC已成为核心设备之一,广泛应用于机械制造、石油化工、食品医药、交通运输等领域。

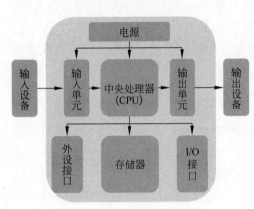

图 5.25 PLC硬件系统

PLC硬件系统主要由中央处理器(CPU)、存储器、I/O接口、外设接口和电源等组成,如图5.25所示。中央处理器是PLC系统的核心,负责执行预定的程序,实现控制、处理、通信等功能,确保系统的正常运行。存储器模块中随机存取存储器用于存储PLC内部的输入和输出信息、系统工作状态,以及各种临时数据、中间变量等,只读存储器用于存储系统程序。I/O接口接收外部输入信号,同步输出控制信号给被控对象。外设接口用于连接编程器等其他外围设备。作为必不可少的外设,编程器将用户所需的功能通过编程语言传输到PLC,同时监控PLC的工作状态,并作为用户与PLC之间的人机交互界面。电源模块可以集成在中央处理器中,也可以独立成为一个单元。

PLC采用周期性扫描的工作模式,即按照预先设定的时间间隔,重复进行输入信号的采集、处理和输出控制的操作。这种工作模式的优点是能够保证系统的稳定性和可靠性,同时可以实现对系统的集中控制和统一管理。在PLC的扫描周期中,一般分为以下几个阶段。

1. 输入扫描阶段

PLC通过输入模块采集现场设备的状态信号,如按钮状态、传感器状态等,并将这些信号存入输入映像寄存器中。

2. 程序执行阶段

PLC根据用户编写的程序指令,从输入映像寄存器中读取输入信号的状态,并按照程序逻辑进行计算和判断,然后将结果存入输出映像寄存器中。

3. 输出刷新阶段

在程序执行完成后,PLC将输出映像寄存器中的结果输出到输出模块中,从而实现对现场设备的控制。

4. 定时器和中断处理阶段

在扫描周期中,PLC会根据定时器的设定,进行定时操作或者响应外部中断信号,然后执行相应的中断处理操作,每一轮扫描消耗的时间即为扫描周期。

5.4　边缘计算漏洞与安全防护措施

相较于传统数据中心或服务器,边缘计算中的设备配置相对较低,其计算与存储能力主要用于核心功能,因此安全性在设计过程中很少或根本不被考虑,系统更新频率也不高。部分边缘设备尺寸较小,容易被盗或受到其他物理操纵。一些设备部署在距离数据中心很远的偏远位置,也增加了安全监控的难度。因此,广泛部署的边缘节点在带来便捷的同时,也为攻击者提供了更为宽泛的攻击目标。这给安全专业人员带来了根本性的挑战。下面将介绍边缘计算安全问题挑战、常见软件系统漏洞分析、SCADA 系统常见攻击与安全防护、PLC 系统安全威胁与防护分析。

5.4.1　边缘计算安全问题挑战

1. 边缘网络安全

1) 不安全的通信协议

与终端设备的交互过程中,外围节点通常选择 ZigBee 和蓝牙协议进行通信,然而这些协议的加密强度相对较低,易受到恶意破解。此外,这些协议在身份验证方面缺乏足够的严谨性,给安全防护带来一定的风险。云端通信为确保通信质量和速度,通常采用消息中间件或网络虚拟化技术进行数据传输。承担这些数据传递的传输层没有加密机制,缺乏对数据的保密性、完整性、真实性和不可否认性等安全因素的考虑。攻击者可以利用这些漏洞进行恶意攻击,篡改或窃取敏感信息,给企业或个人造成不可估量的损失。

2) 账号信息易被劫持

在生产制造环境下,设备常直接连接到固定的边缘节点,这些设备的账号多使用弱密码、容易被推测的密码或者内置密码等简单的安全措施进行保护,难抵御暴力破解攻击,用户的身份认证信息也存在被泄露的风险。这给攻击者提供了利用的空间,允许他们实施一些恶意行为,例如修改用户账户、新建账户或删除关键应用程序等。

3) 易发起分布式拒绝服务

在边缘计算中,大量设备仅配备基础处理器和操作系统,有限的计算能力和带宽资源导致复杂的高安全防护方案难以部署,这些设备极有可能成为被攻击目标。黑客可以远程操作这些设备组织进行大规模攻击,例如分布式拒绝服务(DDoS)攻击。在 DDoS 攻击过程中,黑客会借助这些被操控的设备同时向服务主机发送大数据包,令主机不能正确处理合法请求,从而导致服务系统宕机。

2. 边缘数据安全

1) 边缘节点数据易被损毁

边缘节点通常位于靠近用户的环境中,由于缺乏对数据备份、恢复以及完整性检查的支持机制,使得攻击者更容易非法获取或篡改存储在这些节点上的数据。如果因人为或其他外部因素导致用户数据受到损害或破坏,而边缘服务器又无法提供必要的数据备份和恢复服务,云端也未能及时同步边缘数据,这可能会对用户的业务产生重大不利影响。

2) 隐私数据保护不足

通过将处理任务下放到边缘层,边缘计算可以实现本地数据的快速处理和决策,从而减少了网络中长距离传输数据的需求,降低了数据泄露风险。然而,这些边缘设备通常直接获取用户的原始数据,其中可能包含大量个人敏感信息。与传统的云中心相比,边缘节点在数据处理方面往往缺乏有效的加密或数据脱敏措施,因此更容易成为黑客攻击的目标,导致隐私数据泄露。

3. 边缘基础设施安全

1)恶意的边缘节点

恶意边缘节点是指攻击者将自己的边缘节点伪装成合法节点,以迷惑用户并获取其数据。边缘计算具备分布式、多样化和低延迟的特点,多参与者和复杂的信任关系使得辨别恶意伪装的边缘节点变得困难。在工业控制环境中,传统设备普遍存在系统和软件过时的现象。攻击者能轻而易举地对某些边缘节点实施攻击和控制。

2)不安全的系统与组件

边缘计算将云上的计算任务迁移到本地执行的操作存在一定的风险。特别是在工业应用场景中,边缘节点可能运行在缺乏安全保障的操作系统上或者使用被黑客恶意篡改的第三方软件。黑客可能利用这些系统中的漏洞,实现权限提升,成功入侵边缘数据中心,并获取系统控制权,进而中断、篡改或者提供错误的计算结果。

3)边缘计算 APT 攻击易蔓延

APT 攻击是一种以寄生方式进行的攻击,通常在目标基础设施中建立隐蔽的立足点,以便从中秘密窃取数据。此类攻击通常会采取各种手段来规避和绕过防御检测措施。边缘计算 APT 攻击的易蔓延性质,是由其独特的运行环境和网络拓扑结构所决定的。边缘计算依赖于大量的分布式设备,这些设备需要与云端进行频繁的信息交互。这种复杂的网络环境为攻击者提供了更多的攻击面,使得 APT 攻击更易在网络中传播和扩散。边缘计算的分散性使得安全策略的制定和实施变得更为困难。传统的安全机制往往集中在云端,而在边缘端的安全防护相对较弱,这就给攻击者提供了可乘之机。此外,边缘计算的处理逻辑往往比云端更为简单,这也就意味着攻击者更容易理解和利用这些设备的处理逻辑,实施更为隐蔽的攻击。APT 攻击者首先搜寻边缘层易受攻击的节点,利用边缘设备的漏洞隐蔽实施 APT 攻击,进而控制整个网络。

4)硬件安全支持不足

边缘节点通常采用轻量级容器技术实现安全隔离,由于这些容器共享相同的底层操作系统,因此安全隔离性相对较差。在一个容器中运行的程序可能会对其他容器中的程序产生影响,甚至可能导致隐私泄露或数据篡改等问题。诸如 Intel 的 SGX(Software Guard Extensions)、ARM(Advanced RISC Machines,进阶精简指令集机器)的 TrustZone 和 AMD(Advanced Micro Devices,超威半导体公司)的内存加密技术等一系列基于硬件的可信执行环境(Trusted Execution Environment,TEE)技术提供了实现安全计算的新模式,通过在硬件级别上提供加密和隔离功能,确保在复杂的信任场景下数据和代码的安全性。但这些技术难以满足边缘计算环境中的复杂应用需求,且在抵抗侧信道攻击等方面还存在安全风险。

4. 边缘应用安全

1)身份、凭证和访问管理不足

验证用户身份的目的旨在检验并确认用户的访问凭证是否有效。在工业边缘计算环境中,由于诸多现场设备在存储及处理能力方面受到限制,因此无法应用传统基于复杂密码学算法的加密认证协议。边缘计算环境下实施身份认证机制的首要问题是如何为规模庞大且设备种类繁多的用户群体提供统一访问管理以及有效的密钥管理服务。同时,在高度移动的环境下,实现不同边缘节点间的快速、高效切换以及有效的身份认证也构成了另一项重要挑战。

2)不安全的接口

为了方便用户在云计算环境中与云服务进行交互,需提供各类用户接口或应用程序编程接口(API)。这些接口必须采取有效的安全措施来防止意外或恶意的接入。然而,如果第三方开发者基于这些 API 开发了上层应用程序,则会产生一定的安全风险。恶意用户可以利用这些接口进行未经授权的访问和操作。对于云服务提供商来说,如何确保这些接口的安全性是一个非常重要的问题。再者在边缘计算中,海量的现场设备需要与云中心进行交互,需要在边缘节点上提供相应的接口和 API。目前的相关设计并没有充分考虑到安全特性,这可能会给整个分布式架构带来潜在的安全风险。

5.4.2 边缘计算常见软件系统漏洞分析

工控系统早期只部署在内部局域网中,许多针对互联网的漏洞攻击对工控系统不起作用。工控网络的建立初期没有考虑到安全问题,整个架构缺乏适当的安全措施。近年来,工业互联网的现代化、通信协议的标准化和日益增长的互联性让工业制造系统面临网络攻击的可能性剧增,工控系统网络关键组件存在大量漏洞可以通过互联网被攻击者利用。因此,了解边缘计算数据采集与控制常见漏洞性质和攻击面对于保障工业互联网安全非常重要。

1. 注入漏洞

注入类型的网络安全漏洞普遍存在,OWASP(Open Web Application Security Project,开放式 Web 应用程序安全项目)连续三年(2020—2022 年)发布的对于 Web 应用程序十大安全危险的评估中,注入漏洞一直位列前三,在 2020 年更是位居榜首。尽管攻击媒介多种多样,但大部分的注入攻击都是利用系统设计的疏漏,将未经验证的用户输入直接注入应用程序代码中当作合法代码操作执行。根据漏洞类型和攻击目标,攻击者可能会将恶意字段注入例如数据库查询、JavaScript 代码、应用程序代码、操作系统命令等对象。成功的注入攻击会导致数据泄露、拒绝服务、权限提升、身份验证绕过等危害。下面简单介绍主要的几类注入漏洞攻击。

1)SQL 注入

多数 Web 应用程序依赖于数据库系统以支持其运行,而 SQL(Structured Query Language,结构化查询语言)作为主要的数据访问语言被广泛采用。若在系统中未对用户输入参数实施充分的约束与限制,攻击者可能将有害的代码隐藏在输入数据中。这些携带恶意代码的文本字符串有可能被传递至 SQL 服务器,并在那里被解析并执行。不安全的用户通过执行恶意的 SQL 语句,可以实现数据查询、下载数据,甚至绕过登录权限限制,进行数据库内容的删除和修改等操作。

2)跨域脚本

跨域脚本(Cross-Site Scripting,XSS)漏洞是一种在线网站开发中常见的脚本注入漏洞。攻击者会将精心设计的恶意脚本代码嵌入网页中,导致受害者在浏览网页时无意识地执行含有该恶意软件的网页。虽然 JavaScript 是开发网页的主要语言,但 XSS 攻击可能涉及 Java、VBScript、ActiveX、Flash 或普通的 HTML(Hyper Text Markup Language,超文本标记语言)等其他语言。这些恶意脚本的目的是窃取用户的敏感信息或在用户端执行恶意操作,包括篡改网页内容、收集用户信息、发起钓鱼攻击、植入恶意软件等,甚至可能劫持用户会话。一旦攻击成功,攻击者可以从定向用户至恶意站点窃取会话 Cookie 并劫持用户会话。这些行为可能会让用户在不知不觉中泄露个人信息或资产,对用户的隐私和财产安全构成严重威胁。任何无法清理用户提供的包含脚本代码输入的 Web 应用程序都可能成为 XSS 攻击的潜在目标。开发者在设计和开发 Web 应用程序时,应该特别注意输入验证和输出编码,以防止 XSS 攻击。同时,用户也应该提高警惕,加强安全意识,避免在不可信的网站上输入个人信息或执行可疑操作。

3)OS 命令注入

有时 Web 应用程序需要执行一些 OS 命令函数(例如 C 和 C++中都存在的 system 函数),这给 OS 命令注入攻击提供了可能。当应用程序没有正确过滤用户输入时,攻击者可以插入一些恶意的 OS 命令,最终导致系统被攻击或者被控制。当不安全用户提供的数据(表单、Cookie、HTTP 标头等)被程序传递,可能会触发特定函数执行恶意的 OS 命令。在这种攻击中,攻击者提供的恶意 OS 命令通常以目标应用程序的权限执行,如果应用程序是使用 root 权限执行,那么注入的命令也是以 root 权限执行。该攻击可以让攻击者获取有关操作系统和服务器配置的信息,升级权限,甚至完全破坏系统。

4)代码注入

代码注入漏洞也称为远程代码执行漏洞,其产生的原因是输入数据验证存在缺陷,导致应用程序对数据格式、允许的字符和预期数据量等方面没有进行足够的限制。攻击者首先探寻应用程序是否存在可以接受不可信数据的漏洞,然后利用漏洞将恶意代码嵌入源代码中,从而修改包含恶意代码的可执行文件或脚本,最终由应用程序进行解释和执行。代码注入漏洞的引入通常由字符串的直接串联、PHP eval 函数或其他语言中的等效函数组成,这些函数能够让攻击者在应用程序中执行任意代码,从而实现对服务器的控制。攻击者可以利用这个漏洞获取服务器上的敏感信息,甚至完全掌握服务器的控制权。

2. 缓存区溢出

此类漏洞是软件读写内存缓冲区超出预期限制时缺乏输入验证造成的。如果数据数组或缓冲区的容量小于输入大小,可能导致相邻存储器中的数据被覆盖,造成缓冲区溢出。"差一错误"是 SCADA 软件常见的漏洞,如设置计数边界不当,易导致结果发生多一或少一的错误。循环子程序初始化设定循环次数时,将"≤"误用为"<"可能造成缓存区溢出。攻击者可以利用这个漏洞执行任意的指令、破坏系统的数据或造成拒绝服务攻击等。

3. 条件竞争

条件竞争漏洞与业务逻辑缺陷紧密相关。用户向服务器的请求可能是并发进行的,如果业务开发者疏忽并发执行多个线程,则可能会导致多个不同的线程同时与相同的数据交互,导致"冲突"。这种冲突可能会导致数据的不一致性和错误。成功利用该漏洞会引发内存损坏、文件目录更改和数据修改等问题。例如一些进程在使用资源之前会对资源进行检查后再使用,但攻击者可以在资源检查和使用之间进行数据篡改。

4. 缺乏弱加密

在某些情况下，敏感或关键信息没有得到适当的加密保护，以明文或类似明文的形式进行存储或传输，从而增加了信息泄露或被恶意攻击的风险。即使某些系统或网络使用了加密技术来保护敏感或关键信息，但加密强度的不足也可能导致密码容易通过暴力破解或其他简单的规则运算被破解。这种情况可能会发生在某些加密方法过于简单，或者密钥管理不严格的情况下。

5. 身份验证不当

当应用程序无法正确地验证用户或客户端的身份时，会出现"身份验证不当"安全漏洞。这种漏洞允许攻击者以未经授权的身份访问应用程序，进而获得某些特权或敏感信息。攻击者可以利用这种漏洞来冒充其他用户或绕过应用程序的安全措施，进而访问或篡改敏感数据，包括个人隐私信息、财务数据、密码等重要信息。身份验证机制中的大多数漏洞多以如下形式存在。

1) 弱验证

由于身份验证机制存在缺陷，无法有效防止暴力攻击。暴力攻击是攻击者通过不断尝试各种有效的用户凭据以获取访问权限的手段，常借助专业工具进行高速、大量的登录尝试。这种攻击并不一定采用完全随机的用户名和密码组合，攻击者还可以利用基本逻辑或公开信息，调整暴力攻击的方式，以提高猜测的准确性并大幅提高攻击效率。如果仅依赖密码登录作为用户身份验证的网站没有采取足够的强力保护措施，则非常容易受到攻击。

2) 验证绕过漏洞

验证绕过漏洞是指攻击者试图绕过或规避应用程序、系统或网络的安全控制措施，以获取未经授权的访问或执行某些恶意操作。这类漏洞通常涉及对应用程序或系统的输入、认证、授权或访问控制机制进行错误或恶意操作，从而绕过正常的安全检查。攻击者常见利用漏洞绕过验证的方式包括以下几种：攻击者绕过身份验证机制（用户名和密码）以获取对系统、应用程序或资源的访问权限；攻击者获取或利用有效用户的会话标识，以冒充合法用户并访问其账户；攻击者试图绕过访问控制或授权机制，以访问未经授权的资源或执行不被授权的操作；攻击者尝试通过提供恶意输入数据绕过应用程序的输入验证机制，以执行 SQL 注入、跨站点脚本、跨站点请求伪造等攻击；攻击者试图绕过文件上传机制的安全性，以上传包含恶意代码的文件，并在服务器上执行恶意操作；攻击者尝试直接访问或修改应用程序的 URL（Uniform Resource Location，统一资源定位符），以跳过某些安全检查或访问未经授权的页面或资源。

3) 硬编码

不同于从外部获取或者运行时生成身份凭证，硬编码凭证是将身份验证数据（用户 ID 和密码）直接嵌入程序或其他可执行对象的源代码。硬编码漏洞是指在软件应用程序或系统中，开发人员将敏感信息、配置参数或其他关键数据直接嵌入程序或其他可执行对象的源代码中，而不采用安全的、可配置的或动态的方式进行存储和管理。硬编码漏洞可能包括以下情况：将密码明文存储在代码中或配置文件中；将 API 密钥或访问令牌明文嵌入应用程序的代码中，使攻击者可以轻松地提取这些凭证并滥用其权限；将服务器的 IP 地址和端口号硬编码到应用程序中，而不是使用配置文件或 DNS（Domain Name Server，域名服务器）记录来管理这些信息；将数据库连接字符串（包括用户名和密码）硬编码到应用程序中；

将外部 API 端点或服务的 URL 硬编码到应用程序中；将用于数据加密和解密的密钥硬编码到应用程序中。硬编码漏洞的风险在于，一旦攻击者能够访问应用程序的源代码或配置文件，他们就能够轻松地找到和滥用这些硬编码的敏感信息。例如特定品牌的每个设备或系统的硬编码密码相同，攻击者只需在供应商手册或互联网上的专用密码列表中查找默认密码即可访问登录。

6. 目录遍历

目录遍历漏洞也被称为文件路径遍历漏洞，攻击者利用该漏洞可以访问未被授权的文件或目录，通常通过在输入中插入特殊字符或构造恶意请求实现。如果 Web 应用程序未正确验证或过滤用户提供的输入，攻击者可以在输入中包含特殊字符（如"../"或"%2e%2e/"）来尝试导航到上级目录或绕过应用程序的文件系统访问控制。这些文件也许含有应用的源码、数据、后端系统的认证信息和重要的操作系统文件。在某些条件下，攻击者还能改写服务器上的文件，更改应用的数据或执行操作，甚至可能完全占据服务器。目录遍历漏洞可能导致敏感数据泄露、恶意代码执行、文件损坏或删除以及拒绝服务攻击等问题。

5.4.3　SCADA 系统常见攻击与安全防护

攻击者可能利用上述漏洞发起一系列攻击，因此边缘计算软件系统面临多种信息安全威胁，本节以 SCADA 系统为例介绍典型的攻击场景与常见安全防护措施。

1. 典型的攻击场景

1）拒绝服务攻击

拒绝服务攻击旨在耗尽设备的所有可用资源，致使设备无法响应其他合法的请求，甚至会导致设备崩溃。例如，美国 Eaton 公司开发的 Eaton HMiSoft VU3 人机界面编程软件，其 3.00.23 及更早的版本存在缓冲区溢出、堆栈溢出以及越界读取漏洞。攻击者利用主站和从站之间的通信协议漏洞，持续向主站或从站发送大量的无用数据包，进而占用工作系统的带宽资源，导致主站无法及时接收并处理从站采集到的数据，或者从站无法及时接收主站发出的控制命令。

2）监听

如果攻击者具备监听数据网络运行的能力，则能获取传输的数据和信息等，进而侵害无线通信系统的安全。任何人都能接收无线信号并还原信息，因此这种攻击方式具有较大的危害性。有线通信系统由于需要专门的硬件设备接入线路，对攻击者来说具有一定的难度。在 SCADA 系统中，攻击者可能监听到主站的登录信息，从而获得相应的操作权限；或者监听到关键的敏感数据信息，为后续的攻击行动做准备。

3）中间人攻击

在 SCADA 系统通信网络中，攻击者以合法身份拦截并破解网络传输的数据，破坏信息机密性，甚至篡改信息。例如，地址解析协议缺乏身份认证机制，任何连接到网络的设备都可以冒充合法用户，攻击者基于此漏洞向控制中心发送虚假信息，控制中心工作无法判断工作现场的实际情况，导致发送错误操作指令。攻击者截获并篡改监控层发往现场作业区从站的数据，进而影响工作现场执行机构的正常动作。

4）重放攻击

攻击者持续地向从站传送经过系统验证的信息，例如向从站的 PLC 发出合法的控制指令,造成 PLC 重复执行该指令,这可能对现场的工作设备造成破坏。

　　5) 蠕虫病毒

　　在 SCADA 系统环境中,黑客可能利用病毒攻击现场设备,导致设备故障或损坏,进而阻碍监控层实时获取现场数据以及远程对设备的控制操作。此类攻击行为还可能使现场设备执行错误指令,导致错误的控制操作,从而对 SCADA 系统的正常运转和人身安全造成威胁。

2. 常见安全防护措施

　　SCADA 系统作为关键的工业生产控制系统,承担着数据采集和监控的重大任务。一旦遭受网络攻击并被成功入侵,可能会对工业生产过程的安全性、生产力和可靠性产生极为严重的后果,甚至可能导致毁灭性的打击。考虑到这些潜在的威胁,实施一系列严格的安全方案是必要的。

　　网络隔离是保护 SCADA 系统的最佳方法之一。为了确保安全性,整个网络应按照功能访问权限或功能分区进行划分,并在不同区域之间创建逻辑或物理屏障。这样,即使某个区域受到威胁,攻击者也无法轻易地从一个区域到另一个区域进行未经授权的访问或通信,防止潜在的危害。防火墙、路由器、交换机或 VPN 等安全设备常用来实施工控网络隔离。这些设备可以帮助限制不同区域之间的通信,只允许授权用户或设备进行访问。此外,流量过滤技术可以检测并拦截恶意流量,而加密算法可以确保数据在传输过程中的安全性,防止数据被窃取或篡改。

　　漏洞扫描措施通过监测、分析网络、控制系统以及数据库等行为特征,从不同角度对整个系统安全性进行检查与评估,提供有效的加固方案,阻断病毒的传播,降低业务安全风险。通过对工控设备进行扫描和识别,还可以完善资产管理体系,明确各类资产信息和相关责任人,准确识别连接到系统的所有设备,主要分为被动扫描和主动扫描两类。被动扫描通过网络流量监听来分辨服务、主机和终端设备是否存在异常情况。这种扫描方式不会主动与设备进行交互,不会干扰正常的网络通信。因此具有良好的安全性,可以长时间连续工作。然而,由于这种方式只能被动接收网络流量发送的数据包,因此能够获取到的设备信息相对有限。如果目标设备处于休眠状态或未连接到网络,被动扫描可能无法对其进行检测。主动扫描则是通过定期或不定期地向目标设备发送数据包,并根据回应判断设备状态。这种方式具有一定的侵入性,需要与设备进行实时交互,可能会对部分较为脆弱的设备造成潜在破坏。因此,用户需要根据实际情况谨慎选择适合的扫描方式。

　　访问控制对哪些用户可以访问系统及他们可以在系统上执行什么操作做出了规定。这种机制可以确保只有具备相应权限的用户才能访问敏感数据或执行关键任务,从而防止潜在的安全风险和未授权访问。访问控制通常包括用户和设备的识别、认证和授权。在实施过程中,首先需要对每个用户进行详细的角色和职责定义,以便明确他们应该具有哪些访问权限。在用户身份认证完成后,系统会根据用户的角色和职责为其分配相应的权限。为了验证用户的合法性并防止未经授权的登录,可以采用多种验证方法,如密码、生物识别、令牌、证书或多因子身份验证等。这些技术可以帮助系统确认访问者是否为授权用户,并阻止恶意用户冒充合法用户进入系统。除了基于角色的访问控制外,还可以根据用户属性或上下文实施更精细的访问控制策略。例如有些用户仅在特殊的时间段或者日期有访问权限,或者仅能访问特定设备的部分数据或功能。这些额外的控制机制可以进一步增强系统的安全性。

及时更新补丁和安全修复程序,有助于防止 SCADA 系统漏洞被利用。补丁管理包括以及时和一致的方式识别、测试和应用补丁到系统组件,可以使用自动化工具或手动过程来执行补丁管理,但需要确保有备份和恢复计划,以防出现故障或错误。

5.4.4　PLC 系统安全威胁与防护分析

1. PLC 系统设计安全缺陷

首先,如 5.3.3 节所述,PLC 以周期性扫描的方式运行,在完成当前扫描周期之前无法进行数据更新。如果 PLC 的输入信号时间短于其反应时间,那么就存在被误读的可能性。由于采用顺序执行和循环扫描的程序流程,每次执行程序时都会刷新输入区域和存储区域,在每次程序执行结束与下一次开始执行之间,输出和输入状态都会被更新一次,这为攻击者实施攻击行为提供了充足的时间。

其次,由于工业控制现场对于实时性有极高的要求,PLC 通常采用的操作系统都是特定的实时操作系统,这些系统由于特殊的应用场景限制,多使用专有组件,即专为某一应用或设备服务,很少与其他系统共享电路。安全人员需要对 PLC 的专用软硬件充分了解才能进行有效的安全防护。而外部人员缺乏获得相关资料的途径,因而 PLC 的安全防护方案目前只能由相关生产厂商负责实施,难以获取更为广泛的信息安全领域专家意见。这也导致漏洞修复过程将产生更多的时间和经济成本,系统长时间处于不安全的状态。这也是工业控制领域较为普遍存在的问题。

最后,传统的工业运行环境普遍采用物理隔离的方法。工业协议在初始设计阶段并未充分考虑加密、认证等关键安全防护措施。工控协议具有面向命令、面向功能、轮询应答的特点,攻击者一旦掌握协议构造方式并接入工控网络,便能篡改 PLC 的任意数据。工控协议中部分高级或自定义功能也带来了许多潜在威胁,例如,Modbus 协议的从机诊断命令可能导致从机 PLC 切换到侦听模式;CIP 协议的部分命令字可能导致从机 PLC 直接重启;S7 协议的 StopCPU 功能将导致 PLC 程序运行停止。

2. PLC 系统设计安全缺陷

随着工业化与信息化两者的融合程度不断加深,工业控制系统的信息安全问题逐渐凸显。PLC 系统作为工业控制系统的重要组成部分,也极易成为黑客攻击的目标,对工业控制系统的稳定运行和人员生命财产安全构成了严重威胁。按照攻击的难易程度可将 PLC 遭受的攻击分为以下三类。

1) 干扰性攻击

干扰性攻击对 PLC 的正常运行造成干扰,但不改变 PLC 的组态,主要用于耗尽 PLC 的资源,例如网络带宽、CPU 计算资源等,从而使得 PLC 对正常的请求无法及时做出回应。这类攻击虽然简单,但效果显著,往往能造成系统瘫痪或运行效率急剧下降。

2) 组态攻击

组态攻击是破坏 PLC 的控制逻辑,从而达到精准实施攻击的目标,实施组态攻击需要深入了解 PLC 的工作原理和组态配置,并具备较高的编程和调试能力。例如,"震网"蠕虫病毒就是一个典型的组态攻击案例。

3) 固件攻击

固件在 PLC 中充当了操作系统的角色,针对 PLC 的固件攻击极为隐蔽。首先对 PLC

的固件进行逆向,确定各个参数的寄存器地址,匹配已知的设备功能,然后注入恶意指令、修改跳转指令或者修改寄存器地址。上述操作一般不影响上层组态软件的稳定性,最后对固件进行重新打包并重新下载到 PLC 中。PLC 固件存在信任其内在固件验证过程的缺陷,这个过程可以用来验证固件是否受到破坏,但是无法检测到恶意篡改。

3. PLC 主要安全防护措施

针对上述安全威胁,目前对于 PLC 系统的安全防护主要分为代码安全形式化分析方法和可信 PLC 设计方法两类。

1) PLC 代码安全形式化分析

PLC 代码安全形式化分析是 PLC 代码进行检测和评估的方法,它利用形式化验证技术,通过建立数学模型和推理规则,对 PLC 程序进行自动化分析和验证,从而发现代码中可能存在的安全漏洞和错误。在 PLC 代码安全形式化分析过程中,通常需要将 PLC 程序转化为中间表示形式,例如抽象解释器或符号模型。然后,利用形式化验证工具和技术,对这些中间表示形式进行自动化分析和验证,以发现潜在的安全问题。此外,还需要定义安全属性,以便在 PLC 程序中进行自动化验证。通过 PLC 代码安全形式化分析,可以检测到安全漏洞、不安全的输入处理、安全策略不足、安全日志和审计缺乏等问题。

2) 可信 PLC 设计

可信 PLC 设计采用可信芯片和信任根,结合哈希算法,在系统启动阶段通过信任链的传递实现 PLC 的可信启动。

PLC 系统启动文件包括:BOOT. BIN 是启动加载程序,用于初始化硬件设备、加载设备驱动和执行系统引导;devicetree. Dtb 描述了设备的配置信息,用于系统启动时的设备识别和管理;uImage 包含了操作系统的镜像文件,用于启动操作系统;uramdisk. image 是 RAMDisk 的镜像文件,用于在系统启动时提供临时的文件系统支持。在启动过程中,系统会对下一次启动链接进行安全性测试,以确保下一次启动的安全性和稳定性。测试结果会被扩展到平台配置寄存器中,这些寄存器用于存储系统的配置信息和状态。只有下一个启动链接是安全的,控制才会转移过去。如果下一次启动链接存在任何不安全因素或错误,系统将不会将控制权转移给下一个启动链接,从而避免了潜在的安全风险和系统故障。

当设备上电系统启动时会调用每个文件中的哈希码段来执行完整性检查。如果哈希值与之前存储的标准值不相同,则直接删除文件。所有启动文件将依次验证,一旦篡改了任意启动文件,设备都无法启动。但为了提升效率,该方法只检查 PLC 系统启动所需的文件,而不检查不必要的文件。攻击者还可以篡改不必要文件来达到攻击的目的。

固件签名检查是一种在运行时对固件进行核查的技术,通过高效代码认证技术实现,可以在加载固件模块时,根据标准安全策略进行严谨的验证。这种技术主要依赖于经过严格认证的编译器来生成高效代码,从而确保了其实现过程的安全性和可靠性。尽管这种技术对于检测恶意固件非常有效,但它并不能有效地防范恶意硬件和拒绝服务攻击。由于该技术是基于开放固件的,所以无法验证非开放固件的安全性。

题库

第6章

工业互联网平台与数据

6.1 工业互联网平台架构

工业互联网平台是基于互联网和物联网技术,为工业领域提供数据采集、传输、处理和应用的一种综合性解决方案。它将传感器、设备、网络、云计算和人工智能等技术融合在一起,实现工业数据的实时监测、分析和智能化决策,以提高生产效率、降低成本和改善管理。工业互联网平台架构包括边缘、平台、应用三大核心层级,如图6.1所示。边缘层的介绍见第5章。

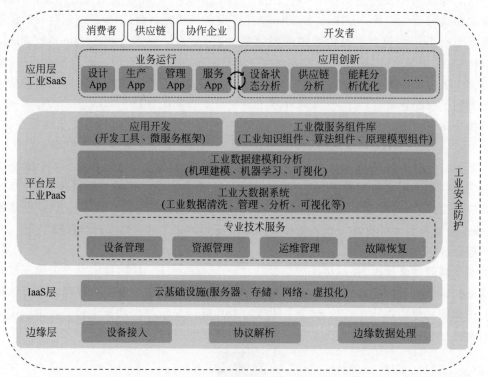

图 6.1　工业互联网平台架构

6.1.1　工业 IaaS

工业 IaaS(Infrastructure as a Service)是指工业互联网中的基础设施及服务,它是云计算服务模型中的一种,将基础设施资源(服务器、存储、网络、虚拟化)以云计算服务的形式提供给工业企业的模式,旨在为工业企业提供可扩展、灵活和高效的基础设施支持。与传统的 IT 基础设施相比,工业 IaaS 更加关注实时性、可靠性、安全性和稳定性等方面的要求,能够为企业提供高效、可靠、弹性、灵活的 IT 基础设施服务。工业 IaaS 提供了计算资源(如虚拟机、容器)、存储资源(如云存储)、网络资源(如虚拟网络)等基础设施,这些基础设施可以按需进行规模扩展,以适应工业企业的需求变化。

工业 IaaS 通过以下技术手段实现资源服务设施的综合管理。

1. 虚拟化技术

虚拟化是工业 IaaS 的核心技术之一,它将物理资源(如服务器、存储设备和网络设备)抽象成虚拟资源。通过虚拟化管理软件,可以对虚拟机进行创建、配置、调度和监控,实现资源的灵活分配和动态扩缩容。

2. 自动化管理

工业 IaaS 借助自动化管理工具,对资源服务设施进行自动化配置、部署、监控和维护。这些工具可以自动完成资源的启动、停止、备份和恢复等操作,提高管理效率和一致性。

3. 编排和编程接口

工业 IaaS 提供编排工具和编程接口,使用户可以定义和执行自动化工作流程。通过编排工具,可以实现资源服务设施的编排、协调和管理;而编程接口则提供了编程方式与资源进行交互,实现资源的自动化管理和控制。

4. 多租户架构

工业 IaaS 采用多租户架构,允许多个工业企业共享同一基础设施的资源。通过虚拟化和隔离技术,确保不同企业之间的数据和应用的安全和隔离。

5. 配置管理

工业 IaaS 通过配置管理工具来管理和追踪资源服务设施的配置信息。这些工具可以记录和管理服务器、网络设备和存储设备的配置,确保配置的一致性和可追溯性。

6. 监控和报警

工业 IaaS 通过监控和报警系统对资源服务设施进行实时监测和警报。监控系统可以收集和分析资源的性能指标和使用情况,如 CPU 利用率、内存消耗、网络流量等,并通过报警系统发送警报通知,及时发现和解决问题。

7. 安全管理

工业 IaaS 通过安全管理手段确保资源服务设施的安全性。这包括访问控制、身份认证、数据加密、安全审计和漏洞管理等措施,以保护用户数据和系统免受安全威胁。

通过工业 IaaS,工业企业可以将基础设施的管理和维护外包给云服务提供商,从而降低 IT 成本和复杂性,集中精力于核心业务的创新和发展。工业 IaaS 为工业企业提供了灵活、可扩展和高效的基础设施支持,促进工业企业的数字化转型和互联网化发展。

工业 IaaS 有以下优势:一是弹性扩容和缩减,企业可以根据业务需求随时增加或减少 IT 基础设施资源,降低了运营成本和风险;二是高可用和可靠性,工业 IaaS 提供了多层次的安全和容灾机制,确保 IT 基础设施的高可用和可靠性;三是灵活性和可定制性,企业可以根据自身需求选择合适的基础设施服务,定制化 IT 基础设施,以满足不同的业务需求;四是简化 IT 运营管理。工业 IaaS 将 IT 基础设施转移到云端,可以减小企业的 IT 运营管理负担,减少维护成本。总之,工业 IaaS 提供了一种高效、可靠、灵活、安全的 IT 基础设施服务,能够帮助企业快速响应业务需求,降低运营成本和风险。

6.1.2　工业 PaaS

工业 PaaS(Platform as a Service)是一种云计算平台,作为工业互联网平台的核心,它提供了一整套的工业应用程序开发、部署和管理工具,以帮助企业更快地开发和交付工业应用程序。工业 PaaS 平台将工业数据、设备和系统集成到云中,使企业可以更好地管理其工业生产和运营,PaaS 的体系架构如图 6.2 所示。工业 PaaS 包含以下技术手段。

图 6.2　PaaS 的体系架构

1. 开发框架和工具链

工业 PaaS 提供了各种开发框架和工具链,用于简化应用程序的开发、测试和部署。这些框架和工具链可以提供编程语言支持、集成开发环境(Integrated Development Environment,IDE)、调试工具、版本控制和协作工具等,使开发人员能够高效地构建和管理应用程序。

2. 容器化技术

工业 PaaS 通常使用容器化技术(如 Docker)来实现应用程序的打包和部署。容器化可以将应用程序及其依赖项打包为独立的容器,提供了隔离性、可移植性和可伸缩性,简化了应用程序的部署和管理。

3. 自动化部署和管理

工业 PaaS 通过自动化部署和管理工具,如 Kubernetes,实现应用程序的自动化部署、扩展和管理。这些工具可以根据应用程序的需求自动调整资源、实现应用程序的高可用性,并提供监控、日志管理和自动伸缩等功能。

4. 云原生架构

工业 PaaS 倡导云原生架构,通过将应用程序设计为松耦合、可伸缩和可靠的微服务,提高应用程序的可管理性和可扩展性。云原生架构还利用容器化、微服务和自动化管理等技术,支持敏捷开发和持续交付。

5. 服务治理和 API 管理

工业 PaaS 提供服务治理和 API 管理功能,用于监控、调度和管理应用程序和服务。这包括服务注册和发现、负载均衡、故障转移、安全认证和访问控制等功能,以提高应用程序的可靠性和安全性。

6. 数据处理和分析

工业 PaaS 提供数据处理和分析的能力,以支持工业应用程序的数据处理、挖掘和可视化。这包括实时数据流处理、批处理、大数据存储和查询、机器学习和可视化工具等,帮助企业从海量数据中提取价值和洞察。

以上技术手段综合应用于工业 PaaS 中,可以提供开发、部署、扩展、管理和分析工业应用程序的功能,提升开发效率、可靠性和可扩展性,推动工业数字化转型和创新。

工业 PaaS 的主要优势在于它可以帮助企业更好地处理和分析大规模的工业数据,并基于这些数据生成智能化的洞察和建议。同时,工业 PaaS 平台还提供了可视化的工具和模拟器,使企业可以更好地模拟和优化其工业生产过程。此外,工业 PaaS 还支持企业创建自己的工业应用程序,以满足其特定的业务需求。它减少了企业的 IT 成本和复杂性,提高了开发效率和灵活性。工业 PaaS 为工业企业的数字化转型和创新提供了支持,促进了工业互联网的发展和应用。

6.1.3　工业 SaaS

工业 SaaS(Software as a Service)是一种基于云计算的解决方案,专注于服务制造业和工业领域的企业。它包含多种软件工具和服务,用于协助企业管理和优化其生产、供应链、物流等操作,以增进生产效率、降低成本并提高客户满意度。工业 SaaS 的核心目标是为各种工业应用场景提供不同类型的工业 App。此外,工业 SaaS 平台积极与各类用户和第三方开发者互动,以确保用户获得安全可靠的应用服务,这正是平台最终的价值所在。SaaS 架构如图 6.3 所示。

工业 SaaS 的主要功能包括生产计划排程、物流管理、设备维护、品质控制、数据分析等。这些工具可以帮助企业实时监测生产流程,优化生产效率和质量,并提高供应链和物流的可视化和透明度。此外,工业 SaaS 还提供了各种报告和分析功能,可以帮助企业管理者做出更明智的决策。工业 SaaS 包含以下技术手段。

1. 多租户架构

工业 SaaS 通常采用多租户架构,允许多个用户共享同一个应用程序实例。这样可以实现资源共享和成本共享,提高资源利用率和经济效益。

2. 前端开发技术

工业 SaaS 需要采用适当的前端开发技术来构建用户界面。常见的前端开发技术包括 HTML、CSS、JavaScript 等,用于实现用户界面的布局、样式和交互功能。

3. 后端开发技术

工业 SaaS 需要采用后端开发技术来实现应用程序的逻辑和数据处理。常见的后端开发技术包括服务器端编程语言(如 Java、Python、C♯等)、数据库管理系统(如 MySQL、PostgreSQL 等)、Web 框架(如 Spring、Django 等)等。

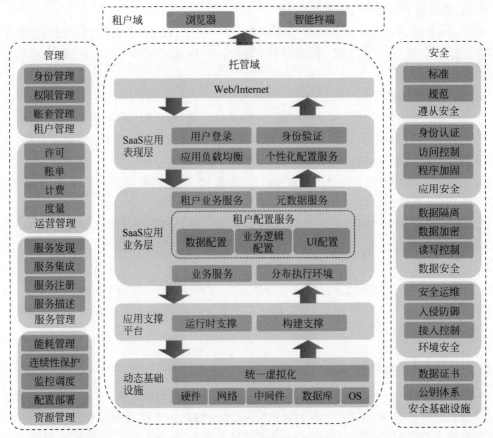

图 6.3　SaaS 架构

4. 云计算和虚拟化技术

工业 SaaS 通常基于云计算平台实现，利用虚拟化技术将应用程序部署在云环境中。云计算提供了按需分配和弹性扩展的能力，使工业 SaaS 能够根据用户需求灵活调整资源。

5. 数据存储和管理

工业 SaaS 需要有效地管理用户数据和应用程序数据。这包括数据库管理系统的选择和配置、数据备份和恢复机制、数据安全和隐私保护等技术手段。

6. API 和集成

工业 SaaS 通过提供 API 和集成能力，与其他系统和应用程序进行集成。这使得用户可以与现有系统集成，实现数据共享、业务流程整合和功能扩展。

7. 安全和隐私保护

工业 SaaS 关注安全和隐私保护，采用各种安全措施保护用户数据和系统安全。这包括数据加密、身份认证、访问控制、漏洞扫描和安全审计等技术手段，确保用户数据和隐私的安全性。

8. 数据分析和智能化

工业 SaaS 可以利用数据分析和智能化技术，对工业数据进行收集、存储、处理和分析，提供洞察和决策支持。工业 SaaS 有以下关键特点和优势。

（1）工业 SaaS 以订阅模式提供，用户按照需要选择订阅的服务级别和功能。这种模式降低了起始成本,使工业企业能够根据需求灵活调整订阅规模。

(2)工业 SaaS 通过互联网提供网络访问服务,用户可以通过标准的 Web 浏览器或专用的客户端应用程序远程访问软件。这样,用户可以随时随地使用工业软件,无须受限于特定的硬件和地理位置。

(3)自动更新和维护。由于工业 SaaS 提供商负责软件的更新和维护,用户无须自行管理和升级软件。这使得工业企业能够专注于核心业务,而无须担心软件的管理和维护工作。

(4)灵活扩展。工业 SaaS 通常具备灵活扩展的能力,可以根据用户需求进行功能定制和规模调整。用户可以根据业务变化和增长需求,快速扩展或缩减订阅规模。此外,由于它是基于云计算的,因此无须企业进行额外的硬件和软件投资,可以快速启动并随时根据需要扩展。

总之,通过工业 SaaS,工业企业可以快速获得和使用各种工业软件,如生产管理系统、设备监控系统、供应链管理系统等。它提供了灵活、高效和经济的方式来满足工业企业的软件需求,促进了数字化转型和业务创新。

6.2 工业互联网大数据

工业互联网大数据是指在工业领域中,通过互联网和相关技术收集、存储、处理和分析产生的大量数据。这融合了工业互联网和大数据技术,其目标在于实现工业领域的数字化转型和智能化发展。作为新一代信息技术和产业的关键要素,工业大数据正在深刻地影响我国制造业全产业链的各个环节。未来,这将推动传统制造业的升级和转型,可以推动"中国制造 2025"战略。

工业互联网大数据具有以下特点:一是数据来源广泛。工业互联网大数据涵盖了多个行业和领域的数据,包括制造业、能源、交通运输、农业等。这些数据来源多样,包括传感器数据、设备数据、生产数据、供应链数据等,涵盖了整个产业链的各个环节。二是数据量大。工业领域的生产数据通常具有高频率、大容量的特点,这些数据以大规模的方式生成和积累,形成大数据的规模。三是数据多样性。工业互联网大数据包含结构化数据和非结构化数据,结构化数据可以通过数据库进行管理和分析,而非结构化数据则需要借助文本挖掘、图像识别、语音识别等技术进行处理。四是数据价值潜力。通过对工业互联网大数据进行分析和挖掘,可以发现隐藏在数据中的规律和模式,提供有价值的信息和洞察,帮助企业做出更准确的决策、改进生产效率和优化产品质量。工业互联网大数据的应用广泛,涵盖了许多领域和行业。以下是一些常见的应用领域。

1. 生产优化

通过对工业互联网大数据的分析,可以实时监测生产设备的状态和性能,预测设备故障,并进行预防性维护,从而提高生产效率和设备利用率。

2. 质量控制

利用工业互联网大数据,可以对生产过程中的质量参数进行实时监测和分析,及时发现和纠正问题,确保产品质量的稳定性和一致性。

3. 供应链优化

通过对供应链中的各个环节进行数据分析,可以实现供应链的实时可视化和监控,优化物流运输、库存管理和供应计划,提高供应链的效率和灵活性。

4. 设备健康管理

通过对设备传感器数据和运行参数的实时监测和分析,可以预测设备的健康状况,提前发现潜在故障和异常,减少设备停机时间和维修成本。

5. 能源管理

工业互联网大数据可以帮助企业实时监测能源消耗情况,分析能源利用效率,并提供节能的建议和措施,降低能源成本和环境影响。

6. 智能制造

通过将工业互联网大数据与人工智能和机器学习相结合,可以实现智能制造的目标。例如,通过分析大量生产数据,优化生产调度和工艺参数,实现生产过程的自动化和智能化。

7. 智慧城市

工业互联网大数据在城市规划、交通管理、环境监测等方面也有广泛的应用。通过对城市数据的收集和分析,可以提供智慧交通、智能能源管理、环境保护等解决方案,提升城市的可持续发展和生活质量。

这些应用领域只是工业互联网大数据应用的一部分,随着技术的不断发展和创新,将有更多的领域受益于工业互联网大数据的应用。总之,工业互联网大数据在工业领域发挥着重要的作用,可以帮助企业实现智能化生产、提高效率和质量、优化资源利用和供应链管理,同时为决策者提供智能化的决策支持,推动工业领域的数字化转型和智能化发展。

6.2.1 数据采集技术

作为工业互联网的三大功能体系之一,工业互联网平台扮演着全要素互联的关键角色,它是工业资源配置的核心。在这一体系中,工业数据采集被视为基础要素,发展工业数据采集是我国推动工业互联网平台广泛应用的起点,也是制造业升级的必需条件。随着信息技术和工业技术的深度融合,信息技术已渗透到工业企业产业链的各个环节。这推动了新兴智能制造模式的发展,而这些模式的核心依赖于对大规模工业数据的全面感知。工业数据采集有助于实现对生产现场各种工业数据的实时采集和整理,并向企业的 MES、ERP 等信息系统提供大量工业数据。通过深入挖掘积累的工业大数据,可以实现生产过程的优化和智能化决策。

工业大数据平台一般包括三个模块,分别是数据采集模块、数据存储模块和数据计算模块。数据采集模块为大数据平台的数据分析提供数据源,数据存储模块为数据计算模块提供数据源和存储空间。它提供了数据计算、机器学习、图形分析、数据查询,是数据分析的核心组成部分。数据计算模块对海量数据进行计算,挖掘有用的数据价值信息,为产业决策者提供决策依据。

工业互联网的数据采集技术是构建工业互联网基础的关键技术之一。它利用泛在感知技术,能够实时高效地收集和汇总来自多源设备、异构系统以及运营环境等各个要素的信息至云端。工业数据采集主要在工业互联网平台的边缘层体系中发挥作用。它通过多种通信方式连接不同类型的设备、系统和产品,以采集广泛范围和深层次的工业数据,同时进行异构数据的协议转换和边缘处理,从而构建了工业互联网平台的数据基础。工业数据采集的范围涵盖了工业现场设备的数据采集以及工厂外部智能产品和装备的数据采集,还包括对 ERP、MES 等应用系统的数据采集,以下是一些常见的工业数据采集方式。

1. 传感器数据采集

通过安装在设备或生产线上的传感器,采集各种物理量的数据,如温度、压力、湿度、振动、电流等。传感器通过模拟或数字信号将数据传输到数据采集单元或控制系统。

2. 设备连接和接口

将设备、机器或系统连接到工业网络或互联网,实现数据的远程采集,这可以通过使用以太网、工业以太网、串口通信、Modbus、OPC 等标准协议和接口来实现。

3. SCADA 系统

SCADA 系统用于监控和控制工业过程中的设备和系统,它可以通过连接到传感器和控制器来采集实时数据,并提供监控和控制功能。

4. 数据记录仪

数据记录仪是专门用于采集和记录数据的设备,它可以连接到各种设备和传感器,通过存储数据或实时传输数据到中央存储设备或云平台。

5. 物联网设备

物联网设备可以直接连接到互联网,并收集各种数据,这些设备可以是智能传感器、工业设备、机器人、可穿戴设备等,通过内置的传感器和通信功能来采集和传输数据。

6. 数据挖掘和抓取技术

对于非结构化数据,如文本、图像和音频等,可以使用数据挖掘和抓取技术从各种来源收集数据,这包括网络爬虫、图像识别、自然语言处理等技术,可以从文档、图像、音频和视频等媒体中提取有用的数据。

这些数据采集方式可以单独或结合使用,根据具体的工业应用场景和需求进行选择。通过工业数据采集,可以获取大量的实时数据和历史数据,为工业互联网大数据分析和应用提供基础。

6.2.2　数据即服务

在工业互联网领域,数据即服务(Data as a Service,DaaS)是一种重要的技术手段,它能够帮助企业更好地管理和利用其生产数据和设备数据,从而提高生产效率和产品质量。它是一种数据管理策略,用于存储数据和分析,它使用云通过网络连接提供数据存储、集成、处理和分析服务。DaaS 方法侧重于通过 API 按需从各种来源供应数据。它旨在简化对数据的访问,提供精选的数据集或数据流,以多种格式使用,通常使用数据虚拟化进行统一。事实上,DaaS 架构可能包括一系列数据管理技术,包括数据虚拟化、数据服务、自助服务分析和数据编目等。

从本质上讲,DaaS 为工业提供了一种方法,充分利用其不断增长且复杂的数据资源,为用户提供最重要的洞察力,这种数据的广泛使用对于任何想要将数据转化为实际价值的企业都是至关重要的,它代表了一个巨大的机遇,通过以数据为中心的业务运营和流程方法,可以将组织的数据资产化,从而获得竞争优势。

工业互联网中的 DaaS 服务提供商通常会提供以下功能。

1. 数据采集和存储

DaaS 可以通过传感器、设备和其他数据源来采集工业数据，并将其存储在云端或本地服务器中，这些数据可以包括设备状态、传感器读数、生产数据等。

2. 数据标准化和清洗

为了使数据具有一致性和可理解性，DaaS 可以对采集的数据进行标准化和清洗，这包括数据格式转换、数据归一化、数据质量检查等处理步骤。

3. 数据分析和挖掘

DaaS 服务提供商通常会提供各种数据分析和挖掘工具，帮助企业深入分析其生产数据和设备数据，并发现潜在的问题和机会，从而优化生产流程和提高产品质量。

4. 数据共享与访问控制

DaaS 可以实现数据共享的能力，使得工业数据可以被授权的用户或组织访问和使用，平台可以实施访问控制策略，确保数据的安全和隐私。

5. 数据可视化和报告

DaaS 服务提供商通常会提供可视化和报告工具，帮助企业将数据转化为易于理解和使用的图表和报告，从而更好地了解其生产和设备状态，并进行决策和优化。

6. 数据 API 和集成

DaaS 可以提供数据 API，使得用户可以通过编程方式访问和使用工业数据，这样可以实现与其他系统和应用程序的集成，以支持更广泛的数据应用。

7. 数据安全和隐私保护

DaaS 服务提供商通常会采用高级的数据安全和隐私保护措施，例如数据加密、访问控制和安全审计等，保护企业的数据不受未经授权的访问和泄露。

通过使用工业互联网中的 DaaS 服务，企业可以更好地管理和利用其生产和设备数据，从而提高生产效率和产品质量，降低成本和风险，促进业务创新和增长，推动数字化转型和智能化发展。

1）关键优势

与本地数据存储和管理相比，DaaS 在速度、可靠性和性能方面提供了几个关键优势。

（1）最短的设置时间。组织可以使用 DaaS 解决方案几乎立即开始存储和处理数据。

（2）改进的功能。云基础设施不太可能发生故障，使 DaaS 工作负载更不容易停机或中断。

（3）更大的灵活性。DaaS 比本地替代方案更具可扩展性和灵活性，因为可以立即将更多资源分配给云工作负载。

（4）节省成本。使用 DaaS 解决方案更容易优化数据管理和处理成本。公司可以为其在云中的数据工作负载分配适量的资源，并根据需要的变化增加或减少这些分配。

（5）自动化维护。DaaS 平台上的工具和服务由 DaaS 提供商自动管理并保持最新状态，无须最终用户自行管理工具。

（6）更少的员工需求。使用 DaaS 平台时，组织不需要维护专门从事数据工具设置和管理的内部员工。这些任务由 DaaS 提供商处理。

2) 特殊挑战

虽然 DaaS 提供了许多好处,但它也带来了特殊的挑战。

(1) 独特的安全考虑。由于 DaaS 要求组织将数据移动到云基础架构并通过网络传输数据,因此它可能会产生安全风险,如果数据保留在防火墙后的本地基础架构上,则不会存在这些风险,这些挑战可以通过对传输中的数据进行加密来缓解。

(2) 额外的合规性步骤。对于某些组织而言,当敏感数据移动到云环境中时,合规性挑战也可能会出现,这并不意味着数据不能在云中集成或管理,而只是说受特殊数据合规性要求约束的公司必须确保他们的 DaaS 解决方案满足这些要求,例如,他们可能需要将 DaaS 托管在位于特定国家和地区的云服务器上,以保持合规性。

(3) 可能受限的功能。在某些情况下,DaaS 平台可能会限制可用于处理数据的工具数量,用户只能使用托管在 DaaS 平台上或与之兼容的工具,而不能使用他们选择的其他工具来设置自己的数据处理解决方案。

(4) 数据传输时间。由于网络带宽限制,将大量数据传输到 DaaS 平台可能需要一些时间,如果数据带宽有限,数据压缩和边缘计算策略可以帮助加快传输速度。

6.3　工业互联网平台与大数据安全

随着物联网、云计算等新兴技术发展,工业控制系统日益开放,随之而来的信息安全问题日益增多,遭受攻击的门槛也逐渐降低,威胁来源变得多种多样。经过近几年的快速发展,工业互联网架构日渐清晰,主要由网络、平台、设备等不同层级构成,同时也涵盖贯穿多层级的产业链资源、数据要素等。上述环节均不同程度涉及与工业生产或管理紧密相关的身份鉴权、传输安全、敏感信息保护等问题。接下来介绍几种常见的安全问题及防御方法。

6.3.1　工业系统后门与漏洞

1. 工业系统中的安全威胁

工业控制系统的三个安全目标是可用性、完整性、机密性。针对工业系统的安全威胁可以分为三类:一是针对可用性的攻击,旨在拒绝对系统资产和操作的访问。在 ICS (Industrial Control Systems,工业控制系统)中,指拒绝访问系统的所有组件,如 ICS 资产、操作员工作站、工程工作站、通信系统以及控制设备。二是针对完整性的攻击,通过非法修改消息内容或系统资产内容。在 ICS 中,这就是修改通过三个系统级别传输的获取消息或控制命令,以及修改 PLC 或 RTU 中的数据库或控制程序的内容。三是针对机密性的攻击,目的是在工业控制网络中获取未经授权的数据或资源。获取的数据(如密码、PLC 配置)可能会被无意用于重放某些 ICS 操作。这些威胁可以利用 ICS 网络和通信协议的设计和实施中的漏洞,产生一些在 IT 界已经知道的攻击,但对 ICS 管理的过程影响更大。

2. 工业系统后门与漏洞类型

工业系统后门和漏洞是工业系统面临的一个严重问题。由于工业系统通常运行在长期稳定的状态下,升级和更新的频率比较低,因此存在较多的安全漏洞和后门,这些后门和漏洞可能存在于工业控制系统的软件、网络通信协议、设备配置和系统架构中,导致系统被未授权的人员远程访问、操纵或破坏,也可能由于设计缺陷、错误配置、软件漏洞或网络攻击等而存在。工业系统中的后门是指为了方便远程管理或调试而留下的系统入口,它可能被攻击者利用来实施非法操作或访问敏感信息。例如,某些工业设备的管理界面可能带有默认用户名和密码,攻击者可以利用这些信息登录设备并实施攻击。工业系统中的漏洞是指系统中的弱点或错误,可以被攻击者利用来破坏系统、获取敏感信息或者实施其他非法操作,例如,一些工业控制系统可能存在缓冲区溢出漏洞,攻击者可以通过利用这些漏洞执行任意代码或获取系统管理员权限,常见的工业系统后门和漏洞类型如下。

1)缺乏身份验证和授权机制

某些工业系统可能没有有效的身份验证和授权机制,使得攻击者能够绕过访问控制并获取未经授权的权限。

2)弱密码和默认凭证

一些工业系统默认使用弱密码或共享默认凭证,攻击者可以利用这些弱点轻易地获取对系统的控制权。

3)远程访问漏洞

一些工业系统可能存在未修补的软件漏洞或配置错误,使得攻击者可以通过网络远程访问系统并执行恶意操作。

4)传输层安全性问题

工业系统中的数据传输可能存在加密和身份验证缺失,导致敏感数据被窃取或篡改。

5)缓冲区溢出和代码注入

工业系统中的软件漏洞可能导致缓冲区溢出和代码注入攻击,使攻击者能够执行恶意代码并接管系统控制权。

6)不安全的远程维护接口

某些工业系统可能存在不安全的远程维护接口,攻击者可以通过这些接口进行未授权的访问或操纵系统。

7)社会工程学攻击

攻击者可能利用社会工程学技巧,通过诱骗、钓鱼或伪装成授权人员的方式获取工业系统的访问权限。

在工业系统中,常见的漏洞还包括防火墙保护不足、物理安全性松懈、安全策略不足、ICS 和 SCADA 产品漏洞、将员工视为安全链中的薄弱环节、安全性差的 VPN 访问以及其他通常与 Web 服务和 Windows 系统相关的已知漏洞。

3. 工业系统后门和漏洞防护方法

工业系统后门和漏洞的危害非常大,攻击者可以利用它们破坏生产过程、窃取机密信息。为了减少工业系统的后门和漏洞,企业应该采取以下措施。

1)更新和升级系统

定期更新工业系统的软件和固件,并应用厂商提供的安全补丁和更新。

2)强化访问控制

实施强化的访问控制措施,限制对系统的访问权限,降低攻击风险。

3)强密码和身份验证

确保工业系统的密码强度,并使用唯一的、难以猜测的密码。同时,启用强制身份验证措施,例如双因素身份验证。

4）网络隔离

将工业控制系统与企业网络和互联网隔离，限制对系统的远程访问。

5）实施安全审计

建立完善的安全审计机制，监控系统中的异常活动，及时发现和处理安全问题。

6）加强安全培训

对员工进行安全培训，提高员工的安全意识和技能。

7）使用安全产品

采用安全产品和解决方案，如防火墙、入侵检测系统、漏洞扫描器等，提高系统的安全性。

8）使用工业数据高级威胁情报技术

工业数据高级威胁情报技术是一种基于数据分析、威胁情报和安全分析的技术，旨在为企业提供对工业控制系统和操作技术网络威胁的及时识别、分析和响应。工业数据高级威胁情报技术利用各种数据源，包括威胁情报、日志、漏洞扫描结果、网络流量数据等，来建立工业控制系统网络的基准状态，并利用分析技术识别异常活动、潜在攻击和漏洞等威胁。

工业数据高级威胁情报技术通常包括以下几个主要步骤。

（1）数据收集。从各种数据源收集工业控制系统网络相关的数据，包括威胁情报、网络流量、系统日志、漏洞扫描结果等。

（2）数据分析。对收集到的数据进行分析，使用机器学习和人工智能等技术，识别网络中的威胁和漏洞，并评估其严重性和优先级。

（3）威胁情报和风险评估。结合威胁情报和漏洞扫描结果，对潜在攻击进行风险评估，以确定哪些威胁最具有优先级。

（4）事件响应。通过实时监控和预警系统，及时响应网络中的威胁，包括阻止攻击、隔离受感染设备和修复漏洞等。

工业数据高级威胁情报技术的实施可以帮助企业及时发现和应对工业控制系统网络中的威胁，提高网络安全防御水平，减少潜在的损失。总之，工业系统的后门和漏洞是一个长期存在的问题，企业需要采取多种措施来减少安全风险，保护系统的稳定运行和安全。

6.3.2　工业数据侧信道攻击

工业数据侧信道攻击是指攻击者利用工业系统中数据的侧信道信息，通过监控和分析数据通信流量、电磁波辐射、电源使用情况等方式，窃取敏感信息或者对工业系统进行攻击。这种攻击方式比传统的攻击方式更加难以检测和防范。工业数据侧信道攻击的目标包括生产线控制系统、仓储物流管理系统、供应链管理系统等。攻击者可以利用这些系统中的数据侧信道信息，窃取机密信息、破坏生产过程或者直接控制生产设备，造成经济损失或者人身伤害。

随着工业互联网的发展，各种设备被广泛使用。设备存储了用户的大量隐私信息。为了保护用户隐私，已经提出了几种安全机制来执行信息流策略并限制网络使用。例如物理隔离网络，采用物理方法将内网与外网隔离从而避免入侵或信息泄露的风险。迄今为止，在从个人计算机到云服务器的各种环境中，隐蔽通道和侧信道仍然是对信息流控制和隔离技术的真正威胁。近年来，世界各地的研究者尝试利用设备所能发出的各种信号实现侧信道攻击,获取设备信息。通过测量侧信道信息,攻击者可以从设备中收集敏感信息(能耗、定时信息、电磁泄漏、声音、震动、功率等)。例如,通过捕获 3D 打印的物理域数据(如声学、振动、磁性、功率等),黑客可以重新创建相同的对象。

隐蔽通道是一种利用常规合法设备通信通道传输非法数据的通信通道。系统管理员可能不知道这种数据传输正在发生,因为它是通过合法渠道传输的。数据甚至可以通过此类隐蔽通道从高度安全、气隙隔离、未联网的计算机中窃取。典型的计算机中可用作隐蔽通道的侧通道包括计算机在运行时产生的声音(声学侧通道)、计算机的功耗(电源侧通道)、操作指示灯(光学侧通道)、来自计算机不同组件的电磁辐射(电磁侧信道)。

以太网电缆的设计旨在最小化电磁干扰,以防止意外干扰周围的其他通信设备。然而,常用的双绞线由于制造缺陷仍可能散发少量电磁辐射。最近的研究表明,尽管辐射很小,但可以被检测并利用作为侧信道泄露信息,工业系统中存在多种类似的泄露源。为了防范工业数据侧信道攻击,工业系统需要采取以下措施。

1. 物理隔离

将工业控制系统与其他网络隔离,确保只有经过授权的人员能够物理接触设备。这可以通过使用空气隔离、物理防火墙或控制区域网络来实现。

2. 密钥管理

采用强大的密钥管理方案来保护数据的加密和解密过程。确保每个设备都有唯一的密钥,并使用安全的密钥交换协议来确保密钥的安全分发。

3. 实施安全审计和监控

对工业系统中的数据通信流量、电磁波辐射、电源使用情况等进行监控和分析,及时发现异常情况。

4. 加强访问控制

对系统中的用户、设备、网络进行身份验证和授权,限制非法访问。

5. 加密信道

对从工业设备产生的数据流进行加密,确保数据在传输过程中不易被窃取或篡改。可以使用对称加密算法或公钥加密算法来实现。

6. 噪声生成

通过在数据流中添加随机噪声来干扰侧信道分析。这可以使攻击者难以从侧信道中获取有用的信息,增加攻击的难度。

7. 安全审计

定期对工业设备进行安全审计,包括检查设备是否存在漏洞、是否存在异常活动等。及时发现并修复潜在的安全问题,防止攻击者利用侧信道漏洞入侵系统。

8. 限制物理访问

限制对工业设备的物理访问权限,确保只有授权人员才能接触设备。使用视频监控、门禁系统等物理安全措施来保护设备的物理安全。

9. 员工培训

提供关于工业数据侧信道攻击的培训和教育,增加员工对安全威胁的认识和警惕性。教育员工如何遵守安全政策和实施安全最佳实践,以减少潜在的安全漏洞。

10．更新和补丁管理

及时更新工业设备的软件和固件，以修复已知的安全漏洞。保持设备和系统处于最新的安全状态，以防范攻击者利用已知漏洞入侵系统。

总之，工业数据侧信道攻击是一种新型的工业系统攻击方式，对工业系统的安全构成了威胁。工业系统需要采取一系列措施来保护系统的安全。防范工业数据侧信道攻击需要综合考虑物理安全、加密保护、安全审计和员工培训等方面的措施。通过综合应用这些措施，可以有效减少针对工业数据的侧信道攻击。

6.3.3　主机和虚拟机安全加固

随着信息技术的发展和普及，企业和组织依赖计算机系统来存储、处理和传输敏感信息。然而，现阶段存在不断增长的网络威胁和信息安全风险。一是网络威胁的增加。网络攻击、恶意软件和数据泄露等网络威胁不断增加，对企业和组织构成了巨大的威胁。黑客和恶意分子利用漏洞和弱点来入侵计算机系统，盗取敏感信息或破坏系统运行。二是数字化转型。许多组织正在进行数字化转型，将业务和数据迁移到云端和虚拟化环境中。这为攻击者提供了更多的机会，因此必须采取额外的安全措施来保护虚拟化环境中的主机和虚拟机。三是虚拟化技术的广泛采用。虚拟化技术的广泛应用使企业能够更有效地使用硬件资源，但它也引入了新的安全挑战。虚拟机之间的隔离问题和虚拟化平台的漏洞都需要被纳入安全考虑范围。四是不断演化的威胁。威胁演化迅速，攻击技术不断升级和改进。因此，安全加固需要不断更新和适应，以应对新威胁。

在工业互联网中，主机和虚拟机的安全加固是确保系统安全性的重要步骤。以下是一些常见的主机和虚拟机安全加固措施。

1．主机安全加固的方法

1）及时更新操作系统和应用程序

定期应用操作系统和软件厂商发布的安全补丁和更新，以修复已知漏洞和弥补系统缺陷。

2）强化访问控制

采用最小权限原则，为每个用户分配适当的权限，限制对敏感文件和系统设置的访问权限。

3）加强身份验证机制

使用多因素身份验证、限制登录尝试次数等，以防止未经授权的访问。

4）安装防火墙

配置和启用主机上的防火墙，以限制网络流量并防止未经授权的访问。

5）启用安全审计

记录主机上的关键事件和活动，以便检测和响应潜在的安全问题。

6）加密通信

对主机上的敏感数据和通信进行加密，确保数据在传输和存储过程中的机密性和完整性。

7）启用入侵检测和防御系统

使用入侵检测和防御系统来监测和阻止恶意活动，并及时报警和响应安全事件。

8）强化密码策略

强化密码策略包括强制使用复杂密码、定期更换密码、禁止使用常见密码等。定期备份数据和系统设置，以便在系统崩溃或遭受攻击时快速恢复。

2. 虚拟机安全加固的方法

1）更新虚拟机软件

确保虚拟机软件及其组件都是最新版本，包括虚拟化平台和相关工具。

2）分隔虚拟网络

使用虚拟网络隔离不同的虚拟机和虚拟网络，以防止恶意虚拟机之间的互相访问。

3）定期备份和还原

定期备份虚拟机的快照，并在需要时还原到之前的状态，以应对安全事件和故障。

4）加强虚拟机监控

监控虚拟机的运行状态和活动，监测异常行为和潜在威胁。

5）控制虚拟机访问

限制虚拟机管理接口的访问权限，只允许授权用户和设备进行管理操作。

6）实施虚拟机防火墙

在虚拟机内部部署防火墙，以限制虚拟机之间和虚拟机与外部网络之间的通信。

对虚拟机进行加密，以保护虚拟机中的敏感数据，定期备份虚拟机和宿主机数据和系统设置，以便在系统崩溃或遭受攻击时快速恢复。除了上述措施，还应定期进行安全漏洞扫描和风险评估，并制订紧急响应计划以应对可能发生的安全事件。此外，培训和教育员工和系统管理员也是确保工业互联网安全的有效措施。

6.3.4 工业大数据隐私保护

在工业互联网中，大数据隐私保护是一项至关重要的任务。工业互联网的发展使得企业能够收集、存储和分析大量的数据，但这也带来了潜在的隐私风险。

1. 大数据隐私

大数据隐私包含数据生成阶段的大数据隐私和数据存储阶段的大数据隐私。

1）数据生成阶段的大数据隐私

数据生成分为主动数据生成和被动数据生成。主动数据生成是指数据所有者将数据提供给第三方，而被动数据生成是指数据所有者的在线行为，例如，浏览产生的数据，数据所有者可能不知道这些数据正在被第三方收集。在数据生成阶段最小化隐私侵犯的风险，可以通过限制访问或伪造数据来实现。

2）数据存储阶段的大数据隐私

由于数据存储技术的进步，例如云计算的兴起，存储大量数据并不是一个主要挑战。如果大数据存储系统受到威胁，可能会泄露个人信息，从而造成极大的破坏。在分布式环境中，一个应用程序可能需要来自不同数据中心的多个数据集，因此面临着隐私保护的挑战。

用于保护数据的传统安全机制可以分为四类，分别是文件级数据安全方案、数据库级数据安全方案、媒体级安全方案和应用级加密方案。为了应对大数据分析的 3V 特性，存储基础设施应具有可伸缩性。它应具有动态配置以适应各种应用程序的能力。在新兴云计算范式的推动下,存储虚拟化是解决这些要求的一项有前途的技术。存储虚拟化是将众多网络存储设备组合成单一存储设备的过程。

当数据存储在云端时,数据安全主要包括三方面:保密性、完整性和可用性。前两者直接与数据的隐私相关,即如果数据的保密性或完整性被破坏,将直接影响用户的隐私。信息的可用性是指确保授权方在需要时能够访问信息。大数据存储系统的基本要求之一是保护个人的隐私。现有的一些机制可以满足这一要求。例如,发送方可以使用公用密钥加密对数据进行加密,只有有效的接收方才能解密数据。当数据存储在云上时,保护用户隐私的方法如下:一是基于属性的加密,基于用户身份的访问控制,允许用户完全访问所有资源;二是同态加密,可以部署在身份基础加密或属性基础加密方案中,允许在更新密码文时对接收者进行操作;三是存储路径加密,用于保护云端大数据的存储;四是混合云的使用,混合云是一种云计算环境,它利用内部私有云和第三方公有云服务的混合,并在两个平台之间进行组织。

还可以通过大数据存储完整性验证进行隐私保护。当使用云计算进行大数据存储时,数据所有者失去了对数据的控制。由于云服务器可能不完全可信,因此外包数据面临风险。要确保云用户的隐私,就必须为系统提供一种机制,让数据所有者能够验证其存储在云上的数据是否完整。传统系统中可以通过多种方式验证数据存储的完整性,如 Reed-Solomon 代码、校验和、陷门哈希函数、消息认证码和数字签名等。因此,数据完整性验证至关重要。要验证存储在云上的数据的完整性,最直接的方法是从云中检索所有数据。在完整性验证方案中,只有在所有数据完整时,云服务器才能提供数据完整性的实质性证据。强烈建议定期进行完整性验证,以提供最高级别的数据保护。

2. 大数据隐私保护

大数据处理范式将系统分为批处理、流处理、图处理和机器学习处理。为了在数据处理部分保护隐私,可以分为两个阶段。在第一阶段,目标是保护信息,以防止未经请求的披露,因为收集的数据可能包含数据所有者的敏感信息。在第二阶段,目标是从数据中提取有意义的信息,而不侵犯隐私。

1) 大数据隐私保护的传统方法

(1) 去标识化。去标识化是一种传统的隐私保护数据挖掘技术,为了保护个人隐私,数据在发布供数据挖掘之前,应首先通过泛化(将准标识符替换为不太具体但语义一致的值)和抑制(根本不发布某些值)来净化数据。为了减轻重新识别的风险,引入了 k-匿名性(k-anonymity)、l-多样性(l-diversity)和 t-接近性(t-closeness)等概念,以增强传统的隐私保护数据挖掘。去标识化是隐私保护中的重要工具,可以迁移到隐私保护的大数据分析中。然而,由于攻击者可能在大数据中获取更多外部信息来辅助去标识化,我们必须意识到大数据也会增加再次标识化的风险。因此,去标识化不足以保护大数据隐私。

(2) 隐私保护聚合。隐私保护聚合是基于同态加密的一种常见数据收集技术,用于事件统计等应用。通过使用同态公钥加密算法,不同数据源可以使用相同的公钥将其个体数据加密成密文。这些密文可以进行聚合,聚合的结果可以使用相应的私钥还原。然而,聚合是针对特定目的的,因此隐私保护聚合可以在大数据收集和存储阶段保护个体隐私。但由于其灵活性有限,它不能运行复杂的数据挖掘来挖掘新知识。因此,隐私保护聚合在大数据分析方面是不足够的。

（3）对加密数据的操作。受到对加密数据的搜索的启发，可以在加密数据上运行操作，以保护大数据分析中的个体隐私。然而，由于在加密数据上运行的操作通常复杂且耗时，而且大数据是高容量的，需要在合理的时间内挖掘新的知识，因此在大数据分析中运行加密数据操作效率低下。这是因为在大数据情境下，需要高效的数据处理方法，以在合理的时间内完成复杂的分析任务。传统的加密技术可能会引入较大的计算和通信开销，从而降低了分析的速度和效率。

尽管这些传统方法在某些情况下可以提供一定程度的隐私保护，但它们也存在一些限制和不足之处，包括信息丢失、性能问题和对复杂数据分析的限制。因此，研究人员一直在寻找更先进的方法来解决大数据隐私保护的挑战，包括差分隐私、同态加密、安全多方计算等新兴方法。这些新方法旨在提供更强大的隐私保护，同时克服传统方法的局限性。

2）大数据中隐私保护的最新技术

（1）差分隐私。差分隐私为研究人员和数据库分析人员提供了一种方式，可以从包含个人信息的数据库中获取有用信息，同时不泄露个体的个人身份。这是通过在数据库系统提供的信息中引入最小干扰来实现的。引入的干扰足够大，以保护隐私，同时足够小，以便提供给分析人员的信息仍然有用。如图 6.4 所示，在差分隐私中，分析师不直接访问包含个人信息的数据库。在数据库和分析人员之间引入一个中间软件来保护隐私。该中间软件也称为隐私卫士。

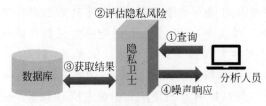

图 6.4　差分隐私实现过程

差分隐私的实现过程包含以下步骤：①分析人员可以通过隐私卫士向数据库提出查询；②隐私卫士接受分析人员的查询，并评估此查询以及之前的其他查询对隐私的风险；③隐私卫士从数据库中获取答案；④根据评估的隐私风险，向答案添加一些失真，最终提供给分析人员。

添加到纯数据中的失真量与评估的隐私风险成正比。如果隐私风险较低，添加的失真就会足够小，从而不会影响答案的质量，但又会足够大，以保护数据库的个人隐私。但如果隐私风险较高，则要增加更多的失真。这种方式可以在提供有用信息的同时，有效地保护个体隐私。

（2）基于身份的匿名化。这些技术旨在保护用户身份的同时，成功地将匿名化、隐私保护和大数据技术结合起来分析使用数据。云计算是一种大规模分布式计算模式，近年来已成为信息和通信技术的推动力，因其创新和有前景的愿景而备受关注。它提供了提高 IT 系统管理可能性的机会，并正在改变硬件和软件的设计、购买和利用方式，云存储服务为数据所有者带来了以下好处。

① 减轻了云用户的存储管理和设备维护负担。

② 避免了大量硬件和软件的投入。

③ 实现了不受地理位置限制的数据访问。

④ 随时随地访问数据。

为了实现这些目标，英特尔创建了一种匿名化的开放架构，允许使用各种工具对网络日志记录进行去标识化和重新标识化。在实施架构的过程中，英特尔发现企业数据的属性与匿名化文献中的标准示例不同。这一概念表明,即使在匿名化数据上工作,大数据技术也能在企业环境中产生效益。英特尔公司还发现,尽管掩盖了用户名和 IP 地址等明显的个人身份信息,但匿名化数据仍然容易受到相关攻击的影响。英特尔使用 Hadoop 分析匿名化数据,获取了有价值的结果。与此同时,他们了解到匿名化不能仅仅是简单地遮蔽或概括某些字段,还需要仔细分析匿名数据集,以确定其是否容易受到攻击。

　　3)敏感数据识别保护技术

　　敏感数据识别保护技术是一种用于发现和保护敏感数据的技术,旨在帮助企业保护其敏感数据的机密性、完整性和可用性。敏感数据识别保护技术的主要作用是自动发现企业中存在的敏感数据,如个人身份信息、财务信息、医疗健康信息等,然后根据企业的安全策略和合规要求,对这些敏感数据进行分类、加密、脱敏、备份等保护措施,以确保其安全性。

　　常见的敏感数据识别保护技术有数据分类和标记、数据加密、访问控制、数据遮蔽、数据备份和恢复等。敏感数据识别保护技术的实施可以帮助企业发现和保护其敏感数据,避免数据泄露和安全事件,确保企业的合规性和可持续发展。同时,敏感数据识别保护技术也可以提高企业的数据管理能力和安全防御水平,保护企业的核心业务和重要信息。

6.3.5　跨平台数据可信交换

　　随着云服务的不断发展,基于云的数据共享以其便捷性和经济性成为云平台提供的一项引人注目的服务。越来越多的数据所有者,如个人或公司,倾向于将数据存储在云数据库中,而不是本地数据库。传统的云存储只是被动地存储纯文本或加密的数据。这样的数据可以被认为是无用的,因为它们不参与计算。然而,大数据平台允许数据(包括敏感数据)的交换,提供大规模的数据存储和计算服务。用户在大数据平台上存储大量敏感数据。基于云的存储使数据所有者能够更轻松有效地与数据查询共享数据。然而,在数据共享过程中可能会出现一些安全问题。

　　首先,上传到云数据库的数据可能包含很多高度敏感的信息,数据所有者有必要在发送到云数据库之前对数据进行加密,以保护隐私。其次,加密技术是数据隐私保护的最佳方法。但是,这无疑给密文检索带来了困难。设计一种有效的、可搜索的加密算法是必要的。用户不仅可以获得自己感兴趣的数据,还可以为社会的进步造福。此外,云可以分为三种,即公有云、私有云和混合云,其中公有云通常被视为不可信任的第三方。为了某些利益,云服务器管理员可能会不诚实地执行检索算法,然后返回错误或不完整的结果。因此,最重要的是寻求一种技术来代替云来执行密文检索。最后,数据作为数据所有者的资产,应该由自己拥有和控制。由于未经授权的数据泄露可能损害数据所有者的利益。因此,出于利益保护的考虑,需定义只有授权用户才能访问数据,因此在数据共享系统中,访问控制机制是必不可少的。

　　在过去的十年中,受益于无线通信技术、传感技术的快速发展和大数据分析能力的提高,工业互联网在大多数领域都以惊人的速度增长。作为工业互联网的基本要素,从各种设备收集的数据经过分析和处理后可以应用于广泛的领域。结合大数据和人工智能等先进技术,基于数据的工业互联网服务不仅降低了工农业成本,使人周围的设备更加智能,而且不断优化工业互联网生态系统本身。然而,由于维护和管理成本有限,隐私数据的收集范围有限,当个人和组织意识到连接比拥有更重要时,数据交换成为不可逆转的趋势。因此,过去几年出现了大量的中心化的数据交换或共享平台。然而,这种中心化平台上的数据集无法满足公众的多样化需求,主要是因为它们无法提供足够的信任来保证数据交换过程中的透明性、可审计性和不可篡改性。

1. 数据可信交换的需求

用户需要一个可信的平台来交换数据,以提高数据利用率并从交易中获益。数据可信交换需求大致分为三类。

1) 可信交易

可信交易要求意味着整个交易过程被记录下来,一旦确认,任何一方都不能修改。此外,详细的交易历史应该可以公开追踪。简而言之,这种可信交易的需求主要包括准确的交易描述、可追溯和不可变的交易过程。一些现有的解决方案可以记录交易历史并提供方便的搜索功能,甚至使用分布式云存储系统来保护系统免受单点故障问题的影响。然而,此类系统是由第三方组织开发和维护的,无法保证交易记录不被恶意修改。

2) 可信数据访问

可信数据访问意味着数据所有者可以持有其所有权,甚至可以在交换物联网数据后实现个性化授权访问权。目前的平台需要数据提供者将数据集上传到网站或专门的云端。这样,用户在将数据集发送给第三方机构后,就无法掌握数据集的访问权限,也不知道谁访问了自己的数据。

3) 受信任的隐私保护

可信隐私保护意味着数据所有者可以在数据交换时保护个人信息。因为有些物联网数据的隐私问题并不是数据请求者所关心的。在第三方数据交换平台上,用户在注册时需要提供一些个人信息,甚至绑定信用卡。这些隐私很容易被他人劫持,而且有些物联网数据还能反映个人的生活习惯。因此,隐私保护也是物联网数据交换的迫切需要。为了提升大数据平台的数据交换时的安全性,亟须对跨平台数据可信交换展开研究,以确保数据的安全性和可靠性,提高工业设备和系统的性能和效率。

2. 跨平台数据可信交换的相关技术

工业互联网中的跨平台数据可信交换是指在不同的工业互联网设备或系统之间传输数据时,确保数据传输的可靠性和安全性。在工业互联网中,跨平台数据可信交换是非常重要的,因为工业设备通常使用不同的技术和协议,而且在生产环境中需要保证数据的实时性和稳定性。以下是实现工业互联网中跨平台数据可信交换的相关技术。

1) 工业互联网标准化协议

工业互联网标准化协议,如 OPC UA、MQTT、CoAP(Constrained Application Protocol,受限应用程序协议)等,可以确保不同设备和系统之间的数据交换能够无缝进行。这些协议可以提供统一的数据格式和传输方式,从而实现数据的可靠传输和互操作性。

2) 安全通信技术

在工业互联网中,数据的安全性非常重要。使用安全通信技术,如 TLS/SSL、IPSec(Internet Protocol Security,互联网安全协议)等,可以确保数据在传输过程中不被窃听或篡改。

3) 身份认证技术

身份认证技术是确保数据来源的重要技术。在工业互联网中,使用身份认证技术,如数字证书、OAuth 2.0(Open Authorization 2.0,开放授权 2.0)等,可以确保数据的来源和可信性。

4) 边缘计算技术

边缘计算技术可以在工业设备或系统中进行数据处理和计算。使用边缘计算技术可以减少数据传输的数量和频率,提高数据处理的实时性和效率。

5) 人工智能技术

人工智能技术可以实现数据的智能分析和处理。使用人工智能技术可以提高工业设备和系统的性能和效率。

6) 数据集可信检测防护技术

在数据集的采集、存储、传输和使用过程中,使用各种技术手段来保证数据集的可信性、完整性和保密性。例如,数据采集过程控制技术、数据库安全技术、数据传输安全技术、数据集合法使用技术、数据集监测技术等。

7) 多源异构数据清洗技术

将来自多个不同数据源的数据进行清洗、整合和融合,以提高数据的质量和价值。包括数据规范化、数据去重、数据清理、数据匹配、数据转换等技术。

总之,在工业互联网中实现跨平台数据可信交换需要使用一系列技术和方法,包括标准化的协议、安全通信技术、身份认证技术、边缘计算技术和人工智能技术等。这些技术和方法可以确保数据的安全性和可靠性,并且可以提高工业设备和系统的性能和效率。

6.3.6 工业云安全

"工业 4.0"代表了工业生产方式的重大变革,它将物联网、大数据、人工智能和云计算等技术融入传统工业生产中。这一趋势推动了工业云的兴起,使制造企业能够更智能地管理生产过程和设备。但也存在一些问题,一方面,云计算平台在工业领域得到广泛应用,它们提供了弹性计算、存储和分析能力,使企业能够灵活应对变化的需求。然而,云计算也引入了新的安全挑战,如数据隐私和合规性问题。另一方面,工业云环境中产生的大数据具有巨大的价值。这些数据可以用于实时监测、预测性维护、生产优化和决策支持。然而,这也使得数据的保护变得至关重要。

云计算已成为学术界和工业界广泛开发的研究领域。云计算使云服务提供商和消费者都受益。云计算提供了机遇和挑战。就像所有其他 IT 应用程序一样,云也存在各种安全问题和顾虑。由于它通常在开放和共享的环境中运行,因此很容易受到数据丢失、盗窃和恶意攻击。云提供商通常将他们的数据存储在位于不同地理位置的不同数据中心。这代表了一个明显的优势,因为云上的数据存储将是冗余的,并且在不可抗力的情况下,不同的数据中心将有助于从灾难中恢复。另外,同样的优势也会带来安全挑战,因为存储在不同位置的数据更容易被盗和丢失,存在无法分离虚拟用户、身份盗用、特权滥用和加密不良等安全问题。

1. 对云使用者的安全威胁

客户对云计算的潜力持矛盾态度。他们对按需提供计算服务的灵活性以及将信息技术与企业战略相结合的能力很感兴趣。不过,客户也非常担心如果云技术没有得到适当的安全保护,将可能带来不良后果。上述问题对用户隐私构成威胁。

2. 缺乏云安全计划和专业知识

对于云计算而言,传统的数据中心安全模型是不足够的。管理员必须掌握适合云计算的新方法和专业知识。尽管云计算可以提高组织效率,但如果企业不具备相关知识,也会使其容易受到攻击。共享模式规定了云提供商和用户的安全责任,误解共享模式的后果可能是规划不足。这种误解可能导致安全漏洞被无意中利用。

3. 身份和访问管理

身份和访问管理至关重要。尽管它看起来很清晰,但细节决定成败。为拥有数千名员工的公司制定适当的角色和权限是一项艰巨的任务。全面的身份和访问管理方法包括三个步骤:角色设计、特权访问管理和执行。首先,根据云用户的需求创建一个强大的角色设计。创建这些角色时要独立于任何身份和访问管理平台。其次,特权访问管理计划说明哪些角色因其特权而需要更高的安全性。要非常谨慎地控制访问特权凭证,并经常更改。

4. 网络攻击

网络攻击是网络犯罪分子和黑客试图获取对计算机网络或系统的访问权的行为,其目的通常是更改、窃取、破坏或披露信息。恶意软件、网络钓鱼、DoS 和 DDoS、SQL 注入和基于物联网的攻击都是针对企业的常见网络攻击。

5. 滥用云资源

运营商可以向客户展示计算功能、网络和存储容量。垃圾邮件发送者、危险软件开发者和其他犯罪分子利用这些消费和身份模型提供的匿名性,可以肆无忌惮地执行任务。然而,找到攻击者并追溯行为是非常困难的。攻击者可能会利用云计算强大的处理能力,快速、低成本地猜测密码。对于运营商来说,实时识别和阻止此类行为具有极大的挑战性。

对云服务提供商的安全影响如下:一是身份和访问控制冲突。云计算可以实现高水平的集中化和虚拟化。为了跟上云服务快速发展的步伐,运营商应为企业客户提供更强的访问控制和更完善的身份管理策略。二是加密算法。近年来,用户私人信息泄露的情况有所增加,这使得当前的加密和密钥管理技术容易受到攻击。若要在多租户设置中保护客户端数据,必须加强加密算法。三是不安全的接口。众所周知,云 API 充当用户手机和云服务架构之间的链接。受感染的云 API 可能导致用户的私人数据被窃取和删除,运营商将无法为用户提供 IaaS、PaaS、SaaS 服务。四是数据泄露。数据泄露的方式多种多样,一个典型的例子是在没有原始资料副本的情况下删除或更改文件,另一个例子是销毁加密密钥。将数据存储在云服务提供商的数据中心的客户,包括政府、组织、企业和个人,都有可能面临数据泄漏和服务中断的风险。

6. 安全解决方案

可以考虑采用现代云安全技术解决方案来克服云安全挑战。

1)高级加密技术

对数据进行加密是数据安全的一种实用方法。在进入云之前,云加密将数据从明文转换为不可理解的格式。数据的加密在传输和静态存储时都是必需的。云服务提供商为存储在块和对象存储系统中的数据提供了各种开箱即用的加密选项。与云存储服务的连接应该使用加密的 HTTPS/TLS 连接来保护数据在传输中的安全。云计算平台默认使用平台管理的加密密钥来加密数据。然而,客户可以通过使用自己的密钥,并使用云基础的加密密钥管理服务来集中管理这些密钥,从而增加他们的控制水平。

2）数据丢失防护

全面的安全计划应包括数据丢失防护，其重点是识别和防止由于漏洞、泄露和未经授权的访问而造成的数据丢失、泄露或滥用。云数据丢失防护用于确保使用云存储库存储数据的企业的安全。

3）私有云、混合云和多云环境的统一可见性

云安全解决方案必须提供统一的多云发现和可见性，以及对所有云资源的持续智能监控。这种统一的可见性必须能够识别配置错误、安全漏洞和数据安全风险，同时提供有用的信息并引导纠正措施。

4）增强的身份和访问管理

公司可以通过使用身份和访问管理提供更细粒度的访问控制和权限，从而简化和自动化身份和访问管理流程。该解决方案消除了 IT 团队手动取消账户、监视和调整权限或强制访问控制的需求。组织还可以启用单一登录，以检查客户的身份并授予权限，使他们能够在多个软件和网站上使用一组凭据。

5）虚拟防火墙

虚拟防火墙又称云防火墙，完全在虚拟空间内控制和管理，是一种提供数据包扫描和分析的防火墙。虚拟防火墙可以用作正在运行的虚拟环境中的标准软件防火墙，也可以用作虚拟化保护的虚拟保护装置，具备增强的安全功能，或者作为在主机网络内运行的受管理程序。

题库

第7章

工业智能App技术

在信息时代,工业的发展已经离不开工业智能应用程序 App。工业智能 App 是基于工业互联网的应用软件,它们蕴含了丰富的工业知识和经验,旨在满足各种工业需求,因此被视为工业技术软件化的重要里程碑。随着制造业与互联网的深度融合不断推进,制造业数字化、网络化和智能化的改造进程也在飞速发展,工业智能 App 正快速从消费领域扩展到工业领域。各发达国家正积极推进工业互联网平台的建设,加快部署工业智能 App,通过激发工业数据和知识资源的潜力,为工业提质增效和实现转型升级提供有力支持。在全球工业迎来新旧动能迅速交替的关键时刻,工业智能 App 将成为推动工业生产方式和商业模式快速转变的关键推动力,为我国重新塑造制造业体系、实现制造业的领先地位提供了重要手段。

当今全球工业正在面临一次关键性的转型,这个时期被认为是新旧动能迅速演变的关键时刻。在这个背景下,工业智能 App 正崭露头角,成为引领工业生产模式和商业模式变革的主要推动力。这些应用程序不仅是技术进步的象征,也是制造业未来的重要支持系统。更重要的是,工业智能 App 为国家制造业的改革和升级提供了强大的工具。它们能够帮助我国加速实现制造业的数字化、网络化和智能化转型,提高整个产业的竞争力,并在全球制造业市场中发挥重要作用。

7.1 工业智能 App 体系

工业智能 App 的体系非常庞大,涵盖了多种工业技术领域。不同行业涉及不同的工业技术,因此工业智能 App 也因行业而异。此外,不同产品的生命周期需要不同的工业技术支持,因此工业智能 App 也因产品生命周期而异。另外,企业的管理模式、质量管理方法以及用户需求各不相同,这也导致了工业智能 App 的差异。因此,工业智能 App 体系中的个性化程度很高,涵盖了广泛的对象,关系非常复杂。

《工业互联网 App 发展白皮书》提供了工业智能 App 概要化的体系结构框架,如图 7.1 所示。依据这些框架可以有层次、分专业、成体系的方式来了解各类工业智能 App,更有针对性地进行工业智能 App 的规划、开发和应用,赋能工业生产的各个环节。

工业智能 App 体系框架可视为一个三维结构,包括工业维度、技术维度和软件维度这三个层面。这三个维度之间相互关联、协调运作,共同构筑并体现了"工业·技术·软件

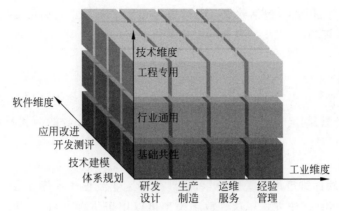

图 7.1 工业智能 App 体系结构框架

（化）"的核心工作主旨。

1. 工业维度

1）研发设计

这个领域集中于产品研发和设计过程，工业智能 App 可以用于帮助工程师和设计师在产品设计和开发阶段进行创新。它们可以提供虚拟建模、仿真分析、原型测试等功能，以加速产品上市时间、提高产品质量和降低成本。

2）生产制造

在生产制造领域，工业智能 App 用于优化生产流程、提高生产效率和监测质量控制。这些应用程序可以帮助企业实现智能制造，包括自动化生产、物联网设备连接以及生产线实时监控等，从而降低生产成本并提高生产效率。

3）运维服务

运维服务领域关注设备和系统的维护和管理。工业智能 App 可以用于预测性维护、设备健康监测、故障诊断等任务，以减少停机时间和维护成本，确保设备的可靠运行。

4）经验管理

经验管理是工业智能 App 体系中的关键领域之一，它旨在捕捉和分享工业领域的知识和经验。这些应用程序可用于建立知识库、培训新员工、解决问题和提高决策制定的质量，有助于企业更好地利用内部知识资源。

2. 技术维度

1）基础共性

基础共性是工业智能 App 体系的核心，它包含了通用的工业知识和技术，适用于多个不同行业和领域。这些 App 提供了普适性的功能，如生产过程监测、数据分析、资源管理等，可以满足各种工业企业的基本需求。

2）行业通用

行业通用部分涵盖了适用于特定行业的工业智能 App。这些应用程序考虑了特定行业的需求和特点，提供了行业相关的功能和解决方案。例如，在制药、汽车制造或食品加工等不同行业中，工业智能 App 可以提供定制化的工具和分析，以满足行业标准和法规。

3）工程专用

工程专用的工业智能 App 是为了满足工程项目的独特需求而设计的。这些应用程序通常与特定工程项目相关,包括建筑、能源、基础设施等领域。它们可能包括项目管理、进度跟踪、资源分配等功能,以支持复杂的工程工作。

3. 软件维度

1)体系规划

这一领域的重点是为工业智能 App 的开发和应用制订系统性计划。这包括确定需求、设定目标、规划资源、制定时间表等方面。体系规划为确保 App 的顺利开发和有效应用提供了框架和战略指导。

2)技术建模

技术建模是软件维度中的关键要素,它涉及将工业流程和系统以数字方式建模,以便更好地理解和分析其运作方式。这些数字模型可以用于仿真、优化和预测,有助于提高工业智能 App 的效能和适应性。

3)开发测评

开发测评阶段着眼于工业智能 App 的实际开发过程,包括编码、测试、调试等环节。这个阶段的目标是确保 App 的质量和稳定性,以及它们与其他系统的兼容性。开发测评有助于识别和纠正潜在问题,提高 App 的可靠性。

4)应用改进

应用改进是一个持续改进的过程,它旨在根据实际应用情况不断提升工业智能 App 的性能和功能。这包括监测 App 的效果、获取用户反馈、进行版本更新以及优化应用以满足不断变化的需求。应用改进确保了工业智能 App 的持续增值和适应性。

根据工业智能 App 体系框架进行灵活拆分和组合,工业智能 App 可能同时具备多个维度的属性。举例来说,汽车领域的气缸盖螺栓机加工工艺仿真 App 可以被归类为基础App、生产 App,同时也可被视为应用改进的一部分。这种基于概要体系进行多维度属性的分类和组合治理,有助于更全面地理解和利用工业智能 App 在不同方面的应用。

7.2 工业技术软件化

工业技术软件化是一种充分借助软件技术的过程,旨在数字化、持续积累、系统化转化工业技术和知识,以智能应用并广泛部署它们。这个进程的最终成果是创造工业软件,为推动工业领域的持续进步提供了重要动力。索为公司在 2016 年的一份报告中,最早提出了"工业技术软件化"术语和概念。工业技术软件化术语的提出最初是为了解决如何沉淀、积累、转化和高效利用工业技术。工业技术软件化概念在中国的发展历程如图 7.2 所示。

作为中国人独创的一个术语,工业技术软件化的提出,贴合了两化融合的时代背景,顺应了发展自主工业软件、中国制造业产业升级等重大需求,融合了工业互联网、知识工程、软件工程、工业大数据、人工智能等先进技术的发展成果,凝聚了行业共识。

工业技术软件化实现有三条主要的技术路径。第一条是经典软件工程路径,即遵循标准软件工程的技术路线,进行工业软件或工业智能 App 的开发工作。第二条是基于模型和组件化技术路径。第三条是低代码化开发路径,利用低代码化的开发工具和技术方法,进行工业软件或工业智能 App 的快速开发。

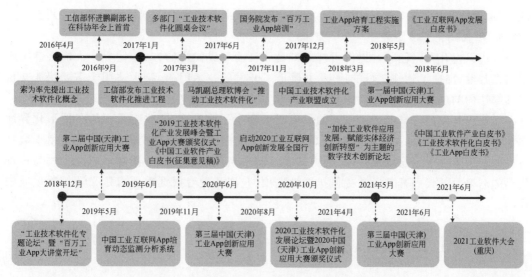

图 7.2 工业技术软件化概念在中国的发展历程

1. 经典软件工程路径

经典软件工程路径是指将比较强的代码开发能力用于软件实现的路径,经典软件工程路径对开发永远有比较高的 IT 技能要求,一方面需要具备在逻辑层面进行的抽象能力,另一方面还需要具备比较深厚的编程功底。

经典的软件开发方法主要是结构化开发方法和面向对象的方法。经典软件开发过程有传统的瀑布模型、V 模型开发软件,也可以采用迭代开发(Iterative Development)方式,强调在开发过程中进行多次迭代,每个迭代都包括设计、编码、测试和部署等阶段。每次迭代都增加新功能或修复问题,直到达到最终产品。近年来为了按时交付软件产品和服务,也为了满足交付、质量、协作和稳定性方面的技术需求,DevOps 被引入软件开发过程,将软件开发工程师的开发任务、测试工程师的质量管理职责等软件工程多个环节有机融为一体,通过技术手段使流程自动化,更快地响应市场需求,提供更优质的软件产品和服务。DevOps 如图 7.3 所示。

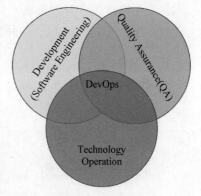

图 7.3 DevOps 方法

2. 基于模型和组件化技术路径

基于模型和组件化技术的软件开发路径包括了一系列步骤,从需求分析和模型设计开始,到组件的开发和集成,最终到系统测试和部署。这一路径着重于使用模型来引导整个开发过程,并将组件化视为关键策略,以简化开发、提高效率和质量。

基于模型是指使用模型来描述和定义软件系统的不同方面,包括架构、功能、数据结构等。模型可以是抽象的、图形化的表示,通常使用建模语言或工具来创建。这些模型有助于开发团队更好地理解系统,可视化设计,以及检查和验证系统的正确性。

组件化技术是指将软件系统划分为独立的、可重用的组件或模块。这些组件可以独立开发、测试和部署,然后通过接口和标准协议进行集成。组件化有助于提高代码的可维护性、可重用性和扩展性,其可灵活组合和可定制的前提是构建大型软件应用的核心思想。

3. 低代码化开发路径

低代码化开发路径通过提供可视化工具和自动生成代码的方式,使更多人能够参与应用程序开发,加速了软件交付的速度,并降低了开发的技术门槛,特别适用于需要快速交付和频繁迭代的项目。

低代码开发通常借助专门设计的低代码平台或开发工具,这些工具提供了图形化界面和预先构建的组件,如灵活的布局组件、列表展示的表格、用于提交数据的表单、用于数据渲染的图表组件等,通过"拖拉拽"的方式直接使用集成组件实现通用功能以减少编写传统代码的需要。低代码开发通常提供扩展性选项,允许开发者根据需要自定义和扩展生成的代码。

7.3 工业智能 App 开发

工业智能 App 是面向工业产品全生命周期的场景需求,涵盖设计、生产、实验、使用、保障、交易、服务等相关业务流程,将工业产品及生产流程中的知识、技术、经验进行封装。相对于传统的工业软件,工业智能 App 将工业数据、工业知识与工业场景三者深度融合,具有轻量化、定制化、专用化、灵活和复用的特点。

7.3.1 工业智能 App 开发路线及架构模式

1. 工业智能 App 开发路线

目前,国内工业智能 App 的开发尚无统一的路径,经过调研总结,一个切实可行的参考路线如图 7.4 所示。

图 7.4 工业智能 App 开发参考路线

1)需求分析

开发工业智能 App 的第一步是明确用户需求和目标。综合考虑软件技术和工业生产业务需求结合点与用户沟通,收集他们的期望和要求,以确保 App 的功能和特性能够满足预期的用途。

2)可行性分析

在确定需求后,进行可行性分析,评估开发工业智能 App 的可行性。这包括考虑技术上是否可实现、资源是否充足、预算和时间等因素,以确定项目是否可行以及其潜在风险。

3)方案分析

基于需求和可行性分析的结果,制定具体的开发方案。这包括确定 App 的架构、功能模块、数据模型等方面的设计。

4)技术选型

在确定方案后,选择合适的技术栈和开发工具。这可能涉及选择编程语言、开发框架、数据库等技术组件,充分考虑使用开源可靠的技术组件,加强信息安全手段严格保障工业生产过程中的企业信息安全。

5）开发封装

开发团队开始编写代码，实现工业智能 App 的各项功能。这包括前端用户界面的开发、后端逻辑的编写、数据库的设计等工作。

6）测试验证

在开发完成后，进行严格的测试和验证，确保 App 的功能正常运行、性能良好且安全可靠。这包括单元测试、集成测试、系统测试等。

7）应用改进

基于测试和用户反馈，对工业智能 App 进行不断的改进和优化。这可能包括修复漏洞、提高性能、添加新功能和改善用户体验。

这个开发路线是一个迭代的过程，通常在项目的不同阶段会多次回顾和调整。此外，开发团队应该密切与利益相关者合作，确保开发的工业智能 App 能够满足实际需求，并在不断变化的环境中适应新的挑战和机会。这个路线图的执行需要严格的项目管理和团队协作，以确保项目按计划完成，交付高质量的工业智能 App。

2. 工业智能 App 架构模式

对于不同规模和复杂度的工业智能 App，通常会选择不同的架构模式以满足需求。工业智能 App 架构模式如图 7.5 所示。以下是一些常见的架构选择。

1）微型 Serverless 架构

Serverless 架构是一种云计算模式，对于某些轻量级的工业智能 App 也可能是一个选项。在这种模式下，开发人员可以编写函

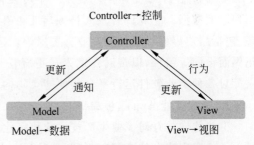

图 7.5 工业智能 App 架构模式

数（无服务器函数），云提供商负责自动扩展和管理基础设施，开发者只需关注编写代码。

2）小型单体应用

在某些情况下，对于小等规模和复杂度的工业智能 App，单体应用也可以是一个合理的选择。单体应用将所有功能模块集中在一个应用中，这种模式适用于不需要高度扩展性和独立部署的场景。

3）中型 MVC 架构模式

对于中等规模的工业智能 App，采用 MVC（Model-View-Controller）架构模式是一种常见的选择。这个模式将应用分为三个主要组成部分：模型（Model）负责数据管理，视图（View）负责用户界面呈现，控制器（Controller）处理用户输入和应用逻辑。这种模式使代码组织更清晰，易于维护，并适用于相对中等规模的应用。

4）大型微服务架构

对于大型工业智能 App 或需要高度可伸缩性和灵活性的应用，通常会采用微服务架构。微服务架构将应用划分为小型、独立的服务，每个服务负责特定功能。这种分散式的架构允许团队独立开发和部署服务，提高了应用的弹性和可维护性。微服务还支持多语言和技术的混合使用，使开发更加灵活。

总之，架构选择应该根据工业智能 App 的需求、规模和复杂度来确定。每种架构模式都有其优势和限制，开发团队需要根据具体情况做出明智的选择，以确保应用的性能、可维

护性和可扩展性。当然,架构选型也应该充分考虑工业企业已有的信息系统架构,避免造成数据、信息孤岛和投资浪费。

7.3.2　工业智能 App 开发平台

作为一种特定于工业领域的应用程序开发工具或平台,工业智能 App 开发平台在多方面与传统软件开发有显著的区别。工业智能 App 开发平台专注于满足工业应用的需求,因此具备深入了解工业领域的特定要求和标准的能力,这使得工业智能 App 更适合解决工业自动化、生产监控、设备管理等领域的问题,具有可视化开发、快速原型、丰富的数据集成、实时性和响应性、模块化和可扩展性、易于维护和升级、适应不同规模等优点。

总之,工业智能 App 开发平台的出现为工业应用程序的开发提供了更高效、更便捷的解决方案。它们允许工业企业更快速地响应市场需求,提高生产效率,并降低了开发和维护应用程序的复杂性,从而在工业领域取得了显著的优势。

1. 工业智能 App 建模环境

工业智能 App 的建模环境是一个可视化的工具集,用于创建、配置和管理工业智能应用程序的模型。它允许开发人员或者工业生产业务人员以可视化方式设计和构建应用程序,包括用户界面、数据流程、业务逻辑等。建模环境还可以包括流程建模、规则引擎、可视化界面设计等组件,以帮助开发人员更轻松地创建复杂的应用程序,同时建模环境也应提供针对各种工业软件运行平台的便捷代码构建方法。

2. 工业智能 App 模板库

工业软件是针对工业生产技术的数字化、系统化的沉淀,这是一个长期且持续的过程,形成了集成库或存储库,其中包含各种预定义的应用程序模板。这些模板通常包括常见的工业应用场景和功能,如设备监控类、数据分析类、生产计划类等。开发人员可以从模板库中选择合适的模板,基于此根据自己的需求进行定制和扩展,利用这些已经沉淀好的库加速应用程序的开发。

3. 技术对象资源库

技术对象资源库在连接各种工业软件和硬件资源方面扮演着关键的角色。工业智能 App 经常需要与外部技术对象进行数据交互,因此该资源库通常用于管理各种适配器,这些适配器用于与不同类型的技术对象进行通信。这些适配器包括各种 CAX 软件适配器、EPR 等软件系统适配器、办公软件适配器、数控设备适配器以及其他网络系统适配器等。对于相同类型的技术对象,它们的适配器可能是通用的;但是对于许多技术对象而言,适配器通常是专用的。因此,资源库需要准确地维护技术对象和适配器之间的匹配关系。与工业智能 App 模板类似,技术对象资源库通常需要进行分类存储、快速检索,并与开源社区进行互动。

4. 工业智能 App 测试环境

工业智能 App 测试环境是用于测试和验证工业智能应用程序的环境。测试环境通常包括模拟数据生成工具、调试工具、性能测试工具等,以帮助开发人员识别和解决应用程序中的问题。测试环境还可以模拟不同的工业场景和条件,以确保应用程序在各种情况下都能正常运行。

7.3.3 便捷化开发技术

微服务、低代码、开发运维一体化、容器化等技术的使用,降低了工业智能 App 开发门槛,让工业人可以快速地将工业技术、知识开发成工业智能 App。

1. 微服务技术

微服务促进工业智能 App 敏捷开发。微服务是一种"松耦合"的架构,单个微服务是独立的、可部署的业务单元。多个微服务通过服务发现、服务注册、服务通信和 API 网关等实现微服务间的调用。依托微服务组件进行组合和高效配置,实现工业智能 App 的敏捷开发。例如,富士康的 BEACON 平台基于 Service Mesh 微服务技术提高平台功能解耦和组件的有效配置管理,基于多个微服务的灵活组合,加速应用开发的敏捷度。用友的畅捷通基于阿里云 EDAS 通过 Spring Cloud 技术体系建立的微服务应用,对原有的 IT 系统进行微服务化改造,可以在不改动任何代码的情况下实现平滑过渡。

2. 低代码技术

低代码技术降低了工业智能 App 开发专业难度,通过拖、拉、拽等方式帮助工业人快速开发特定场景应用,提升企业智能 App 开发能力。低代码开发技术可以有效解决 IT 和 OT 融合的工业难题。例如,西门子低代码开发工具 Mendix 通过模型驱动自动生成代码的方式,降低工业智能 App 开发难度,实现工业技术与信息技术人员融合,提升了低代码应用的开发范畴;PTC ThingWorx 平台集成了 Mashup Builder 低代码开发环境,平台通过预置 60 多款可视化组件降低开发难度,促进了工业人员参与开发积极性,解决了需求难题。

3. 丰富的 API 和 SDK

丰富的 API 和多种开发语言环境的 SDK(Software Development Kit,软件开发工具包),可以提高编码的复用率,降低工业智能 App 创新开发重复性工作量,实现高效率开发和快速集成。例如,机智云 Gizwits IOT Enterprise 平台为用户提供应用 API 和多种语言 SDK,通过扩展服务组件提升工业智能 App 应用开发效率。华为 OceanConnect IoT 平台的应用开发使能层,通过提供丰富的 Restful API 和多种语言 SDK 提升工业智能 App 应用开发集成能力。

7.3.4 混合 App 开发技术

混合 App 开发技术指的是一种用于创建跨平台移动应用程序的开发方法,它允许开发者使用通用的 Web 技术(如 HTML、CSS 和 JavaScript)来构建应用,并将这些 Web 应用封装为原生应用的一部分,使用 WebView 等浏览器引擎进行视图渲染和业务逻辑脚本解析,降低原生开发实现相同业务所需要的重复编码。混合应用程序同时具备 Web 应用和原生应用的特性,因此可以在多种操作系统上运行,特别适用于目前的主流移动平台,如 iOS、Android 等,而无须单独为每个平台编写应用程序。

工业智能 App 的运行平台逐步从 PC 端走向多种移动终端,支持多终端操作系统(Windows、Linux、Android、iOS、微信小程序等)的跨平台混合开发技术有效降低企业开发、测试、运维成本。

低代码技术标准化优势,有助于打破"云端孤岛"。低代码技术的标准化优势,助力实现平台单点登录、数据库集成和 Web API 集成,强化工业智能 App 的跨平台集成、调用、移植能力,打破"云端孤岛"促进信息和数据流通。企业信息化过程中由于引入不同厂商的应用,导致内部不同应用之间相互独立,生产信息和数据等均无法互通,特别是不同云服务商的工业应用,导致形成"云端孤岛",给企业的信息系统管理和数字化转型升级带来严重困扰。通过 SYSWARE.IDE 为工程师打造统一的开发工作环境,将工业领域数据、知识、技术进行模型化、组件化的封装和定义,并基于平台统一的连接和驱动机制,通过统一入口查看工业智能 App 执行历程、执行数据以及工业智能 App 之间的调用关系,为企业提供产品设计、仿真、工艺优化、运维等服务,实现工业智能 App 的可重用和跨平台功能。

7.3.5　部署运维标准化技术

平台的技术发展与应用推广促进工业智能 App 与服务端对接更加标准化。例如,COSMOPlat 平台和雪浪云平台都打造了开发运维一体化工具,实现工业智能 App 的开发、测试、发布全生命周期管理,在提升开发运维效率的同时,降低了企业成本。海澜智云平台和瀚云工业互联网平台都提供节能管理服务,虽然应用场景有差异性,但影响能耗的关键要素相似,部分要素已成为节能服务必须分析的要素。

DevOps 技术从研发工程实践、研发价值流、技术运营、应用设计、安全合规和技术运营六个途径推动工业智能 App 运维开发一体化,促进工业智能 App 标准化同时降低使用运维成本。例如,IBM 的 IoT 平台借助平台自身的 DevOps 工具的版本自动化、快速开发、测试自动化和应用生命周期管理实现运维开发一体化。

7.4　工业智能 App 应用

本节从工业维度上生命周期四大类工业活动:研发设计、生产制造、运维服务和经营管理,来举例介绍工业智能 App 的应用。

7.4.1　工业研发设计 App

研发设计类工业软件,尤其以 CAX 为代表,CAX 是 CAD(Computer Aided Design,计算机辅助设计)、CAE(Computer Aided Engineering,计算机辅助工程)、CAM(Computer Aided Manufacture,计算机辅助制造)等各项技术的统称,在工业软件领域扮演着至关重要的角色,贯穿从研发设计到产品制造的整个流程。通过实现研发数字化,这些软件为工业制造领域注入了强大的潜力,能够显著削减生产成本、提升生产效率,并提高工业制造的智能水平。研发设计类工业软件有助于企业在产品设计阶段从根本上控制成本,对工业制造的影响举足轻重。

汽车焊装夹具快速设计 App 应用于汽车焊装夹具设计中的工艺参数设计与调试,帮助焊装夹具设计员能够根据输入的焊装夹具参数和在 CATIA 中选择的基础点线信息,在 CATIA 中的指定位置、按照指定的零件尺寸参数和规格参数,快速、准确、自动地生成焊装夹具的各个单元装配体,并且支持对参数的快速反复调试和修改。该 App 大大简化了焊装夹具设计员利用标准化模型或半标准化模型完成某一个夹紧单元的设计及装配过程,缩短了设计周期,实现了焊装夹具设计规范化和统一单元及设备的保存及命名规则,提前规避一些夹具设计不合理的情况。焊装夹具设计人员在利用 CIATA 软件设计汽车白车身焊接生产线所需焊装夹具三维模型时,不论从设计、制造成本,还是焊装夹具设计本身的工作量和难易程度方面考虑,都会选择一些标准化的、通用化的零件和组件甚至是标准焊装夹具单元来缩短设计周期,降低企业设计及制造成本。

7.4.2　工业生产制造 App

工业生产制造 App 的核心目标是基于工业互联网平台以数据驱动来实现生产过程的运营升级。借助工业互联网平台的连接能力,实现各类生产信息充分共享,上接区域生产计划,下接各类生产控制系统,横向紧密连接物流、质量、设备、能源等各个环节,实现各业务全流程贯穿和数字化协同运转。同时,结合智能调度、智能终端、智能视频、智能预警等技术手段对生产管控进行立体赋能,促进生产精细化、透明化管理,达到降本、增效、省人工、安全绿色生产的目标。

作为国家重点支持的前三家水泥企业(集团)之一的天瑞集团,其平台规划之初就是希望利用企业在水泥行业的优势,融合产业链生态,打造具有水泥行业应用特色的工业互联网平台。天瑞公司从自身百十家企业入手,先通过自己的应用带动天瑞上下游产业链、从产业链到供应链的应用,再考虑往行业、往区域、往建材、往水泥行业逐步规划,这就是平台所谓的纵向推广,横向覆盖。

考虑到水泥行业的独特特点,天瑞公司基于工业互联网平台的稳健基础和先进技术支持,着重致力于打造具备水泥行业特色的应用层服务。目前,已经规划了八大类应用服务领域,以满足水泥行业的不同需求,这些领域包括工业大数据、电子采购、建材商城、智能物流、能源管理、数字孪生。通过这些应用服务,目的是从厂内生产到与外部环境的紧密连接,创建真正的绿色工厂,以降低企业的能源消耗和环境影响。同时,公司还提供财务共享、税务云等服务,以实现上下游产业链的融合,特别是引入供应链金融,为公司的经销商、供应商和承运商提供金融支持,通过深入的数据分析挖掘业务价值,实现共赢发展。这些综合性的解决方案将有助于提高效率、降低成本,并促进企业的可持续增长。

7.4.3　工业运维服务 App

工业运维服务 App 是专门用于监控生产设备运行和外部服务过程的应用软件。在信息技术和人工智能算法的支持下,具备以下关键功能:监控、管理和评估工业生产设备的健康状况,通过预测来预防设备故障,并结合现有资源提供一系列维修建议。这种应用是一种综合技术,涵盖了故障检测、隔离、健康预测、评估以及维护等多方面。

现代大型制造企业,生产线集成度高、运行环境复杂,主要依赖于复杂的生产设备来保持生产线的正常运行。App 可以实时监控企业的生产设备,收集各种数据,包括温度、压力、振动等参数。借助先进的人工智能算法,它能够预测设备可能发生的故障,并提供维护建议。例如,如果一个关键设备的温度异常升高,App 可以立即发出警报,并建议停机进行维修,从而避免了可能的设备故障和生产中断。此外,运维服务 App 还可以评估设备的健康状况,帮助企业了解哪些设备需要优先维护,以及何时进行维护,以最大限度地延长设备的寿命并提高生产效率。

InsightAPM/M2I 为多个领域工业设备提供方便、快捷的低代码解决方案,助力工业客户快速搭建物联网云平台进行设备运维。基于研华边缘端硬件和采集程序,连接设备与采集各种工业协议数据。整合 WISE-PaaS 云平台极其丰富的各种维服务,提供端云数据管理、运维保养、可视化仪表盘、设备报警、报表生成等功能,同时可搭配各种 AI 模型为设备提供预兆诊断与品质分析,实时了解设备备件情况、设备的总体运行状态,事先通知空压机经销商及用户,及时维护或保修设备,避免因故障停机所造成的生产停滞。

东正铁工厂是美的空压机制造商。通过研华 ADAM-6050、EIS-D210 边缘智能服务器,获取设备运作信息。运用 WISE-PaaS/Dashboard 云端仪表板工具,实现空压机数据可视化呈现及管理。客户可以轻松从远程实时查阅每台空压机的温度、压力、耗电、稼动率、预防保养等实时状态,以及历史数据存储细节。InsightAPM/M2I 实时数据看板如图 7.6 所示。通过 InsightAPM/M2I 工业智能 App,可实现不同种类的设备管理、可视化模型生成、设备报表生成、设备报警推送等功能。此外,InsightAPM/M2I 也支持手机移动端 App,用户可以随时随地进行设备监控、接受报警信息和查看分析报告。一方面,实现了设备备件情况清晰明了、设备的总体运行状态统一监控,改善空压机的运作效率,优化能效配置实现节能,以及在异常发生时,可追溯原因,快速找出问题。另一方面,由于系统可主动通知须更换零件,还可以有计划地区域性一次服务多家客户,不仅能提升营运效率,也能强化客户满意度。

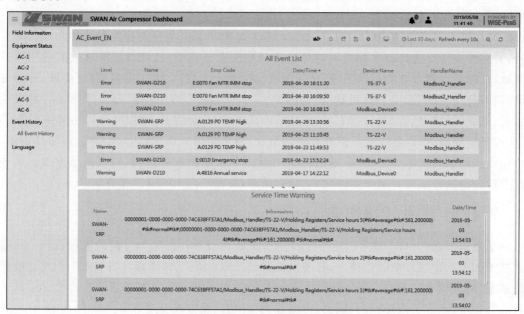

图 7.6　InsightAPM/M2I 实时数据看板

7.4.4　工业经营管理 App

工业经营管理 App 在现代制造业中扮演着至关重要的角色,因为它们涵盖了生产经营的多个关键方面。首先,这些应用程序通过实时采集设备运行数据,能够提供对生产线性能的深入洞察。通过监控诸如温度、压力、振动等参数,可以预测潜在的设备故障,从而帮助企业采取预防性维护措施,减少生产中断和维修成本。其次,工业经营管理 App 使企业能够进行设备参数的精细化调控。这意味着生产过程可以根据实时数据进行微调,以确保产品符合高质量标准。这对于提高产品一致性和降低废品率非常关键。最后,这些 App 还扮演着产品质量管理的关键角色。它们允许进行全面的产品质量检测,确保最终产品的品质符合要求。通过检测、记录和分析产品质量数据,企业可以及时识别和解决潜在问题,提高客户满意度。

总之,工业经营管理 App 的广泛应用有助于企业实现生产的高效管理和卓越质量控制,从而提高了竞争力并降低了生产成本。这些应用领域的集成为制造企业提供了强大的工具,使其能够适应不断变化的市场需求,实现持续增长。某全球制造大数据质量预警App 界面如图 7.7 所示。

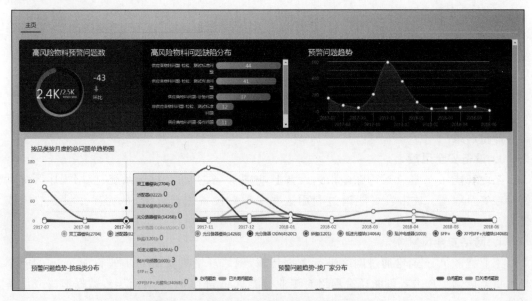

图 7.7　某全球制造大数据质量预警 App 界面

全球制造大数据质量预警 App 是华为基于工业互联网平台 fusion plant 自主研发的,可实现供应商来料质量预警、制造过程质量预警及网上返还质量预警。预警体系涵盖供应商、研发、制造、市场等产业链全流程,将质量管控从原来的事后拦截转化为事前预测、预防。预警 App 通过采集供应商处原材料的关键测试参数,提前识别潜在的来料质量风险,在产业链源头进行质量管控,提高来料入口质量。系统还集成了全球加工网点,包括自制、EMS(Express Mail Service,邮政特快专递服务)、ODM(Original Design Manufacturer,原始设计制造商)、海外供应中心等制造过程的质量数据,在一些关键工序[IQC(Incoming Quality Control,来料控制)、ICT(In Circuit Test,在线测试)、FT(Functional Test,功能测试)、可靠性、整机测试等]实现质量预警,提前识别和挖掘隐性质量问题,保障不同制造工厂出厂一致性。同时结合产品网上运行环境、用户舆情、网上返还以及产品加工过程等数据,预测产品潜在的风险并预警,反馈研发设计、制程工艺、来料选型等流程可优化改进的点,提升产品研发设计质量。

7.5　工业智能 App 安全

工业智能 App 安全是工业互联网领域的一个重要课题。随着"工业 4.0""智能制造等技术的快速发展,工业智能 App 逐渐成为企业实现生产自动化、智能化的重要工具。然而,工业智能 App 在提供便捷服务的同时，也带来了安全隐患，需要采取有效措施进行防护。工业智能 App 安全是企业必须面临的挑战，企业应采取一系列措施，确保工业智能 App 的安全，防止安全事故的发生。

7.5.1　工业智能 App 面临风险

工业智能 App 在为企业提供便捷和提高生产效率的同时，也面临着一系列安全风险。以下是一些常见的风险。

1. 数据安全风险

工业智能 App 通常需要连接到企业的生产设备、传感器等，这些设备产生的数据可能包含企业的核心机密。数据在传输、存储和处理过程中可能会被恶意攻击者窃取或篡改，从而导致企业利益受损。

2. 应用安全风险

工业智能 App 本身可能存在漏洞，一旦被攻击者利用，可能导致企业设备失控、数据泄露等严重后果。

3. 设备安全风险

工业智能 App 通常运行在嵌入式设备上，这些设备的硬件、操作系统、应用程序等都可能存在安全漏洞。攻击者可能通过利用这些漏洞对设备进行攻击，从而导致设备故障或失控。

4. 网络安全风险

工业智能 App 通常通过网络进行数据传输，网络环境的安全对工业智能 App 的安全具有重要影响。攻击者可能通过网络对工业智能 App 进行攻击，从而导致数据泄露或设备失控。

5. 供应链安全风险

工业智能 App 可能包含第三方组件、库等，这些组件可能存在安全漏洞。攻击者可能通过利用这些组件的安全漏洞对工业智能 App 进行攻击，从而导致整个应用的安全受到影响。

6. 人为操作风险

员工可能不小心泄露敏感信息，或者在操作过程中误触发危险操作，导致设备故障或数据泄露。

7.5.2　工业智能 App 安全应对措施

为了降低工业智能 App 的安全风险，企业应采取一系列措施，包括制定安全策略和标准、加强安全培训、建立安全管理体系等。同时，企业还应选择具有丰富安全经验的技术合作伙伴，确保工业智能 App 的安全性。以下是一些有效的安全应对措施。

1. 制定安全策略和标准

企业应制定一套完整的工业智能 App 安全策略和标准，规范工业智能 App 的开发、测试、部署等流程，确保每个环节都符合安全要求。

2. 加强安全培训

企业应对员工进行安全意识培训，提高员工对工业智能 App 安全的认识，增强安全防护能力。同时,针对开发、运维等关键岗位人员,提供专门的安全技能培训,确保他们在日常工作中能够遵循安全规范。

3. 建立安全管理体系

企业应建立完善的安全管理体系,明确安全责任,确保安全措施得到有效执行。建立应急响应机制,以便在发生安全事件时能够迅速应对。

4. 安全开发

在工业智能 App 的开发过程中,遵循安全开发原则,确保代码质量。采用安全编程实践,如输入验证、安全编码规范等,减少安全漏洞。对第三方库和组件进行严格审查,避免引入不安全的依赖。

5. 安全测试

对应用程序进行安全测试,包括静态代码审计、动态代码审计、渗透测试等,确保应用程序在部署前没有明显的安全漏洞。

6. 网络安全防护

采用防火墙、入侵检测系统、网络隔离等技术手段,保护工业智能 App 免受网络攻击。确保网络环境的安全,减少数据泄露和设备失控的风险。

7. 访问控制与身份认证

实施严格的访问控制策略,确保只有授权用户才能访问工业智能 App。采用多因素认证、数字证书等技术手段,提高身份认证的安全性。

8. 数据加密和保护

采用加密技术对数据进行保护,确保数据在传输、存储、处理等环节的安全。对敏感数据进行加密,防止数据泄露造成的损失。

9. 定期安全评估

定期对工业智能 App 进行安全评估,及时发现并修复安全漏洞,降低安全风险。可以邀请专业的安全团队进行安全审计,确保应用程序的安全性。

10. 合规与监管

遵循相关法律法规、行业标准和企业内部规定,确保工业智能 App 的安全合规。同时,密切关注行业内的安全动态,及时应对新型安全威胁。

通过以上措施,企业可以降低工业智能 App 的安全风险,确保生产过程的安全、稳定和高效。在应对安全风险时,企业需要根据实际情况,采取适当的措施,形成一套符合自身需求的安全防护体系。

题库

第8章

工业互联网典型行业应用与安全方案

工业互联网是新一代信息通信技术与现代工业技术深度融合的产物，是制造业数字化、网络化、智能化的重要载体，也是全球新一轮产业竞争的制高点。

当前，工业互联网在工业系统各层级、各环节获得了广泛应用。应用覆盖范围不断扩大，从制造业持续向能源、电力、交通、采矿等各领域延伸，应用环节也不断增多。相关统计数据显示：截至2022年6月，我国工业互联网已应用于45个国民经济大类，涵盖研发设计、生产制造、营销服务等各个环节，产业规模超万亿元。工业互联网带动产业融合应用发展，服务范围由经济建设向安全生产、应急保障、公共治理等领域拓展。随着工业互联网推进的深入，其从单一设备、单个场景的应用向完整生产系统和管理流程发展，最终形成产业资源协同组织联合演进。

工业互联网的应用几乎可以涵盖各垂直行业，基本可归类于以下几种典型场景。

1. 生产流程优化

聚焦产业现场，采集设备运行、生产进度、品质检测等产品现场制造数据，分析制造流程的最优参数，提升制造效率；通过制造进程、物料控制等数据，实现智能排产；收集产品质量关键数据，实现在线质量检测和异常分析，提升产品质量等。

2. 管理决策优化

聚焦企业管理运营，支撑计划、供应、生产、销售、服务等全流程全业务互联互通，打通工业现场、企业管理、供销链条等数据，实现精准透明的管理。

3. 协同共享优化

聚焦产业层面，实现制造企业与外部用户需求、与企业上下游协同的全面对接，推动设计、制造、供应和服务环节的并行组织和协同优化。例如，工业互联网可以开放企业的空闲制造能力，实现制造能力的在线租用；实现企业与用户的无缝对接，满足用户需求的个性化定制；汇聚分析工业数据，为金融行业提供依据，为股权投资、企业融资等提供量化依据。

4. 产品的全生命周期管理

聚焦产品全生命周期，将产品设计、生产、交付、服务等数据进行全面集成，以借助标识解析进行全生命周期溯源、借助数据孪生对设计阶段进行质量和制造预测、借助物联网对使用环节进行健康管理，并通过生产和使用环节的数据来改进产品设计。

5. 设备的全生命周期管理

聚焦设备的全生命周期，将孤立的设备资产转换为互联的体系，将系统设计、建造、投产、运维、退役到报废与回收等多个环节的数据进行集成,实现设备全生命周期的整合和串联。例如,通过构建基于边缘设备的全面互联和感知能力,融合设备历史数据和实时信息,监控设备运行状态,从而优化设备维护周期,实施设备预测性维护,提高资产的可靠性和资产管理的经济效益。

随着工业互联网的兴起,工业互联网安全也迎来一系列考验。5G、边缘计算、大数据分析、人工智能等新一代信息技术与传统工业网络技术的融合,对工业互联网安全提出了新的挑战,使传统工业控制系统和自我防护能力差的设备连接到互联网,打破了传统工业网络相对封闭的环境,使得大规模工业控制系统和生产系统成了网络攻击的重点目标。例如,人机物"上网"认证、海量设备的安全接入的问题;信息泄露、数据窃取的风险;工业数据导致国家安全、用户隐私的风险;工业互联网设备暴露在互联网上导致网络安全威胁从外网向工业内网延伸渗透等。因此,在推进工业互联网建设的同时,也需要同时做好工业互联网安全方案,解决信息安全问题。

当前,我国工业互联网建设正处于向规模发展的关键时期,按照应用层级,工业互联网分为上游、中游和下游。中游又可以分为应用层、平台层、IaaS层、边缘层等。工业安全贯穿所有层级。各层级所运用的基础设施和功能如图8.1所示,同时列出了当前一些主流的企业。

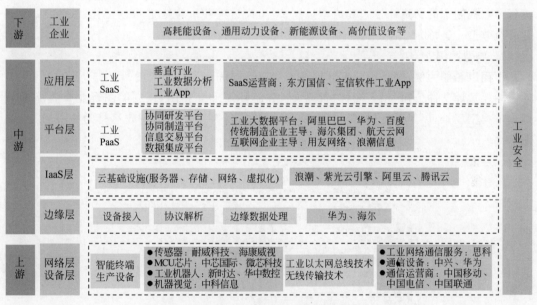

图 8.1 工业互联网应用层级

8.1 智能装备制造

8.1.1 工业互联网应用

1. 行业应用需求

制造业是立国之本、强国之基,是我国国民经济发展的支柱产业,通过提供各种机械产品、智能装备等保障各行业的发展和老百姓的生活。其涉及的工业领域主要有机械装备、汽车、船舶、飞行器、机车、日用器具等。

制造业具有以离散为主、流程为辅、装配为重点的主要特点。以工程机械制造为例,生产方式往往由单一的零部件装配成工程机械产品,为典型的离散型工业。汽车制造业中,虽然冲压、表面处理等零部件属于流程性作业,但大部分的工序还是以离散为主要特点。制造业在实施工业互联网时,要重点关注装配过程智能水平、核心零部件质量稳定性、人机物的管理流程、用户日益增长的个性化定制需求、智能化服务能力等方面。

在产业层面,智能制造需要通过数字化转型和智能化升级,通过行业全要素、全产业链、全价值的深度互联,促进各类产业资源的高效协同与优化配置,实现海量工业数据的充分流动与分析利用,推动整体高质量发展。

在企业层面,企业需要通过数字化制造与网络化协同,提升企业经济效益,保持行业竞争优势。

在业务场景和应用层面,企业内部需要进行计划协同,实现整体资源调度与生产计划的管理协同、供应链协同,优化供应链上下游关系,帮助企业降本增效,对外协厂家和配套厂家的制造生产过程进行可视化监控、交付等智能分析,实现生产协作。

在能力构建层面,通过工业互联网建立泛在感知、智能决策和全局协同能力。泛在感知实现对生产过程的实时精确监控,以及对数据和模型进行有效管理;智能决策需要精确流程节点控制下的交货期控制和成本控制,对生产过程和供应链进行数字化、敏捷化、智能化升级改造;全局协同需要实现行业上下游企业的高效配合。

2. 典型案例

下面以船舶为例,阐述工业互联网在产业链协同优化场景的应用。

中船黄埔文冲公司(以下简称"黄埔文冲")运用工业互联网,建立船舶行业产业链协同优化的典型场景,以船舶订单、计划、采购到生产、交付等全过程的高效运行为核心目标,如图 8.2 所示。

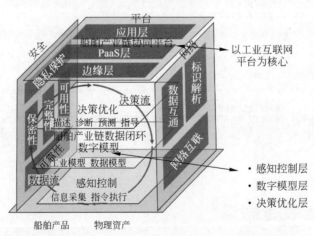

图 8.2 船舶产业链协同优化场景功能架构

在感知控制层,实现船舶产业链各参与方的数据共享,以及采集生产现场与经营管理数据,反馈和执行各类决策;在数字模型层,在采集的数据基础上,形成船舶全生命周期(研发、设计、生产、运营维护、拆船回收)的数字化模型库,以及生产物料、计划、设计、工艺、制造、物流、调试、质量、合同等数据库,实现模型与数据的高效管理;决策优化层基于全产业链的数据分析,促进船舶全生命周期中各个环节、产业链上下游之间的互联互通与协同工作。

以工业互联网平台为核心载体,利用平台建构船舶工业及产品的数据与模型管理、船舶建模分析与智能决策、产业链协同应用敏捷开发与创新、船舶工业知识库等资源整合与优化,从下至上包括边缘层、IaaS 层、工业 PaaS 层和 SaaS 层,打造船舶能力供给、市场资源共享、跨区域需求协同等应用服务。

边缘层实现海量船舶制造与服务数据接入、转换、预处理和边缘分析应用等能力。针对船舶企业设备接入需求,形成边缘层协议转换能力,建设边缘层设备及网络安全防护功能。

IaaS 层为船舶企业搭建私有云 IaaS 层功能,开展私有云资源池能力、资源运营能力、容灾备份能力、安全防护建设,以及策划基于网络物理隔离的 IaaS 私有云方案。

PaaS 层面向船舶产业链协同需求,完善功能,整合船舶产品模型与工艺知识库,并在现有 PaaS 层容器服务、微服务中心、云数据库等基础上,开展船舶工业大数据系统、三维模型数据交换、PaaS 层安全防护等功能建设。技术方面,平台 PaaS 层主要基于 Kubernetes 以及 Docker 虚拟化集群技术,拥有资源调度的能力,结合船舶行业场景及业务流程,基于微服务、大数据、算法模型等为船舶行业提供大数据分析、微服务组件服务、工业机理模型调用、企业应用总线服务,实现企业工业 App 的快速研发和构建。

SaaS 层结合协同应用场景提供工业创新应用、应用二次开发集成等功能。SaaS 层应用在 PaaS 层所提供的组件基础上,对微服务组件进行组合,开发工业 App。例如,排程优化 App,通过对船舶制造企业的生产计划、生产设备状态、物料需求状态、产品物流状态、产品制造进度等数据的采集和优化,优化订单的造修排程。再如,供应链协同 App,对配套产品监控和实时货运定位、生产计划及变更信息的数据互通,打造供应链平衡体系,最终利用协同设计、生产、物流、服务等实现供应商与船舶生产商之间的协同应用,助力全产业链协同总装造船。

船舶产业链协同优化场景建设"网络、标识、平台、安全"四大要素系统,以平台为核心,按照传统船舶制造流程进行划分,从设备、边缘、企业、产业四个层级展开,接入产业层产业链资源、企业层企业管理、边缘层和设备层设备。产业链协同优化场景平台实施框架如图 8.3 所示。

产业协同优化平台,是指部署在产业层上,在船厂家、配套供应商和科研院所之间实现设计和供应生产制造等协同,即为"平台的平台"。其主要系统包括 PaaS 层船舶工业数据建模,基于模型的数据交换,以及资源对接、制造协同等产业层的协同应用。

企业工业互联网平台分为船舶集团的私有云平台和船舶企业的私有云平台。船舶集团的私有云平台部署在产业层,其主要系统由多个模块构成,例如供应商管理、采购管理、物流管理、仓储管理、综合展示平台及供应链金融等。根据企业在产业链条中的定位,开展业务管理、风控等,提升企业各链条的运营效率。船舶企业的私有云平台部署在企业层,围绕企业内具体生产场景开展数据分析与应用,助推企业智能化。其主要系统包括工业 PaaS 建设和工业 App 应用开发,面向运营数据、市场数据、生产信息等有效信息进行收集和共享,生产计划、生产设备状态、物料需求状态、产品物流状态,产品建造进度等数据的集成与管控,打造解决方案。

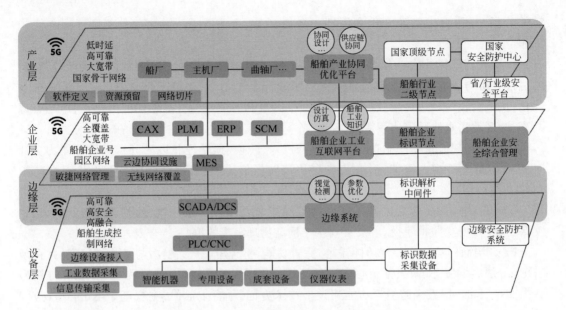

图 8.3 产业链协同优化场景平台实施框架

边缘系统部署在边缘层和底层设备层,对生产现场进行实时优化和反馈控制。系统包括边缘智能分析和边缘-云端协同。通过边缘智能分析,加强数据分析应用;边缘-云端协同则是通过边缘端与平台端同步更新模型算法进一步提升优化能力。

8.1.2 工业互联网安全方案

1. 安全风险及方案

工业互联网是工业智能化的关键基础,使机器设备、生产运营、企业系统、用户交互与产品服务等全面互联,促使数据驱动智能化、数字化。工业互联网应用离不开网络安全的防护。传统的工控系统相对封闭,连接互联网之后,面临网络的攻击。只要工控系统存在突破口,网络攻击就有可能直达工控系统的最底层,最终造成无法挽回的损失。当前智能制造行业已经受到信息安全问题的困扰,其中较为严重的是勒索病毒,该病毒的感染会引起网络设备或节点故障,最终导致全网瘫痪。

在智能制造行业,确保工业数据采集的安全性、有效性和稳定性是构建智能工厂的关键,需要注重先进安全防护技术的引入和应用,以满足高效性、智能性、及时性和可追溯性的要求。

在智能制造业,工业控制系统安全监控平台通过以下组件实现安全监控:DCS 探针软件、主机探针(硬件)、网络探针(硬件)、工业防火墙(硬件)、办公网监控中心服务器等。在保证 DCS 正常监控业务、不改变网络拓扑结构并确保 DCS 自身安全的同时,该平台可监控整个 DCS 的安全隐患、异常和威胁状态等,并将安全可视化监控集成到工业控制系统中。

利用先进的网络态势感知解决方案,结合企业工业控制网络的运营环境和业务特点,我们可以实现网络防护与安全运维的有机结合,重点提升工业控制生产安全监测、网络安全态势感知、安全防护和应急处置能力。

利用大数据、物联网和交互技术,对工业控制网络中的重要资产实施多级别、多粒度、多维度的信息安全监管,确保其生产环境、状态、风险和网络威胁的可控性,为用户提供海量资产管理、系统自动运维、异常行为监控、网络威胁预警与工业生产安全早期预警等核心服务。

2. 典型案例

1）安全风险分析

中车某企业使用数控机床数量较大，且基本为国外数控系统。数控机床联网安全研究不仅可提升该企业网络通信安全保障，同时也是实现智能制造示范工厂的重要组成部分。

针对数控机床联网安全，该企业提出建设 CNC（Computer Numerical Control，计算机数字控制）机床防护装置，实现对数控机床的隔离防护，有效提升机床的安全性，实现基于CNC 装置工业协议的白名单防护，仅允许合法的控制报文和数据采集报文通过；实现数控机床的合法访问，仅允许可信的服务器和计算机对数控机床进行访问；实现对工业指令的深度过滤，仅允许合法的指令或合法的数据通过；支持白名单运维管理，仅允许白名单设备进行现场运维管理，同时实现日志审计。

2）安全解决方案

针对以上安全需求，根据《工业控制系统信息安全》和《工业控制系统安全指南》形成立体纵深安全防御体系，确保智能工厂的数控系统的运行安全及可追溯性，避免被未经授权的访问、使用、泄露、中断、修改以及网络攻击破坏行为，方案总体策略如下。

在数控机床与机床控制终端的数据链路中部署数控审计保护平台，如图 8.4 所示。通过此平台可以实现泄密事件追踪，防止外网 APT 攻击、内网络病毒、未知设备接入、非法访问、中间人攻击、后门及外网远程升级带来的安全风险，并能实时对网络行为、流量的异常监测控制，通过对"数控协议"深度解析，确保设备代码指令的保密性、合法性与完整性，从根本上解决数控协议漏洞、数控系统后门、无意或恶意操作等行为带来的安全威胁。

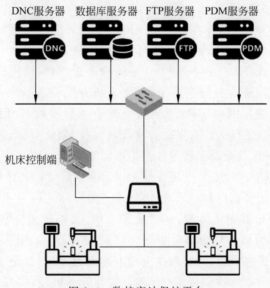

图 8.4 数控审计保护平台

软件层面上，该平台建立在智能机器学习引擎、深度数控协议解析和数控流还原三大功能之上，通过特定的白名单一键式智能学习、黑名单主动防御等安全策略，可以对数控网络内所传输的数据内容、操作行为进行审计保护，具有检测率高、低延迟等特点，满足数控系统实时性要求。硬件层面上,该平台具有全封闭、无风扇、多电源冗余、硬件加密等特点,确保达到工业级可靠性和稳定性要求。

通过该方案,对数控网络操作行为(接入、管理、控制、执行等)进行实时解析、审计,以保护数控网络操作行为的安全性。对数据传输过程中的数控加工代码进行全方位、可视化审计,以保护数控网络数据内容的安全性。对 NC(Numerical Control,数字控制)代码进行实时还原,实现对数据泄密、误操作、恶意篡改 NC 代码等事件进行溯源,推动轨交行业智能制造工厂网络安全建设。

8.2 数字电网

8.2.1 工业互联网应用

1. 行业应用需求

数字电网是数字经济时代背景下的产物,是传统电网融合新一代数字技术后在能源生态系统表现的新型价值形态。它以现代电力能源网络与新一代信息网络为基础,通过数据为关键生产要素,与企业业务、管理深度融合,不断提高数字化、网络化、智能化水平。其发展可分为电网数字化、企业数字化、客户服务数字化、能源生态数字化四个方向。

电网数字化,通过建立数字孪生模型,实现物理电网和数字世界的完整映射和双向互动,实现电网量值传递、状态感知、在线监测、行为跟踪、趋势分析、知识挖掘和科学决策等功能。电网数字化通过数字技术进步促进转型升级,促进电网运行更加安全、可靠、智能、经济。电网数字化面向大规模新能源接入、电力市场改革、用户需求多元化等挑战,立足电网供需平衡,让电网更加绿色、安全、高效、经济。

企业数字化,旨在将数字技术深度整合到电网企业的生产、管理及经营全过程中,以推动数字化运营和决策。这将简化管理,提高管控力、决策力、组织力和协同力。一体化数字业务平台,覆盖企业运营管理全业务,驱动业务流程再造、组织结构优化、员工数字化,促进跨层级、跨系统、跨部门、跨业务的高效协作,实现所有工作各行其是、各尽其职又高度协同,进一步优化资源配置。横向互联、纵向贯通的企业驾驶舱,利用数字技术实现管理量化,将量化管理作为精益手段。这将支持企业管理决策"全景看、全息判、全维算、全程控",实现战略运营、业务运行、产业链运转等各类生产经营活动的实时监控、动态分析和风险管控,提升洞察能力与集团管控水平,全面支撑公司运营风险管控和科学决策。

客户服务数字化,主要面向客户服务过程,推进数字深入融合用户服务全过程,提高数字化交互、自动化服务和智能化体验。以"服务用户、获取市场"为导向建设敏捷前台,以"资源共享、能力复用"为核心建设高效中台,以"系统支持、全面保障"为宗旨建设坚强后台,通过广泛连接并拓展客户资源,实现线上线下的无缝连接,打造流程简洁、反应迅速、灵活定制的用户服务,提高服务效率和客户体验。支撑业务创新,提高用户体验,驱动用户需求潜能不断释放且持续得到满足。

能源生态数字化,面向智慧能源产业生态,利用数字技术,引导能量、数据、服务有序流动,基于数字业务技术平台构筑更高效、更绿色、更经济的现代能源生态体系。统一数字业务技术平台面向政府、能源产业上下游、用户等产业链参与方,创新平台各方的交易和交互方式,强化电网企业在能源产业价值链的整合能力,支撑企业向能源产业价值链整合商、能源生态系统服务商转型,实现整个生态共生、共享、共融、共赢。

2. 典型案例

下面以中国南方电网有限责任公司为例,介绍其数字业务技术平台。

整体看来,南方电网与工业互联网建设思路一致,指导集团上下实现智能化、协同化生产管理应用部署。在集团实践中,主要以集团数字业务平台为核心,划分为集团 CLOUD层和现场 SITE 层,SITE 层又包括以源、网、荷、储为代表的企业执行层,以计量、检测和诊断等能力为代表的边缘实施层,以感知和控制为代表的物理层,如图 8.5 所示。

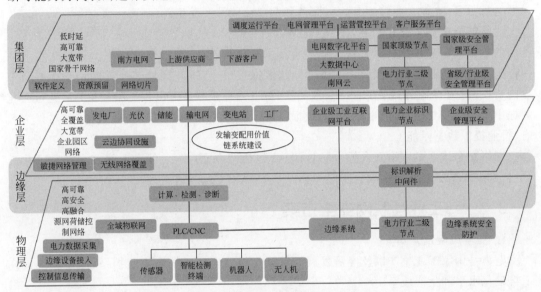

图 8.5　数字电网整体实施框架

在物理层和边缘层,通过传感感知、智能终端、控制单元等实现智能物联体系。边缘层主要包括监控、调速、励磁、保护等控制系统;水雨情监测、机组振动摆度监测、变压器油气监测、局部放电监测等在线监测系统;巡检机器人、无人机、智能传感器等智能终端;ePMS、检修决策支持系统等生产管理系统。实现设备运行的安全预警,保证电力设备的安全运行、设备故障诊断,实现发电和电网设备检修、维护指导等。

在企业层,针对企业的全业务流程,建设硬件设施层,主要包括网络、存储、计算设备设施。建设数据中台、技术中台和业务中台:数据中台完成数据存储,并提供数据处理的通用算法;技术中台提供构建模型和高级应用的指标配置、规则配置、图表报告配置等可视化配置工具;业务中台包括水电运营过程中的经验知识形成的知识库、样本库、案例库等。实现智能运维、智能检修、智慧调度、智能决策等具体业务的各种高级应用,涵盖状态监视、智能预警、状态评估、故障诊断、检修决策、运行决策、经济运行、辅助考核。

在集团层,南方电网采用当前先进、成熟的"云、大、物、移、智"、微服务、数字孪生、区块链等数字技术,构建关键技术平台和各大数字业务平台。数字业务技术平台包括云数一体数字技术平台、数字业务平台、对接能源产业生态相关方和网络安全体系。

云数一体数字技术平台中,南网云平台是数字技术平台运行的 IT 基础环境。电网数字化平台通过统一电网模型对物理电网以数字化方式进行管理,是全新的数字化电网形态,全域物联网对企业所有设备和传感器进行信息采集,提供物体信息数据资源,全域物联网按照"云管端"的三个层次布局,强化通道能力和终端规范接入,实现物联网终端感知能力、网络连接能力、平台管控能力和数据交互能力。平台对内实现对电网状态的全面实时感知,支持属地化的实时操作和业务响应,促进云边端的全面协同;对外跨越企业物理电网边界,极大地丰富数据采集来源,为实现企业价值链的延伸提供有效手段,云化数据中心实现数据统一汇聚。

数字业务平台部署在云数一体数字技术平台上,调用南网云平台的各类服务组件,以共享服务的模式实现各业务功能,包括电网管理平台、客户服务平台、调度运行平台和企业运营管控平台,支撑企业管理、运营、服务和数字化能源产业生态运营。

对接能源产业生态相关方,整合产业链上下游能源企业,构建能源产业生态,实现更大范围的数据和服务共享。以云数一体数字技术平台为基础,通过南网云平台开展工业互联网标识注册解析和二级节点应用;通过构建数据接口,实现与国家工业互联网顶级解析节点的对接,对上与国家工业互联网平台互联,对下为企业节点提供各类服务接入;通过云化数据中心统一归集来自"两个对接"的数据。对内整合数据资源拓展企业价值链,对外为政府、行业提供数据赋能。

网络安全体系是网络安全综合防护,核心包括两方面内容:促进网络安全与数字化融合、提升纵深防御布防与实战运营能力。

8.2.2 工业互联网安全方案

1. 安全风险及方案

电力是国家工业生产以及经济发展的基础设施。电厂开发电力监控系统,极大地提高了自动化水平和生产效率。

随着物联网技术的发展,工业控制系统由相对封闭、稳定的环境向开放和多变进行转变,也面临着黑客攻击、网络病毒对工业控制系统带来的风险和挑战,例如,伊朗核设施的"震网"事件、乌克兰电网事件等。2016 年,以色列国家电网遭受到有史以来最大规模的网络攻击、德国核电站检测出恶意程序被迫关闭等,更让我国电力企业意识到,在数字化和信息化改革过程中,电厂的生产安全以及国家安全面临着巨大的网络安全风险。在电力行业,我国电监会(现改名为国家能源局)早就在 2005 年颁布了 5 号令,后于 2014 年被国家发展改革委员会第 14 号令《电力监控系统安全防护规定》替代。国家《网络安全法》进一步明确了主责单位的责任和义务。因此,电力企业如何有效满足合规要求并保护自身电力监控系统的安全以应对日益复杂的网络安全环境,成为当前各电力企业安全工作的重中之重。

电厂在设计和建设安全防护方案时应基于自身电力监控系统的业务特点,在满足上级主管单位监管要求的同时也要支撑企业自身未来业务发展的需要,并在充分了解自身存在的问题和风险的情况下提出切实可行的安全方案。

1) 合规监管分析

国家层面自 2000 年以来制定了相关政策文件以应对电力行业的潜在安全威胁,电力行业监管要求如图 8.6 所示。

2014 年,国家发展改革委员会第 14 号令颁布《电力监控系统安全防护规定》;2015 年,国家能源局下发 36 号文《国家能源局关于印发电力监控系统安全防护总体方案等安全防护

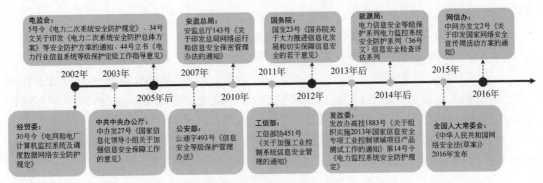

图 8.6 电力行业监管要求

方案和评估规范的通知》,明确规定了基本安全防护要求,以及"安全分区、网络专用、横向隔离、纵向认证、综合防护"的安全原则。

2) 安全风险分析

根据我国电力行业的相关规定,电力监控系统主要部署于生产控制大区。生产控制大区分为控制区(安全区Ⅰ)和非控制区(安全区Ⅱ)。例如,水电厂的电力监控系统在控制区(安全区Ⅰ)主要涉及机组控制、闸门控制、公用设备控制、辅机控制、水电厂监控以及 PMU(Phasor Measurement Unit,相量测量装置)等系统。非控制区(安全区Ⅱ)主要涉及电能计量、故障录波以及水情监测等系统,且在网络中普遍使用工业协议。水电厂现行安全防护示意图如图 8.7 所示。

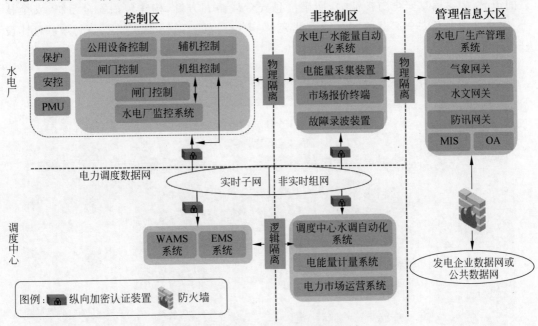

图 8.7 水电厂现行安全防护示意图

主要安全风险如下。

多数电力企业按照监管要求在边界处部署纵向加密和横向隔离装置,但是仍然存在诸如网络拓扑不清晰、纵向边界部署的纵向加密装置没有启用、集控层的上位机监控系统和现控层的 LCU(Local Control Unit，现地控制单元)之间缺乏隔离防护、控制区(安全区Ⅰ)以及非控制区(安全区Ⅱ)之间的逻辑隔离不严格、各应用系统之间没有划分 VLAN(Virtual Local Area Network，虚拟局域网)等，与"十六字方针"相去甚远。

部分电力企业的上位机进行了一些加固，但是在防病毒、移动介质接入的控制上有所欠缺，而组态应用在满足必要的生产功能的同时基本缺乏必要的安全应用控制，更不用说结合数字证书实现安全认证和访问控制。

电力企业的电力监控系统在网络通信层面普遍缺乏日志记录和监控审计措施，难以发现针对工控系统及其协议行为(如 104、Modbus、OPC 等)的攻击手段。

电力企业的电力监控系统相对火电而言，SCADA 系统层面国产比率较高，但是所使用的控制器，如 PLC，多为国外品牌，长时间内难以实现自主可控，这给国家安全带来了较大的隐患。

电力企业的安全防护基本处于"静态"以及"响应"式的安全防护状态，缺乏必要的机制和专业人员，难以实现面向复杂且持续的网络安全对抗形态。

3) 安全方案设计与论证

以信息安全保障的视角作为切入点，包括人员、技术和管理的维度，并基于对电厂生产业务以及电力监控系统架构的理解，在符合国家的法律、法规、国际标准、行业监管要求前提下，充分了解电力企业在管理和技术风险并提出了以技术改造、管理优化、能力提升等相结合的风险处置机制。开展相应的安全规划以及安全防护体系设计，同时结合业务战略发展的情况，构建信息安全防护能力，明确信息安全战略和方针，构建包括安全组织、安全技术、安全管理以及安全运营的安全能力框架，实现电厂的有效防护。工控安全体系总体设计框架如图 8.8 所示。

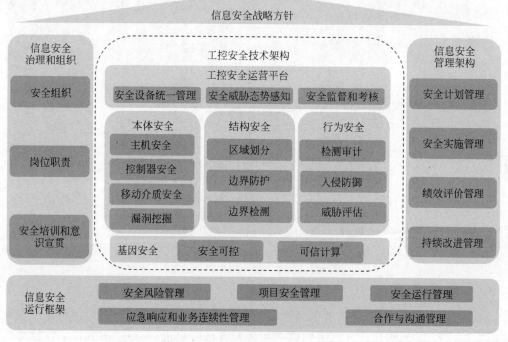

图 8.8　工控安全体系总体设计框架

其中技术体系是安全防护体系设计的重点，人员组织、日常运营和管理体系是安全管理的基础和保障，支撑安全技术体系能够发挥最大效用。同时考虑到目前工控安全行业发展的状况和各种技术安全策略的实际落地，企业将充分依托多种安全技术、产品以及工具，建设工控安全体系。

2. 典型案例

某水电厂由于自身业务发展的需求以及上级单位运营模式转变，不断提升自身自动化运营水平，具有人员配置少、运营效率高等特点。并且部分运营职责由上级单位负责，为应对复杂的安全形势以及满足监管要求的前提下提高网络安全防护水平，保障生产安全，上级单位决定在该电厂开展电力监控系统安全防护的试点工作。该水电厂的工控系统网络逻辑结构如图8.9所示。

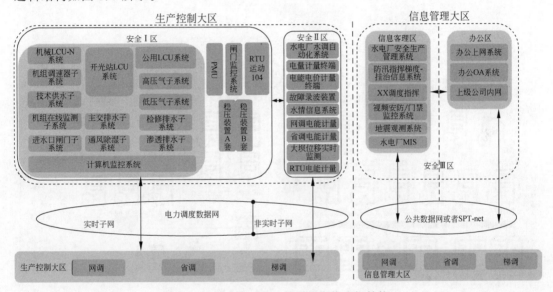

图8.9　某水电厂的工控系统网络逻辑结构

1）安全风险分析

通过梳理水电厂的安全现状，并通过与电力行业主要监管的对标，以及与工控等保的对标，总结了以下几点主要风险。

（1）缺乏全局性网络拓扑，部分网络拓扑图与实际现状不符，如网络拓扑显示应用了纵向认证加密装置，但实际状况部署了防火墙。

（2）边界相对清晰但是边界防护能力不足，如控制区（安全区Ⅰ）和非控制区（安全区Ⅱ）之间防火墙使用年代较久，性能不足，且缺乏对工业协议深度解析以及防护工控网络安全攻击的能力。

（3）生产控制大区各电力监控系统之间采用通信机进行业务数据的交换，且上下位机间存在控制指令的下发，但是在网络层面的通信缺乏安全监控审计措施。

（4）上位机本身普遍缺乏必要的防病毒措施，所需使用的USB（Universal Serial Bus，通用串行总线）口除了存在必要管理机制外，缺乏技术防护措施。

（5）生产安全与信息安全之间的关系和职责未明确。

（6）安全专业人员（同时具备自动化、信息化、信息安全和工控安全能力）极度缺乏。

2) 解决方案

基于上述风险分析以及业务发展需求,主要通过管理和技术两方面提供安全防护方案。

在管理方面,设计满足电力生产工控安全管理的制度体系,覆盖工控安全战略方针、安全组织、安全管理等内容,满足上级监管部门的安全管理要求,并融合电厂现有生产安全体系,有效避免不必要的重复性建设。

在技术方面,紧密围绕"安全分区、网络专用、横向隔离、纵向认证、综合防护"的原则,通过详细的工控系统安全防护设计方案,涵盖了边界隔离、主机加固、入侵检测、监测审计、安全监管,如图 8.10 所示。

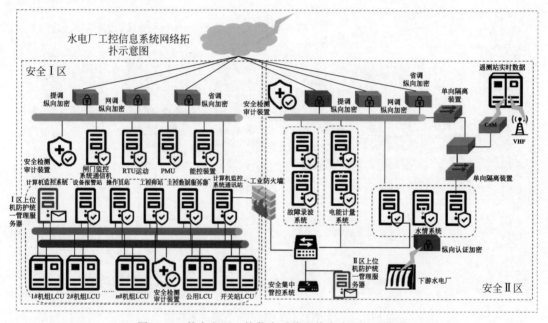

图 8.10 某水电厂工控信息系统网络安全防护示意图

安全防护设计方案需要考虑水电厂生产的特点、尽量不影响生产条件、符合监管要求、适用于工控系统,因此安全技术防护措施的部署更加要求适用于工业防护设计,并在明确相关边界的前提下进行,包括以下内容。

(1) 控制区(安全区Ⅰ)和非控制区(安全区Ⅱ)间。在控制区和非控制区之间的交换机上部署工业防火墙,替代现有常规防火墙,抵御来自非控制区(安全区Ⅱ)的工业病毒或木马的攻击,提升控制区(安全区Ⅰ)的安全防护水平,满足工业环境设计要求。

(2) 非控制区(安全区Ⅱ)水情系统边界。水情系统在接收遥测数据的链路建立安全键入区,部署单向隔离装置,在与下游水电厂连接的链路上部署纵向认证加密装置,满足安全合规需求。

(3) 集控层和现场控制层间通信的监测。在集中监控层和现场控制层的核心交换机上部署监控审计设备,同时监控传输网络中的主备网,可对来自上位机的攻击或误操作进行报警。

(4) 与调度通信。在与调度通信的汇聚交换机上并行部署监控审计设备,监控调度的上下行异常数据;非控制区去往上级梯调的数据通信链路上,部署纵向加密装置,代替现有防火墙。

(5) 运维审计。部署定制化的监控审计工具,记录运维检修人员的使用情况。

（6）上位机。部署终端安全管理软件并采取统一管理以及 USB 保护装置,满足合规要求。

所有安全设备接入安全集中管控系统,进行统一集中管理,在水电厂人员配置少的情况下提升运营效率,满足工控等级保护的安全需求;同时预留上级部门自动化监控接口,向上级单位提供安全数据,满足上级部门对水电厂的安全监督考核。

8.3　智慧城轨

8.3.1　工业互联网应用

1. 行业需求

城市轨道交通服务于人民群众的公共出行,属于国家重点发展的新基建领域,具有公共安全要求高、设备系统复杂、自动化程度高等行业特征,是工业互联网赋能的重点行业之一。城市轨道交通由线网指挥中心、线路控制中心、列车、车站、线路区间、车辆维修基地、主变电所等组成,业务系统大致可分为运营管理、运维管理、企业管理、建设管理、协同生态和行业业务,如图 8.11 所示。由于城市轨道交通线网规模不断扩大,客流量持续增大,网络化运营资源调配的要求日趋提高、运维难度越来越大,而乘客服务的要求却不断提高,亟须利用工业互联网,在安全保障(安全)下提高各业务系统的共融互通(网络),实现业务融合(平台),驱动城市轨道交通行业的数字化转型,满足人民群众对于安全、便捷、高效公共出行的需求。

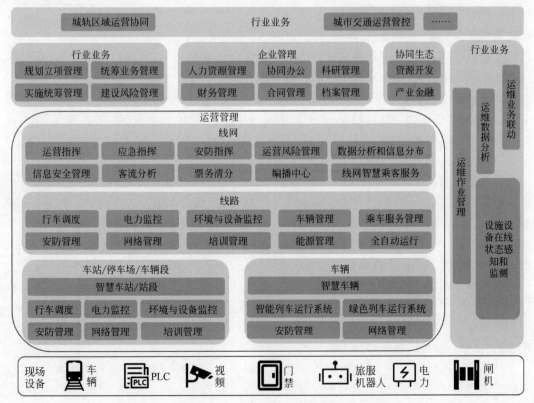

图 8.11　城市轨道交通业务功能

2. 典型案例

城市轨道交通工业互联网功能架构如图 8.12 所示。

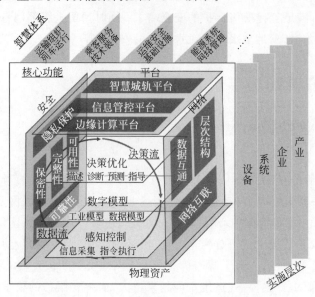

图 8.12　城市轨道交通工业互联网功能架构

网络方面,通过构建生产网、管理网和服务网,将自动化与信息化融合,支持运营、运维和管理数据的互通共享。

平台方面,包括智能现场设备、边缘计算平台、信息管控平台和智慧城轨平台,形成城市轨道交通全要素、全产业链、全价值链连接的技术支撑。

安全方面,城轨工业互联网信息网络安全根据总体安全需求,开展对应安全架构设计,采取针对性安全措施,确保系统安全的持续有效。

城市轨道交通工业互联网平台采用的是"云-边-端"分布式架构,由现场设备、边缘计算平台、信息管控平台和智慧城轨平台组成,相应承载了城轨的设备层、边缘层、企业层和行业层这四个实施层次。

1) 设备层

设备层由站段和车辆的十几个自动化专业设备组成,并由工业物联网连接在一起。

城轨站段设备众多,包括变电所综合自动化系统、环境与设备监控系统、火灾自动报警系统、站台门、防淹门、安防系统、信号系统、自动售检票系统、门禁系统、乘客信息显示系统、车辆管理系统、视频监控系统、广播系统、通信集中告警系统、时钟系统、电能管理系统、不间断电源系统等十几个自动化专业系统共 8000～9000 台设备。

城轨列车和信号系统也拥有大量设备。列车上设备包括车载广播、车载视频监控系统、车载电话、制动控制装置、车门控制装置、空调设备、牵引装置、车载列车自动防护装置、车载列车自动运行装置等。信号系统还涉及许多轨旁设备,如正线联锁主机、区间控制器、转辙机、信号机、计轴、应答器等。

站段设备通过站段局域网、车载设备通过车载网络、车地之间通过车地无线通信网络,共同组成城轨工业物联网,实现对所有设备的连接。站段工业物联网是城轨工业互联网的基础部分,也是原站段自动化设备网络的升华。

2）边缘层

边缘层是靠近物或数据源头的站段和车辆的设备，采用网络、计算、存储、应用核心能力为一体的开放平台，提供最近端服务，满足轨道交通行业在现场的实时业务、应用智能、安全、高可用和降级运行等方面的基本需求。该层一般由原车站级综合监控平台升级、演进发展而来，即以智慧车站代表的车站管控系统的总和，该平台分为基础设施层、数据接入层、数据存储层、数据处理层。业务应用层为基于该平台开发的特定应用。

基础设施层包括所有承载城轨边缘计算平台计算、存储、网络、安全等设备设施。

数据接入层提供工业数据接入能力，兼容智能机器、专用设备等现场软硬件系统，全面采集实时状态、控制参数、运营管理等多种数据。

数据存储层提供了满足边缘特性的数据存储服务，包括实时数据、时序数据、关系数据、非结构文件数据等。

数据处理层提供数据预处理服务，支持对接信息管控平台和人工智能算法仓，实现边缘层的实时运算，解决现场对数据业务处理需求。

业务应用层支持对站段所需的运营、安防、运维、能源管理、乘客服务等多类业务。

3）企业层

企业层由城轨线路线网运营管理、运维管理、企业管理、建设管理和协同生态等应用系统构成，是城轨工业互联网的核心。该层构建于数据中心网络上，其中的运营和运维一般由城轨线路和线网的监控管理平台升级、演进发展而来，即以智慧运营和智慧运维为代表的城轨企业管控系统的总和。

信息管控平台承载了城市轨道交通企业层，从业务角度包括运营管理中的线路和线网业务，运维管理中除健康状态感知和站段侧的在线监测，以及企业管理、建设管理和协同生态业务的全部。

4）行业层

行业层是由城轨或交通行业组织牵头构建的应用系统，是城轨工业互联网的顶层，智慧城轨行业业务均在此实现。

智慧城轨平台采用公有云形式部署，为城市轨道交通运输行业提供低成本、高可靠的数据存储计算服务，具有按需调度和弹性拓展等特点。依托公有云的基础资源支持，在各城轨企业信息管控平台数据的基础上，基于大数据、人工智能、数字孪生、DevOps、微服务、低代码等技术提供工业数据、模型的管理分析服务和行业应用开发服务，并推动各类应用的落地，构建行业协作和创新生态，业务功能与实施框架关系如图8.13所示。

8.3.2　工业互联网安全方案

1. 安全风险及方案

城市轨道交通是城市建设史上最大的公益性基础设施，其运行安全事关人民生命财产安全。轨道交通控制系统的安全防护，尤其是信号系统的全面防护十分重要，需按照国家及行业相关要求做好。

目前，智慧交通领域存在的典型安全问题如下：多数城市轨道交通系统部署防病毒软件和防火墙，但防病毒软件的病毒库升级迟缓或不升级；部分轨道交通信号系统未部署任何安全措施；安全隔离缺乏保护措施，已有防火墙的策略大部分配置为全通，无法识别工业

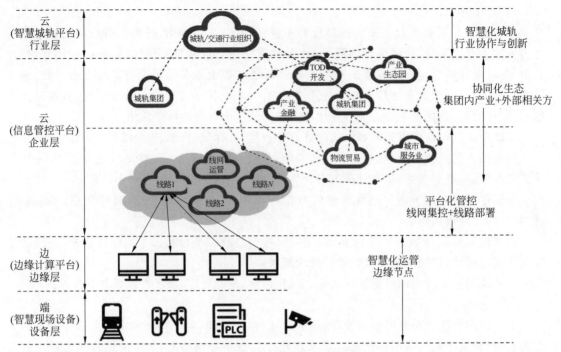

图 8.13　业务功能与实施框架关系

专有协议；运维人员缺乏必要的权限管理、监控审计措施；信号系统各环节缺乏统一的安全管理。

对上述安全风险基本的解决方案有以下几种：对关键主机和服务器进行安全防护和移动存储介质管理，避免各类已知或未知恶意软件的感染、运行和扩散，保障信号系统的运行安全和数据安全；对信号系统与对外接口的网络边界进行安全隔离防护，防止非授权访问，有效抑制病毒、木马在信号系统网络中的传播和扩散，保障列车运行安全；采取监测审计措施，实时监控针对信号系统的攻击和破坏行为，为工业控制网络安全事件调查提供依据；结合信号系统业务特点，管控维护人员的操作，确保维护人员的身份及操作的合法性；集中管理信号系统网络的安全设备和主机，汇总并分析安全日志。

2. 典型案例

信号系统作为城市轨道交通各系统中涉及行车安全的最重要的系统，在某地铁项目建设时明确要求按照等级保护三级的要求进行建设。

1）安全风险分析

（1）网络安全问题。地铁信号系统在网络拓扑结构的安全防护方面存在如下问题：信号系统与其他系统之间的互联接口缺乏可靠的技术隔离手段支持；网络边界未部署访问控制设备，无法实现访问控制；数据流缺少明确的允许和拒绝访问的能力；不能过滤进出网络的信息内容，不能控制应用层协议命令级。

（2）设备安全问题。地铁信号系统的主机、服务器和相关控制设备存在如下安全问题：采用传统网络防病毒软件（部分主机甚至无法安装杀毒软件），无法及时更新恶意代码库；主机和服务器采用通用的操作系统，操作系统的漏洞直接影响信号系统的安全运行；无法对重要程序的完整性进行检测，并在检测到完整性受到破坏后不具有恢复能力；没有采用密码技术,无法保证通信过程中数据的完整性;缺乏有效的软件容错能力;未采用加密或其他有效措施,实现系统管理数据、鉴别信息和重要业务数据传输和存储的保密性。

(3)流量行为安全问题。地铁信号系统网络内的流量和操作等行为存在如下安全问题:缺少防止地址欺骗的技术手段;缺乏对非授权设备私自联到内部网络的行为进行检查、定位和阻断的能力;无法有效检测到网络攻击行为,并对攻击源 IP、攻击类型等信息进行记录;无法在网络边界处对恶意代码进行检测和清除,未及时更新恶意代码库;缺乏有效的安全审计功能。

(4)安全运维问题。对于信号系统安全防护设备的管理和运维,缺乏统一的管理工具,各个安全设备部署在网络边界或系统内部,独立运行,没有形成安全防护的统一策略和关联分析,主要表现在:安全设备配置复杂,会出现各个产品策略配置不统一的问题;安全设备数量多,每个产品的运行状态看不见;网络结构不清晰,出现安全问题无法定位和分析。

2) 解决方案

针对上述问题,有以下解决方案。

(1)边界隔离防护设计。边界隔离防护采用工控安全防护平台,采用黑白名单技术实现边界隔离、入侵防护和 APT 攻击防护。部署位置有控制中心与互联系统间网络边界位置、维修中心移动终端接入位置等。

(2)流量监测审计设计。在 ATC(Automatic Train Control,列车自动控制系统)网络和维护网内部部署工控监测审计平台,对信号系统关键位置核心流量进行实时监控,对异常流量和操作及时生成告警。部署位置如下:设备集中站 ATC 接入交换机、维护网交换机;试车线 ATC 接入交换机、维护网交换机;车辆段 ATC 接入交换机、维护网交换机;停车场 ATC 接入交换机、维护网交换机等。

(3)综合安全监管设计。在车辆段的维护网部署安全监管平台,集中管理所有工控防护设备,提供统一的策略配置接口,总览各设备和软件的运行状态、事件记录和威胁日志等关键信息,从整体视角进行安全事件分析、安全攻击溯源等;消除信息孤岛,解决安全防护设备各自运维而信息不畅和事件处置效率低下等问题。

(4)主机安全防护设计。在全线各工作站和服务器部署工控卫士,监控工控主机的进程状态、USB 端口状态,以白名单的技术方式,全方位保护主机。根据白名单的配置,工控卫士会禁止非法进程运行和非法 USB 设备接入,切断病毒和木马的传播与破坏路径。部署位置为全线所有工作站和服务器。

3) 方案效果

上述解决方案的实施和部署覆盖信号系统整个生命周期,提高信号系统的整体安全性;实现了信号信号系统和网络系统安全防护的整体协同,确保信号系统网络稳定性和可靠性。方案达到了以下效果。

满足信息安全等级保护三级建设的技术要求。通过部署保护终端,满足等级保护(三级)建设中对于访问控制和边界完整性检查的要求;通过监测审计终端的部署,满足等级保护(三级)建设中对于安全审计和入侵防范的要求;通过安全监管平台的部署,满足等级保护(三级)建设中监控管理和安全管理中心的要求;通过工控卫士的部署,满足等级保护(三级)建设中对于主机恶意代码防范和入侵防范的要求。

避免了其他系统对信号系统的影响。由于在信号系统与其他系统的边界部署智能保护设备,使信号系统与其他系统进行有效的逻辑隔离,因此其他系统的网络问题不会对信号系统产生影响,保障了信号系统内部网络的安全稳定。

提高了系统安全稳定运行能力。通过监测审计产品,对系统内的流量进行实时监测和分析,提前发现异常网络行为并进行预警,做到事前预警,事中应急处置,事后审计追溯的全生命周期安全管理,保障了列车的安全稳定运行。

8.4 石油化工

8.4.1 工业互联网应用

1. 行业应用需求

石化行业生产线长、涉及面广,是典型的流程性生产行业。石化行业面临着能源革命和国家安全环境监管制度的全新形势的同时,全球石化行业竞争不断加剧,因此需要完成行业转型提升和企业价值增长,通过建设数字化、智能化,利用工业互联网赋能石化行业数字化转型已是大势所趋。

围绕石化行业的油田、管道、炼化、销售等不同领域,石化行业重点探索如何推进各业务间协同联动、提高各业务的智能管理水平等。以工业互联网为基础的智能工厂建设成为石化行业高质量发展的重要方式。

在产业层面。石化行业通过工业互联网实现人、机、物全要素,开采、运输、炼化、销售等全产业链和全价值链的全面互联,以数据为核心,驱动石化行业技术创新能力、生产与运营效率以及产业资源配置水平的不断提升,有效提高各业务智能化水平同时逐步孕育新模式与新业态,促进石化行业全要素生产率提升,推动整个行业转型升级与高质量发展。

在企业和商业层面。石化企业通过工业互联网实现信息流、物质流、能量流、资金流的全面感知与深度协同,建设智能工厂,形成数据驱动的智能化决策;提高企业技术水平、生产效率和管理能力,减少安全隐患与降低污染;强化市场预测、敏捷响应与产业链、价值链管理能力,形成从需求到交付全环节的整体性优化,实现企业的集约化与高质量发展,大幅提升经济效益,构建数字化转型中的竞争优势。

在应用层面。石化企业重点聚焦三方面:一是生产管控一体化,实现生产与经营的协同,使生产能够根据市场和经营需要灵活调整;二是产业链价值链一体化,实现基于价格预测的采购与销售、基于原油品质的生产决策,提升经济效益;三是资产全生命周期一体化,基于行业高价值设备多、管理难度大等特点,优化从设计、建造、投产、运维、退役到报废与回收等全生命周期,提高设备运行效率,减少非计划停机。

在能力层面。一是实时感知方面,实现泛在感知其装备、生产过程及企业经营的关键数据、研究院所实验室数据、原油采购销售全价值链数据等;二是智能决策方面,基于工业模型+数据科学的分析应用被广泛应用于从物性分析、原油配比、工艺优化、生产管理、装置运行到企业经营、安全管控在内的各种业务场景;三是全局协同方面,实现不同工艺流程之间、企业生产与经营间的协同、价值链不同环节间的协同,为企业带来巨大价值。

2. 典型案例

下面以中国石化为例,阐述工业互联网在智能工厂建设场景的应用,以生产管控一体化优化、产业链价值链一体化优化、资产全生命周期一体化优化为核心,优化具体业务场景。

1）体系架构

在感知控制层,基于现有 DCS 自动化系统以及 ERP、MES、LIMS(Laboratory Information Management System,实验室信息管理系统)等信息化系统,实时采集生产和经营数据,利用 5G 等,拓展数据采集广度和深度。

在数字模型层,建立各类工业模型,覆盖物性、工艺、装置、安全、能耗、环保、管理等,对历史和实时数据进行有效管理,并根据需要建立模型之间、模型与数据之间的关联关系。

在决策优化层,结合业务需求开展数据分析,覆盖描述、诊断、预测、指导等不同层次;面向油气田、炼化厂、研究院、服务站等多个对象开发各种创新应用,涵盖设计、生产、服务、仿真、管理等不同领域。

为实现以上应用,中国石化打造以平台为核心载体,以网络和安全为支撑的功能体系,形成全链条一体化协同优化新能力。石化智能工厂功能架构如图 8.14 所示。

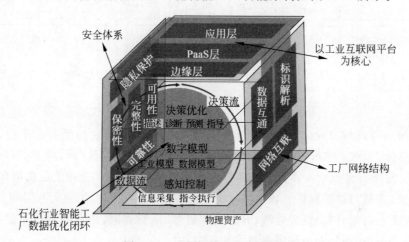

图 8.14　石化智能工厂功能架构

网络方面,在现有工业总线和工业以太网基础上,探索 4G/5G、工业 PON 和 TSN 等新型技术应用,提升工业数据采集和传输能力,促进全面深度感知。

安全方面,重点关注主动安防的机制建设,从"云、网、端"三个层面形成一体化信息安全防护技术体系,保障工业云平台与业务系统安全、工业网络系统安全等。

平台方面,加快建设 ProMACE 工业互联网平台。基于各炼厂过程控制、先进控制以及 MES、ERP 等自动化和信息化系统,建立大数据模型,面向工艺、设备、能耗、运营等领域优化服务,在集团内部不同工厂之间、产业链不同环节间实现协同组织和集中调度。平台主要包括边缘层、IaaS 层、PaaS 层和 SaaS 层,功能视图如图 8.15 所示。

边缘层提供设备接入与连通、协议解析与转换、边缘计算与分析应用等功能,构建全面感知与互联互通的工业环境,实时感知、识别和控制物料、产品、设备、环境和人员,形成一体化管控。

IaaS 层针对石化企业实际需求构建云基础设施,包括计算资源、存储资源、网络资源等。在 IaaS 层,石化行业工业互联网平台提供跨云资源管理与调度,实现从总部到炼厂的

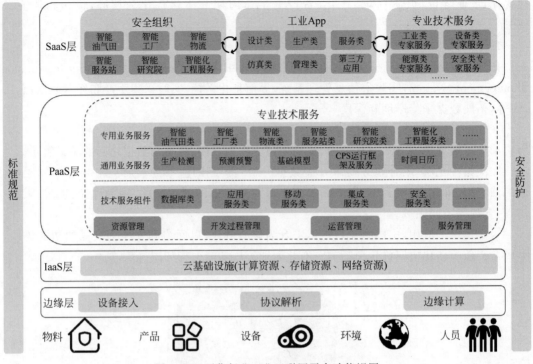

图 8.15　石化行业工业互联网平台功能视图

资源、应用统一管理与发放。大中型企业里部署个性化需求为主的私有云平台,满足客户对数据私密性的要求;中小型企业则是推广标准化服务的公有云平台,降低 IT 建设成本。

PaaS 层面向石化行业一体化需求进行功能完善与服务定制,支撑上层智能应用和服务的运行、开发、运营与维护提供。该层基于工业物联、工业数字化、工业大数据和 AI、工业实时优化四大工业引擎,围绕资源管理、开发过程管理、运营管理、服务管理等主要需求,提供各类专用业务服务、通用业务服务和技术服务组件。

SaaS 层结合一体化应用服务,提供工业套件、工业 App、专家服务等功能。一是面向油气田、工厂、物流、服务站等领域,提供 MES、能源管理、安全管理、环保管理等工业级应用套件;二是围绕石油化工行业全产业链,打造核心工业 App,覆盖研发、设计、生产、运营、管理等方面;三是依托中国石化领先的行业优势、科技优势、专家优势,提供炼化工艺指导、设备远程诊断、安全环保咨询等专业技术服务。

2) 实施部署

中国石化智能工厂建设,以工业互联网平台中集团级平台和企业级智能制造平台为核心,分为集团 CLOUD 层和现场 SITE 层。整体实施框架如图 8.16 所示。现场 SITE 层包括以油田和炼厂等代表的企业执行层、以检化验和诊断等能力为代表的边缘实施层、以感知和控制为代表的 SCADA 层。其中,集团层探索产业链资源组织,企业层关注具体研究、生产、运营等任务的执行管理,边缘层满足数据分析和诊断要求,SCADA 层实现网络全局覆盖和复杂设备接入。

边缘层、SCADA 层与企业层管控共同构成智能制造平台体系。SCADA 层关注底层工业网络、设备、系统的监控优化、故障诊断等应用,实际应用中主要包括装置、仪器仪表等设

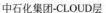

中石化集团-CLOUD层

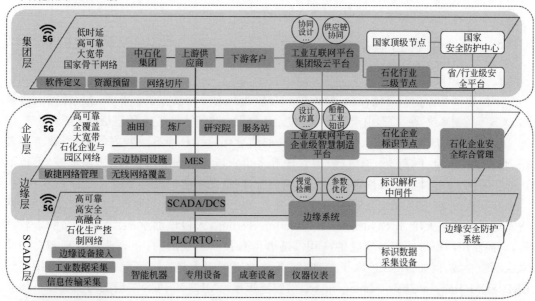

中石化下属单位-SITE层

图 8.16 石化行业智能工厂整体实施框架

备数字化改造和信息化连通;边缘层对应操作单元和生产装置的运行管理功能,包括实时数据库、LIMS、S8000、腐蚀检测等系统,各层实施内容如图 8.17 所示。

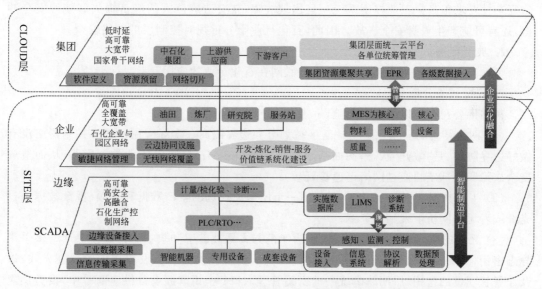

图 8.17 石化行业智能工厂各层实施内容

企业层打造生产执行关键能力,支撑"开采、炼化、销售、服务"等价值链的系统化建设。中国石化在企业层聚焦实时管控,以 MES 为核心,强调物料、能源、质量、设备等要素的管理运维。在后续部署中,企业层将通过云化等方式与集团层融合,形成管理的整合,企业层功能逐渐消失、分化。

集团层通过建设统一工业互联网平台,整合 ERP、供应链、综合展示平台等运营管理系统,构建石化行业战略决策和各单位统筹管控体系。此外,集团层根据现场数据构建模型并加以训练,再分发、加载到现场,构成反馈闭环后不断优化循环。

8.4.2 工业互联网安全方案

1. 安全风险及方案

石油化工企业生产连续性强,意外停产会导致巨大的经济损失。生产过程控制大多采用 DCS 等控制系统,在早期,由于信息化程度水平有限,控制系统与信息管理层处于隔离状态。

经过多年的建设积累,石化行业信息层的信息化建设已经有了较好的基础,覆盖了勘探、开发、炼油、化工、储运、销售、数据管理等多个领域。管理层的指挥、协调监控、上传下达的实时性、完整性和一致性都得到了大幅提升,网络安全防护也有了较大提高。

与其他行业一样,在信息管理层面,石油石化企业采用工业互联网技术,和各种 IT 网络安全技术如防火墙、IDS(Intrusion Detection System,入侵检测系统)、VPN、防病毒软件等,面向商用网络形成相对成熟的应用。随着信息技术的发展,石化企业的管理理念和技术也不断发展,例如,DCS 进入了第四代,开放性得到很大提高。石化企业广泛采用基于 ERP/SCM(Supply Chain Management,供应链管理)、MES 和 PCS 三层架构的管控一体化信息模型,且越来越多的石化企业实施 MES 系统,实现了管控一体化。

而随着管控一体化的发展,控制网络系统通过信息网络与互联网相连,面临的潜在威胁也就更多。基于此背景,对工业控制网络进行网络安全防护显得尤为重要。

石化行业是工业控制系统普及度较高的行业之一,对工业控制系统的稳定性和控制策略复杂性要求很高。工业控制系统一旦出现故障,就会造成巨大的经济损失和能源安全冲击,还有可能产生人身安全事故。因此,石化行业十分重视对控制层的网络安全。

2. 典型案例

下面以某油田公司为例,阐述工业互联网在石化行业的应用。

1) 安全风险分析

某油田公司存在以下安全风险。

(1) 网络结构的安全风险。缺乏区域划分和边界隔离。实际应用中较多控制网络没有做好边界防护,是"敞开"状态,例如基于 OPC、Modbus、IEC104 等工业控制网络,从而造成安全故障和外部威胁通过网络迅速蔓延。

(2) 生产数据和视频、音频数据共用一个网络。现场的生产数据和音频、视频数据通过光纤或者无线网桥汇聚到服务器。

(3) 无线的应用威胁。无线数据传输加密方式易被破解和攻击;无线接入网络多采用静态密钥,缺少密钥管理;无线网络在施工阶段,设备提供商静态设置接入的认证方式,以及设备管理员的密钥,后期缺少统一的密钥管理入口;密钥掌握设备供应商手中,设备供应商可能没有通过合适的渠道将认证接入密钥交给油田使用方。

(4) 终端操作系统的安全风险。包括生产系统中主机的操作系统漏洞;连入无线网络中的移动设备操作系统的漏洞等。

(5) 工控协议传输的安全风险。为满足响应实时性和周期性,工业协议往往缺乏有效的用户安全认证、数据加密解密等基本信息安全手段。这些协议大多假定工控网络和其他计算机网络相隔离,缺乏必要的安全防护机制,协议的相关信息又能通过其他途径轻易获得,攻击者很有可能利用协议的漏洞对工控网络和数字油田系统发起攻击。例如,Modbus TCP通信协议缺乏认证,通过伪造合法的数字油田传输报文;缺乏加密,地址和命令明文传输可以很容易地捕获和解析。

(6) 应用软件漏洞威胁。不同种类的应用软件较难形成统一的安全防护规范,且当应用软件面向网络应用时必须开放应用端口,因此常规的 IT 防火墙等安全设备很难保障其安全性。互联网黑客可能会利用一些大型工程自动化软件的安全漏洞获取某些重要设备的控制权,导致严重后果。

(7) 缺少有效的网络监控和日志审计。

2) 安全解决方案

根据上述风险,依据国家的政策和标准提出了部署方案。《工业控制系统信息安全 第 1 部分:评估规范》4.5 节、5.7 节中明确规定了不同等级的控制区域需要做到网络隔离,文中提到每个控制网络安全的一种方法是将该网络分成独立的逻辑网络域,每个域要受到已定义的安全周边的防护。《工业控制系统安全指南》3.2 节、6.3.3 节中规定针对威胁要做好纵深防护,要做好合法的授权用户访问,对访问控制系统的适当性的动作做好安全审计等。《工业控制系统信息安全防护指南》第三大项中规定了对工业控制网络的安全区域要通过工业防火墙、网闸等防护设备进行逻辑隔离和安全防护;第七大项中规定在工业控制网络中要部署安全监测设备,及时发现、报告并处理网络攻击或异常行为,在重要工业设备前端部署具备工业协议深度包检测功能的防护设备,限制违法操作。

在 SCADA 服务器与井场之间部署数据采集隔离平台。把井场划分为一个安全区域,通过数采隔离平台隔离来自外在威胁和风险,对每个区域进行数据保护,做到"横向隔离,纵向保护"。数采隔离平台能够识别出油田网络(或者无线接入)中由于恶意入侵、系统故障、人员误操作所引起的异常控制行为和非法数据包,并进行告警和阻断,为后续的安全威胁排查提供依据;能够识别工业协议和视频、音频协议和应用层协议,结合端口号和协议本身的数据模式特征以及协议通信行为进行协议分类,对生产数据通过白名单的方式进行深度协议分析,保证生产数据的可靠性;对视频数据(数据量比较大)采用直接转发的方式让其通过,保证了视频数据的流畅性。

在 SCADA 服务器与井场之间旁路部署监测审计平台。通过 MAC 地址绑定,解决了 IP 地址欺骗和中间人攻击等安全问题。监测审计平台对工控网络中的数据进行实时监测、实时告警,以及对网络中接入的未知设备实时监测、告警、记录。通过监测审计平台,用户可掌握工控网络实时运行状况,并实时提取行为审计、内容审计、协议审计,生成完整的记录便于追溯。

8.5　智慧矿山

8.5.1　工业互联网应用

1. 行业应用需求

近年来,随着"数字矿山"和"智慧矿山"等前沿生产技术和模式的进步,在当今社会,工业互联网的迅猛发展已经引领煤炭行业步入了一个全新的时代。这个变革的过程,犹如滚滚洪流,无法抵挡。我国对智慧矿山的发展给予了极高的关注。2020 年 3 月,国家发展和改革委员会、国家能源局等八大部门共同发布了《关于加快煤矿智能化发展的指导意见》,这份具有指导意义的文件旨在推动煤炭产业的转型升级,助力我国能源行业的可持续发展。

2. 典型案例

黄陵矿业集团有限责任公司(以下简称"黄陵矿业"),作为陕西煤业化工集团的重要组成部分,位于我国陕西省延安市黄陵县店头镇,是一家拥有先进技术和设备的现代企业。这个项目不仅是国家"八五"期间的重点建设项目,同时还被列为二十项对陕西省发展具有重大意义的工程之一。为了响应国家战略,黄陵矿业正在加速自动化和智能化的进程。在这一过程中,工业生产网络正在实现由封闭向开放的转变,为未来发展奠定坚实基础,随着生产网、管理网与互联网之间的交融日趋紧密,网络互通互联使得生产网络规模不断扩大,结构趋于复杂,为各行业带来了新的挑战与机遇,与此同时,网络威胁和安全风险不断攀升,网络安全事故所导致的损失也呈扩大趋势,这给企业和个人带来了严重的影响。奇安信集团依托自身强大的工业安全研发能力和多年的煤炭行业经验积累,帮助黄陵矿业构建外部威胁可控、内部风险可知的纵深安全防御体系,切实提高煤矿关于关键信息基础设施的网络安全防御能力,以确保网络空间的安全稳定。

8.5.2 工业互联网安全方案

1. 安全风险及方案

建设黄陵矿业工业控制系统安全运营中心,建成以一号煤矿和煤矸石电厂为试点的煤炭工控安全体系化、细粒度的集煤炭生产工控安全监控、安全管理、安全运营为一体的工业网络安全中心,全面感知黄陵矿业煤炭生产网络中工业安全风险、工控资产、网络漏洞、安全威胁、异常行为等安全状况,从网络安全风险管理的角度出发,将煤炭生产控制网络中的信息资产、网络设备、安全事件、威胁监控、应急响应等环节打通,形成了以综合安全状况、工业安全状况、网络资产状况、资产漏洞状况、工业威胁状况、异常行为状况、网络监控状况七大态势模块实时安全监控和底层多类安全设备协同防御的纵深防御的网络安全体系。该项目目标符合《工业互联网创新发展行动计划(2021—2023 年)》第 42 条要求:提升网络安全技术支持水平,增强企业自我保护能力,激励重点企业构建统一的安全态势感知与综合防护体系,以提高网络和数据安全技术水平。但是由于黄陵矿业网络互联互通、网络规模大、复杂程度高,它所面对的安全威胁繁多且错综复杂,涵盖了各个层面,主要安全威胁如下。

1) 控制边界模糊

生产控制系统种类繁多,生产控制网络的边界模糊,缺少有效的隔离措施。

2) 工业主机防护措施薄弱

关键的工业主机系统陈旧过时,难以抵御病毒木马等恶意攻击,给网络安全带来严重隐患。

3) 移动介质管理不善

在工业主机的运维过程中,由于缺乏有效的管理工具和方法,移动介质病毒感染问题时常出现,给系统带来潜在风险。

4）工控系统关键设备审计缺失

对于工控系统中违规操作和越权行为的审计能力严重不足。针对黄陵矿业工业控制系统现有的安全形势和全面的安全整改需求,我们设计出了一套智慧矿山工业互联网安全解决方案,旨在实现边界防护、主机安全、审计监测以及统一管理等多重目标。

2. 典型案例

1）安全风险分析

通过前期调研了解到,应对黄陵矿业进行边界防护、主机安全、监测审计、统一管理的安全防护,通过奇安信工业安全监测系统、工业安全主机防护系统、工业防火墙、工业网闸以及工业安全态势感知平等软硬件的综合应用,构建起严密的安全防护体系,可以及时发现内部、外部、恶意代码、APT等攻击,将安全风险降低到可控范围内,减少网络安全事件的发生,保护煤矿企业工控系统高效、稳定运行。

2）解决方案

项目的总体架构将工控网络安全域进行划分,有效针对企业资源层、生产管理层和生产监控层的网络攻击,必须高度重视网络审计和入侵检测技术在工控网络中的关键作用,实时监控工控网络中的异常流量和行为。井工煤矿工控系统网络安全防护拓扑如图8.18所示。

同时,必须采取必要的措施保护工业主机的安全,防止病毒和恶意攻击导致主机出现蓝屏或宕机等问题。这意味着需要确保主机具有强大的安全防护功能,例如防火墙、杀毒软件、加密技术等,以确保主机的数据和应用程序得到充分的保护,具体方案如下。

(1)物理分隔。在黄陵矿业的生产网和办公网之间,采用了工业网闸进行物理隔离。使用了"2+1"双主机+专用隔离模块的标准网闸结构,并结合工业应用协议隔离技术,实现了企业网络和工业网络两个安全域之间的访问控制、协议转换、内容过滤以及信息交换。这种独特的方法,既保障了网络安全,又确保了信息流畅。

(2)主机防护+白名单。为了确保煤炭控制系统主机的安全,采用了一种专门针对工业应用软件的工业主机安全防护系统。该系统采用了白名单技术,有效阻止了病毒、木马和恶意攻击对控制系统的威胁。在确保设备安全可靠后,将其接入控制网络。通过工业主机防护控制中心,实现了对工业主机终端的统一策略配置、安全风险管理、版本分发、权限管理和单点维护,并根据需求进行功能定制,从而确保主机的高效稳定运行。

(3)安全分隔。对于井工煤矿的工控系统,通过工业防火墙在不同区域间建立安全隔离。通过深入研究各种工控协议,并采用"白名单+智能学习"技术,构建了一个安全可靠的煤矿工控网络安全通信模型。这种方法可以阻止所有非法访问,仅允许信任的流量在网络上传输,从而确保关键控制系统的安全。通过这种方式,可以有效地防止潜在的威胁,确保系统的稳定运行的安全目的。

(4)安全监控与审计。通过运用工业安全监测系统,可以对工业环境中的资产、异常行为和非法访问等进行全面监控和安全审计。通过实时反馈区域内控制网络安全状况,并对外部入侵行为发出警报,能够快速应对潜在威胁。此外,系统还能生成生产网络的行为日志和运行日志,便于追踪和分析安全事件,确保生产网络的稳定运行。

(5)可视化呈现。通过工业安全态势感知与管理平台,实现工业环境网络安全状态的可视化展示,从而全方位提升煤炭企业的工业安全防护能力。该防御体系的建立是采用工

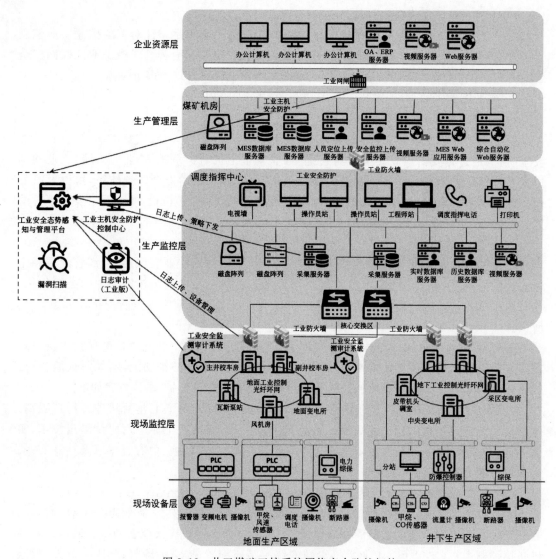

图 8.18 井工煤矿工控系统网络安全防护拓扑

业网络安全领域的先进大数据分析技术、可视化技术、人工智能分析技术、态势感知技术等国内领先的技术和手段,深入煤炭生产的实际业务场景,结合"智慧矿山"的技术发展路线进行业务安全场景的研究与应用,依靠现有的装备和技术升级促进煤炭生产方式根本性变革,为快速推进煤炭智能化开采、无人化固定、自动化现场作业以及信息化运营管理提供重要的工业信息安全保障,为国家工业互联网"新基建"建设提供重要的实践经验。

题库

参 考 文 献

[1] 工业互联网产业联盟.工业互联网平台白皮书2021（平台价值篇）［R/OL］.（2021-12-16）［2024-03-27］.
https://aii-alliance.org/index/c318/n2781.html.

[2] 工业互联网产业联盟.工业互联网安全框架［R/OL］.（2018-12-11）［2024-03-27］.https://aii-
alliance.org/index/c319/n76.html.

[3] 余晓晖,刘默,蒋昕昊,等.工业互联网体系架构2.0［J］.计算机集成制造系统,2019,25(12)：2983-
2996.DOI：10.13196/j.cims.2019.12.001.

[4] 方芳,陆海婧.我国工业互联网技术发展路线研究［J］.信息技术与网络安全,2022,41(1)：42-46.
DOI：10.19358/j.issn.2096-5133.2022.01.007.

[5] 张小漫.工业互联网安全挑战与对策建议［J］.新型工业化,2021,11(10)：69-72.DOI：10.19335/
j.cnki.2095-6649.2021.10.013.

[6] 杨波,宋翼.5G在工业互联网中的安全应用研究［J］.通信技术,2020,53(11)：2867-2871.

[7] 王冲华,李俊,陈雪鸿.工业互联网平台安全防护体系研究［J］.信息网络安全,2019,19(9)：6-10.

[8] 元晋,王微,陈孟玺,等.工业互联网的概念、体系架构及关键技术［J］.物联网学报,2022,6(2)：
38-49.

[9] 工业互联网产业联盟.工业互联网标识解析——产品追溯白皮书［R/OL］.（2017-04-01）［2024-03-27］.
https://aii-alliance.org/index/c317/n98.html.

[10] 工业互联网产业联盟.工业互联网标识解析——主动标识载体技术白皮书［R/OL］.（2020-03-18）
［2024-03-27］.https://aii-alliance.org/index/c317/n51.html.

[11] 工业互联网产业联盟.工业互联网标识应用白皮书［R/OL］.（2021-12-30）［2024-03-27］.https://aii-
alliance.org/index/c317/n2808.html.

[12] 工业互联网产业联盟.工业互联网标识解析应用案例汇编（2021年）［R/OL］.（2021-12-30）［2024-
03-27］.https://aii-alliance.org/index/c317/n2809.html.

[13] 工业互联网产业联盟.工业互联网标识解析标准化白皮书［R/OL］.（2021-01-25）［2024-03-27］.
https://aii-alliance.org/index/c317/n2055.html.

[14] 工业互联网产业联盟.工业互联网标识解析二级节点建设导则（2021年）［R/OL］.（2021-12-31）
［2024-03-27］.https://aii-alliance.org/index/c317/n2789.html.

[15] 中国电子技术标准化研究院.对象标识符（OID）白皮书（2015）［R/OL］.（2015-08-17）［2024-03-27］.
https://www.cesi.cn/uploads/soft/150720/1-150H00S100.pdf.

[16] 工业和信息化部电信研究院.中欧物联网标识白皮书（2014年）［R/OL］.（2014-11-06）［2024-03-27］.
http://www.caict.ac.cn/kxyj/qwfb/bps/201804/t20180426_158192.htm.

[17] 张忠平,刘廉如.工业互联网导论［M］.北京：科学出版社,2021.

[18] 张刚,黄艳.Ecode标识体系存储结构概述及其在工业互联网领域的应用［J］.中国自动识别技术,
2019(6)：52-55.

[19] 李世强,詹鑫毅,邱家才.浅述Handle系统［J］.信息系统工程,2019(12)：38-39.

[20] 刘东东.工业互联网Handle标识解析服务［J］.新型工业化,2021,11(10)：188.

[21] 田娟.中国智能制造的新势力——Ecode标识构建工业互联网生态体系［J］.中国自动识别技术,
2017(2)：50-52.

[22] 吴东亚.对象标识符（OID）技术和应用分析［J］.信息技术与标准化,2010(8)：66-68.

[23] 黄艳,李健华.Ecode物联网标识标准——开启数字经济时代的钥匙［J］.条码与信息系统,2021(4)：
9-10.

[24] 中国信息通信研究院,工业互联网产业联盟.离散制造业边缘计算解决方案白皮书（上）［R/OL］.
（2020-04-26）［2024-03-27］.https://wap.miit.gov.cn/cms_files/filemanager/oldfile/miit/n973401/

n5993937/n5993968/c7887097/part/7887102. pdf.

[25] 中国信息通信研究院,工业互联网产业联盟.流程行业边缘计算解决方案白皮书[R/OL].(2022-05-25) [2024-03-27]. http://www. aii-alliance. org/uploads/1/20220525/0f5ad2efef12e04cbf1ef060502987bd. pdf.

[26] SDN/NFV/AI 标准与产业推进委员会.边缘计算最佳实施白皮书[R/OL].(2022-09-29)[2024-03-27]. https://13115299. s21i. faiusr. com/61/1/ABUIABA9GAAguoL1oAYouN6YhwM. pdf.

[27] 工业互联网产业联盟.5G 边缘计算安全白皮[R/OL].(2021-02-02)[2024-08-30]. https://aii-alliance. org/upload/202102/0202_104527_347. pdf.

[28] Qiu T,Chi J,Zhou X,et al. Edge computing in industrial internet of things:Architecture,advances and challenges[J]. IEEE Communications Surveys & Tutorials,2020,22(4):2462-2488.

[29] 白昱阳,黄彦浩,陈思远,等.云边智能:电力系统运行控制的边缘计算方法及其应用现状与展望[J]. 自动化学报,2020,46(3):397-410.

[30] Radanliev P,De Roure D,Page K,et al. Cyber risk at the edge:current and future trends on cyber risk analytics and artificial intelligence in the industrial internet of things and industry 4. 0 supply chains[J]. Cybersecurity,2020,3:1-21.

[31] Xu D,Li T,Li Y,et al. Edge intelligence:Architectures,challenges,and applications[J]. arXiv preprint arXiv:2003. 12172,2020.

[32] Zhou Z,Chen X,Li E,et al. Edge intelligence:Paving the last mile of artificial intelligence with edge computing[J]. Proceedings of the IEEE,2019,107(8):1738-1762.

[33] 张峰,翟季冬,陈政,等.面向异构融合处理器的性能分析、优化及应用综述[J].软件学报,2020, 31(8):2603-2624.

[34] Alanazi M,Mahmood A,Chowdhury M J M. SCADA vulnerabilities and attacks:A review of the state-of-the-art and open issues[J]. Computers & security,2023,125:103028.

[35] Pan X,Wang Z,Sun Y. Review of PLC security issues in industrial control system[J]. Journal of Cybersecurity,2020,2(2):69.

[36] Serhane A,Raad M,Raad R,et al. PLC code-level vulnerabilities[C]//2018 International Conference on Computer and Applications (ICCA). IEEE,2018:348-352.

[37] 工业互联网产业联盟.工业数据采集产业研究报告[R/OL].(2018-09-07)[2024-03-27]. https:// aii-alliance. org/index/c320/n82. html.

[38] Xie W,Jiang Y,Tang Y,et al. Vulnerability detection in iot firmware:A survey[C]//2017 IEEE 23rd International conference on parallel and distributed systems (ICPADS). IEEE,2017:769-772.

[39] Drias Z,Serhrouchni A,Vogel O. Analysis of cyber security for industrial control systems[C]//2015 international conference on cyber security of smart cities,industrial control system and communications (ssic). IEEE,2015:1-8.

[40] 中国工业技术软件化产业联盟,工业互联网产业联盟.工业 App 白皮书[R/OL].(2020-11-13) [2024-03-27]. https://aii-alliance. org/upload/202012/1230_171022_357. pdf.

[41] 工业互联网产业联盟.城市轨道交通工业互联网技术白皮书[R/OL].(2021-12-28)[2024-03-27]. https://aii-alliance. org/uploads/1/20220406/d5f9a595b43ec331cda6d3c51e2b83eb. pdf.

[42] 中国南方电网有限责任公司.数字电网白皮书[R/OL].(2020-11-13)[2024-03-27]. https://www. ceppc. org. cn/d/file/p/2020/11-19/0e87ca849cbde04f74f1209f34ec3174. pdf.

[43] 关杰林,李友平,张春辉,等.水力发电企业工业互联网平台设计与应用:以长江电力为例[J].人民 长江,2022,53(11):218-223.

[44] 高立兵,刘东庆,贾梦达.基于工业互联网的石化行业数字化制造技术体系和发展路径研究[J]. 2023,13(C1):71-78.

[45] 工业互联网产业联盟.工业互联网典型安全解决方案案例汇编(2021)[R/OL].(2022-12-03)[2024-03-27]. https://aii-alliance. org/index/c319/n4020. html.

图 书 资 源 支 持

感谢您一直以来对清华版图书的支持和爱护。为了配合本书的使用，本书提供配套的资源，有需求的读者请扫描下方的"书圈"微信公众号二维码，在图书专区下载，也可以拨打电话或发送电子邮件咨询。

如果您在使用本书的过程中遇到了什么问题，或者有相关图书出版计划，也请您发邮件告诉我们，以便我们更好地为您服务。

我们的联系方式：

清华大学出版社计算机与信息分社网站：https://www.shuimushuhui.com/

地　　址：北京市海淀区双清路学研大厦 A 座 714

邮　　编：100084

电　　话：010-83470236　010-83470237

客服邮箱：2301891038@qq.com

QQ：2301891038（请写明您的单位和姓名）

资源下载：关注公众号"书圈"下载配套资源。

资源下载、样书申请

书 圈

图书案例

清华计算机学堂

观看课程直播